"十三五"国家重点图书出版规划

— 大学之道 —

世界一流大学的
管理之道

——大学管理研究导论

程 星 / 著

北京大学出版社
PEKING UNIVERSITY PRESS

图书在版编目(CIP)数据

世界一流大学的管理之道:大学管理研究导论/程星著.—北京:北京大学出版社,2018.10
(大学之道)
ISBN 978-7-301-29794-0

Ⅰ.①世… Ⅱ.①程… Ⅲ.①高等学校—学校管理—研究②高等教育—研究 Ⅳ.①G647②G640

中国版本图书馆CIP数据核字(2018)第192088号

书　　　名	世界一流大学的管理之道——大学管理研究导论
	SHIJIE YILIU DAXUE DE GUANLIZHIDAO——DAXUE GUANLI YANJIU DAOLUN
著作责任者	程　星　著
丛书策划	周雁翎
丛书主持	周志刚　张亚如
责任编辑	郭　莉
标准书号	ISBN 978-7-301-29794-0
出版发行	北京大学出版社
地　　　址	北京市海淀区成府路205号　100871
网　　　址	http://www.pup.cn　新浪微博:@北京大学出版社
微信公众号	科学与艺术之声（微信号:sartspku）
电子信箱	zyl@pup.cn
电　　　话	邮购部 010-62752015　发行部 010-62750672　编辑部 010-62767346
印　刷　者	北京中科印刷有限公司
经　销　者	新华书店
	650毫米×980毫米　16开本　18.5印张　266千字
	2018年10月第1版　2021年12月第2次印刷
定　　　价	68.00元（精装版）

未经许可,不得以任何方式复制或抄袭本书之部分或全部内容。
版权所有,侵权必究
举报电话:010-62752024　电子信箱:fd@pup.pku.edu.cn
图书如有印装质量问题,请与出版部联系,电话:010-62756370

修订说明

  本书的前身是《世界一流大学的管理之道——大学管理决策与高等教育研究》，2011年由北京大学出版社出版发行。今年恰逢北京大学120周年校庆，收到"大学之道"丛书策划周雁翎主任的邀请，对初版进行修订，以将本书纳入校庆的精装版系列再度推出。受宠若惊之余，却未敢贸然回复，生怕八年前写作此书之激情不再。感念周老师多年来的鼓励和关照，我还是将旧作找来重读一遍。激情虽然不再，感觉居然有所恢复。特别是因为当年写作此书时"大数据"一词尚在电脑精英们的圈子里徘徊，而今已成为引车卖浆者流的热议话题（试想，今日之引车者在经营"滴滴打车"、卖浆者在接受网上订餐——谁不关心大数据？）。而我这本原是与以数据为业的同行们对话的书却对大数据只字未提，未免说不过去。为此我不得不将近年来高教研究界围绕大数据所做的工作以及留下的文字找来恶补一番，之后竟然产生一点如鲠在喉、不吐不快的感觉。

  然而，正如我在书中所说的："没有起名字的孩子也是孩子，没有大数据或分析论的说法并不等于没有这样的做法。特别是当我们将之前流行于高教研究界的数据挖掘放到一起进行考察，其实不难看出，大数据及分析论之于管理研究并非太阳底下的新东西。新的是大数据思维，以及与此相应的研究方法的调整和运用。"因此，我在本书中加入一章及一节与大数据有关的内容，并非仅为追赶时髦，而是希望借大数据和分析论之东风，和大学管理研究的从业者们一起重新审视我们的工作,并在高教研究的理论和实践之间找到自己的定位。

我们生活在一个大变动的时代。用狄更斯的话说:"这是一个最好的时代,也是一个最坏的时代。"这个时代无时不在给我们带来新的机遇,但随机遇而来的却是太多太多新的挑战,让我们应接不暇,让我们疲于奔命,让一辈子皓首穷经熬出来的"大咖"们直接PK(对战)那些初出茅庐、乳臭未干的大学新生。然而,大学新生可以经过训练写出漂亮的计算程序(algorithm),真正的大学管理研究却必须建立在研究者对于高等教育从理论建设到统计方法的深刻理解的基础之上。因此,我希望这本小书能够为世界一流大学的建设者们提供一些技术支持,做一点后勤援助。

程 星

2018 年 5 月 12 日于香港德智苑

序　言

去年程星博士请我给他的这本书稿提意见,我读过之后觉得很不错。对于那些关注高等教育却又不在"圈子"里面的人们来说,特别是对于有志于从事或研究高等教育管理的学生和学者来说,读这本书不仅会很享受,也会很有用。谁知他随后请我为此书写序,这我就有点惶恐了。数次推辞不成,遂决定把我认为此书好在哪里的看法写出来,与读者分享,并以此复命。

这是一本关于如何做高等教育管理研究的书。但不同于目前市面上所见到的大量研究方法类的著作,作者将高教管理研究这么专业而又枯燥的话题寓于叙事之中,深入浅出,娓娓道来。他从自己做过的研究中精心挑选出一些案例,条分缕析地给读者解释这些研究产生的背景、研究思路、方法选择、过程设计,以及事后的研究体会。这很像看过奇妙的魔术之后,再听魔术师详解个中奥妙,不仅可以加深对魔术的理解,甚至可以帮助观者自己学着表演魔术。显然,阅读这样的实战案例分析,无论是对认识现代大学管理,还是理解高等教育研究,都会大有好处。

其实,管理研究和管理一样,究其本质来说是一种实践活动。光知道事情的逻辑是不够的,更重要的是如何动手去做。这样一来,关注的重点就不仅仅是事情的合理性,而且还有可行性和可操作性、技术路线与方法设计,以及具体的实施方法和目标的实现。和管理一样,你必须关注实践、走入实践,不能在书房里用想象来填补经验空白。只有当关于实践的经验和知识积累到一定程度时,书房思考才成为可能。因此,做管理研究,不能只停留在合理性层面上,还要重心下移,从合理性走向可行性和可操作性。管理研究者不仅需要讲明道理,还要能教人如何动手干活,这才是好的管理研究。案例研究是达到这一目标的有效途径。我认为,案例研究是改变高等教育研究中研究与实际相脱离状况的一个有效方法。除了大量研究案例、编写案例、用案例组织教学外,你别无选择。

研究脱离实际是高等教育管理研究中的一个顽症。造成这个现象的原因很多,其中最为重要的一个是,做研究的不搞管理,搞管理的不做研究。为了解决这个问题,美国大学创造出了一种方法,即把一批研究者置于学校管理系统之中,让他们通过研究为管理者提供管理咨询,这就是"院校研究"。而程星博士是这个领域的一流专家。

程星自1990年在弗吉尼亚理工大学获得高等教育管理学博士学位后,一直在美国各种高等教育机构从事院校研究工作。在这20年里,他先是在科罗拉多州政府社区学院系统办公室工作,然后在加州大学、纽约市州立大学工作,后来任哥伦比亚大学本科生院负责计划和研究的助理院长,也是在美国常春藤高校中做管理工作的少数华人之一。

由于既做研究又做管理,他对两者的严重脱节和相互需要感受甚深,因此他不遗余力地推动院校研究工作。他担任过美国院校研究协会遴选委员会委员、美国东北地区院校研究协会出版委员会主席和海外华人院校研究协会首届主席,还是中国院校研究会的海外理事。这本书和他的其他几本书——《细读美国大学》《院校研究与美国高校管理》《美国院校研究案例》——都是这种努力的结果。事实上我认为,若能把这几本书结合起来读,会更有好处。

这本书提出了一些引人思考的观点。例如,作者注意到,以具体问题作为着眼点,可以促进管理与研究的结合。事实上,以解决实际问题为出发点的研究,容易得到管理者的支持,亦容易导致实际的管理改进。按照这个看法,当前中国高等教育管理研究中应当更多地开展"问题解决型"的研究。待经验素材积累到一定程度之后,再开展"理论建构型"的研究。如果在缺乏经验素材的条件下就开展理论建构,那无异于搭建"空中楼阁",使研究变成无源之水、无本之木。眼下国内很多研究生论文正是如此,尤其是博士生论文。无论造成这种现象的原因是什么,结果却是一样的——培养了一批既不能文也不能武的空谈者。

我注意到程星在书中也提到了要加强理论建设。对此我的理解是,管理研究者在解决问题的同时,也要关注理论建设,积极进行理论建设。否则,再好的实践材料也是"一盘散沙"。

关于理论建设,程星提出了一个"好理论"的标准。好的理论应当是"知识上严谨,实践上有用"。这第一条是学术研究必需的,而第二条是管理研究必需的。管理上无用的理论,学术上再完美也没有意义。除了这两条,我想再加两条:可持续,可推广。我注意到,有些研究学术上是严谨的,实践上也可能有用,但实施条件要求太高,偶尔为之可以,长此以往不行,这叫"不可持续"。还有些研究在一所学校的特定条件下可行,但不能推广,或者说外部有效性太低,这叫"不可推广"。这些理论都还不能称为是"好理论"。故此,我认为一个好的管理理论应当满足四条:严谨,有用,可持续,可推广。

程星还注意到,在当前情况下,高等教育管理研究应当向商业管理研究学习。对此我非常赞同。试看自泰勒(Frederic Taylor)以来的百余年中,工商业管理研究不仅积累了大量的经验材料,也积累了很多优秀的理论。这些理论对工商管理实践起到了明显的指导作用。于是出现了两个有趣的现象。一是凡立志从事工商管理的人通常要先读管理,把 MBA 作为敲门砖,而立志从事高等教育管理的人却不必如此。高校管理者们通常不是从学习高等教育管理的学生中产生的,至少这是中国的现实。二是高等教育管理研究者们经常从工商管理领域借用理论和方法。大凡工商管理领域有什么重大进步,都立即会有人把它引入到高等教育管理中来,而相反的情况却几乎没有。这些都说明,和工商管理研究相比,高等教育管理研究还相当不成熟,因此应当虚心向工商管理研究学习。这个看法对当前高等教育管理研究界故步自封、闭门造车,甚至瞧不起工商管理的心态,应当是一个警示。

我特别建议读者细读本书第六章,"没有结论的结语——高等教育研究的困境与对策"。我认为这是本书中最有意思的一章。作者以中国学者可以理解的方式,回顾了美国高等教育研究的发展历程,并对其存在的问题和未来的前景进行了比较系统的分析,其中包含大量只有长期浸泡在美国高等教育研究界和管理界之中的"业内人士"才可能有的真知灼见。这些对深入理解美国高等教育研究的特点和走向,甚至是美国学术界的思维方式与研究方式,都非常有益。可惜这样的文章真是凤毛麟角。这也是程星的《细读美国大学》出版之后能大受欢迎的主要原因。通过他的笔,人们看到了美国大学管理"魔术"背后的"奥秘"。相信这本书亦会如此。

和《细读美国大学》类似,这本书也是用"微言大义"的叙事方法写成的。据程星说,人们对此褒贬不一,我属于"褒"的那一派。我之所以欣赏这种方法,是因为它代表着平等、开放的姿态,代表着希望与读者愉快沟通,拆除作者与读者之间藩篱的一种真诚努力!

高等教育管理研究有两类读者,一是本专业学者,二是高等教育管理者。前者是学术同行,有相关的专业知识。他们读文献时关心的主要是学术是否严谨,结论是否可靠。因此他们会严密注视研究的资料、过程与方法,作者也有义务提供这些信息,接受同行检查。但管理者不同,他们通常不是高等教育研究者,而是外行,是研究的支持者和成果的消费者。他们通常不关心研究的资料、过程与方法,倒是很关心结论有什么用。因此,如何与他们交流才变成了一个真正的问题和挑战。如果用对同行学者的办法对付管理者,那必然是"牛头不对马嘴"。解决这个问题的办法只有一个,就是把研究和表达分开。对同一个研究,用不同的方式与不同的人交流。或如程星所说,"故事背后必须有研究的支持,研究背后必须有数据的支持"。

在谈研究方法时提出交流问题,可谓切中时弊。很多研究者因为不善于和管理者交流,而直接导致了管理研究与管理实践的脱节。绝大多数研究生们在学校里基本上是在学做研究,通常只学会了如何与学术同行进行学术交流,而没有人教他们如何与管理者交流。等到了工作第一线,满口学生腔。结果他们还没来得及展现实力,就被领导扒拉到一边去了,或者干脆打入"冷宫"。有的学校甚至把高教研究所赶出管理系统,理由竟是其研究没用,不解决实际问题。据我观察,因不善交流而被打入"冷宫"的"阵亡者"绝不在少数。结果,他们只能去和同行交流,变成了一群孤芳自赏者,而高等教育管理研究的圈子,也就慢慢地被迫自我封闭了。

毫不夸张地说,学会与管理者交流,对大多数研究者来说,是一个巨大的挑战,必须经过专门的学习和训练。只有交流通畅了,他们的研究才有用武之地,才能在研究和管理之间建立起互惠的良性循环关系。

我总以为,在写作方面,后现代主义一个最有价值的观点是,作者要有强烈的读者意识,反对靠专业术语构建霸权,主张作者与读者进行平等交流,主张把严谨的学术研究和优美的文学风格结合起来,使读者在阅读严肃的学术研究作品的同时享受阅读的愉悦。显然,这种要求已经非常不同于传统的学术交流规范了。它要求研究者不仅要思想深刻、学术严谨,还要文笔优美,三者缺一不可。在这些方面,程星已经走出了自己的路。希望有更多的人也能朝这个方向努力,使我们的学术写作更人性、更有趣!

以上是我对此书的一些看法。最后,希望大家也和我一样喜欢这本书。

赵炬明

于清华大学教育研究院

目　录

题记 ………………………………………………………………… 1
第一章　研而后行——大学管理研究入门 ……………………… 8
第一节　管理研究的范式 ………………………………………… 10
第二节　大数据时代的管理研究 ………………………………… 17
第三节　面向未来的大学管理研究 ……………………………… 22
第二章　为管理者导航——高教述评 …………………………… 29
第一节　概述 ……………………………………………………… 29
第二节　案例点评 ………………………………………………… 34
　　案例 A　学生事务研究述评 …………………………………… 42
　　案例 B　高校评估及其范式的更新 …………………………… 63
第三章　人类行为数码化的追求——定量研究 ………………… 86
第一节　概述 ……………………………………………………… 86
第二节　案例点评 ………………………………………………… 92
　　案例 C　大学生就学经验的评估 ……………………………… 102
　　案例 D　大学生校区意识研究 ………………………………… 113
第四章　自然状态下的研究——质的研究 ……………………… 126
第一节　概述 ……………………………………………………… 126
第二节　案例点评 ………………………………………………… 132
　　案例 E　勤工俭学对大学就学经历的影响 …………………… 141
　　案例 F　通识教育的"哥伦比亚模式" ……………………… 154

i

第五章 寻求表达的方式——讲演与访谈 ································ 168
第一节 概述 ··· 168
第二节 案例点评 ··· 173
案例 G 一流大学的可持续发展战略：
大题目，小故事 ······································· 183
案例 H 美国高等教育院校认证的
现况与启示 ··· 200

第六章 没有结论的结语——高等教育研究的
困境与对策 ······································· 213
第一节 问题的根源 ··· 214
第二节 从方法危机到信任危机 ·· 221
第三节 高教研究呼唤理论建设 ·· 225
第四节 大数据思维与研究方法的调整 ·································· 231
第五节 探寻大学管理研究之道 ·· 236

附录一 案例 C《大学生就学经验的评估》
英文版 ·· 243
附录二 大学筹资，重在参与——哥伦比亚大学
筹资案例分析 ··· 265
参考书目 ·· 275
后记 ·· 277

题　　记

　　这不是一本关于教育研究方法论的教科书,尽管我在写作过程中努力地想把自己讲授这门课程时的心得体会融入其中。这也不能算是一本大学管理指南,尽管书中的每一个研究案例都是应大学管理者的决策要求所做的。这大概也不能算是一本研究专著,因为我在书中所用的叙述语言会让严谨的学者们感到不安。过去的20年中,由于工作的关系,我一直在美国大学的管理和研究这两个领域的夹缝里生存:在管理者的圈子里兜售高教研究,在研究者的圈子里客串管理人员。两个圈子里的酸甜苦辣都多少尝到一些,也常为这两条道上的车因跑不到一块儿而痛失良机感到惋惜不已。我常常想,连同样以大学作为自己工作对象的这两拨人都无法理解对方的工作,我们怎么能指望大学圈子外面的普通老百姓能够看懂今天的大学呢?难怪近年来五花八门的大学排行榜大行其道,大众通过一目了然的排名既满足了对神秘的高楼深院里发生的一切不可遏制的好奇心,又无须深究名次背后那些密密麻麻的数字所代表的意义。

　　但名次背后的数字确确实实有它们的意义,只是没有几个圈内人会耐心地用大众能够理解的语言将大学运作的内幕给大众细细道来。想来有点奇怪,当今书店里充斥着各式各样关于商业管理的书籍,大到"海洋"(《蓝海战略》?),小到细节(《细节决定一切》?)。其实回头想想,如何管好一个企业和咱们平头百姓关系并不大。不信您在心里将自己最好的朋友列一遍,有几个在当 CEO? 可是,人学的管理及其兴衰却关乎千家万户。即使您的孩子不在上学年龄，难道您没有几个亲戚朋友正在为自己或孩子的上学问题而忙得焦头烂额？退一万步说，即便您自己的大学教育在20年前就已经完成，但假如您的母校因为疏于管理而导致质量下滑，那您当年点灯熬油好不容易挣到的学位不也跟着掉价？

为什么不太相干的商业管理类书籍能够吸引大众眼球，而非常相干的大学管理类书籍却门可罗雀？我相信每一个人对这个问题都有自己的看法。我无意在不同的学术领域之间挑起任何竞赛。作为高教研究队伍中的一员，我唯一能做的是在自己身上找原因。说轻点，大学研究界的人们从来就没有像商业研究界的同仁那样对于自己产品的"市场"有一种敏感；说重点，大学研究人员在研究和写作时从来就没有像商业研究界的同仁那样把自己的读者放在心里。结果是，高等教育研究的著作和论文如汗牛充栋，但大多数作品连从事日常管理的大学校长、院长们都看不懂或根本不愿看。

我的上一本书《细读美国大学》出版后，很多朋友、原来的非朋友以及至今仍素昧平生的读者给我送来很多意外的和不那么意外的恭维之辞。受宠若惊之余，亦曾想略作辨析，起码对哪些是客话套话、哪些是真实评价略知一二，以免因为过于得意而显山露水。不是吗？今后的日子还长得很呢，难免会有要在学弟、学妹面前故作高深的时候。为了一本书就把自己的虚荣毫不掩饰地"秀"在世人面前，未免太不值得了吧！问题是，世人皆醉我独醒、万般虚荣皆浮云，还真不是凭我这点修养就能达到的境界。几番尝试之后只得草草收兵。退而求其次，假设别人真是全心全意地喜欢拙作，那么我是否能够从"消费者"的反馈信息中总结出那么一两条经验，以便今后如法炮制？

作如是想之后，居然有了那么一点柳暗花明的感觉。有趣的是，从学界到社会，对于拙作的褒和贬居然都集中在我那所谓"微言大义"的叙事方式。褒者对书中通过故事实例阐述高校管理理念的写法赞不绝口，贬者则对此深表惋惜。在后者看来，只要我的文风略为正式一些，该书就可以堂而皇之地进入学术研究的高雅殿堂。

其实用浅显的故事来说明高深的道理,在我原是迫不得已。过去近二十年间,我所从事的高等教育研究,一直是最让人不堪卒读的所谓"实证研究",即通过大量数据的收集和分析,对高校管理中存在的问题及其未来发展进行描述和预测,或是对现有的理论或"假设"(hypothesis)进行论证。假如"无一字无出处"是中国古人做学问的最高境界的话,那么,"无数据无研究"则是当代美国教育科学研究的最高境界。如此这般混饭吃,其中辛苦自不待言。每到年关回首瞻望,竟是一片空虚。且不说一年苦干、三年等待的"实证"论文发表以后鲜有读者问津,有时连行业中的同仁都不屑一顾。特别是高等教育研究者往往以解决管理中的实际问题为己任,但高校的决策者们别说根本不可能坐下来拜读这些研究杂志上佶屈聱牙的论述和连篇累牍的统计图表,有时连助手为他们准备的一页提要都无暇问津。这样的高教研究,意义何在?而我《细读美国大学》中的篇章,原是应一家通俗杂志编辑之邀写给高教圈子以外的人看的,谁知结集出版后居然激发了行业内人士的兴趣,可谓歪打正着。特别是近年来频频受到国内大学校长和管理部门的邀请,让我去他们的校园就书中的一些题目开设讲座,竟让我找到了一点经天纬地之才被明主择而用之的感觉。将心比心,历代中国知识分子受到皇上一点重用就开始骨头发轻、脑袋发热,实在不难理解。

但是,得意归得意,多年实证研究的训练毕竟早已造就我的思维方式,热度再高也难以将研究员烧成故事员。我可以继续给校长们讲故事,但故事背后必须有研究的支撑,研究背后必须有数据的支撑。所以,假如不为了别的,仅仅是为了能将故事讲下去,我也得继续我的实证研究啊。问题是,作为研究员的我和那个作为故事员的我常常会闹矛盾,有时甚至闹得不可开交。

比如说,前些年我在哥伦比亚大学师范学院给在职教育局局长(superintendent)和中小学校长(principal)的一个博士班开一门教育研究方法论的课程。教了六七届学生下来,结识了不少美国中小学教育第一线的管理者和决策者。以前一直以为当中小学校长是哄孩子和家长的官,只要哄得孩子和家长高兴就万事大吉了。和这些官员、学生一接触才知道,不是那么回事。美国公立中小学的经费大多来自学校所在地区的居民家庭收入所得税。因此，当一个教育局局长或中小学校长，不但得是教育专家，有时更需要是政治家，因为他们不仅要对孩子及其家长负责，必须能够向他们展示一份优异的教育成绩，更重要的是，他们还要对所在学区的全体纳税人负责，必须能够满足居民对学校的很多社会需求。做着这么一份工作来哥大念博士，这些学生除了想为今后的仕途发达镀金以外，当然还希望学校能够实实在在地教他们三拳两脚，好在今后的工作中施展。我的研究方法课是他们完成博士课程的必修课，课程内容涉及诸多数据收集和分析之类的"雕虫小技"，让这些平时风风火火惯了的"领导们"大喊头疼，以至于几乎所有学生都用各种不同的方法，有时委婉曲折，有时直截了当，向我提问：既然明明知道将来的工作中我们不会亲自去做这样的分析和研究，为什么现在要花这么大的力气来应付这门课程呢？

  我不能不承认他们问得有理。的确，教育管理和其他应用学科一样，研究者与操作者总有一定的分工。作为研究者，他们的工作是通过大量的数据分析得出严谨的研究结论、漂亮的管理模式，发表无懈可击的学术论文。但实干家们每天面对许多具体的问题，必须在给定的时间内作出判断和决策。这种时间上的压力使得他们在决策时只可能有两种选择：或者依靠长年积累的经验，或者依靠直觉和本能。关于后者的通俗说法是"拍脑袋"，且两者似乎都和教育研究无关。

  那么为什么有的决策经得起时间考验，其决策者亦随之成为万众瞻仰的行业领袖，而其余的则没有那么幸运呢？大学的教育学院，特别是管理专业的院长、教授们理所当然地相信他们工作的成果直接导致对这两种决策者的区分，而我的研究方法论课程成为教育管理专业的必修课便是明证。不幸的是，这种假设实在有点一厢情愿，连那些曾经受益的实干家们都不如教授们所期待的那样常常心怀感激。的确，翻遍当今所有的教育研究杂志，我几乎找不到任何能让繁忙的管理者们在十分钟以内消化得了的研究成果。中小学教育研究如此，大学教育亦不例外。假如高校管理研究的成果不能为管理者和决策者所吸收，那么研究者再用功、研究方法再

"科学"、研究结论再漂亮,结果还不是"无事烦恼"(much ado about nothing)?

正是出于这点考虑,做惯了研究员的我放下架子(本来就所剩无几的),在《细读美国大学》中当了一回故事员。虽然我的故事还没有讲到于丹的水平和易中天的名气,但着实过了一把瘾。特别是那种被小女生追着在书的扉页上签名的感觉,研究员做到著作等身也不会有啊!也难怪那些学术明星们一旦上瘾就欲罢不能。

但光靠讲故事来推介学术研究的成果,对于那些在工作中慧眼如炬的管理者和决策者们来说,难免有轻侮其智力水平之嫌。再说,虽然我可以毫不夸张地宣称,我的每一个故事背后都有研究的支撑,但听故事的人听到的只是结果而非过程,因而往往知其然却不知其所以然。轮到他们自己面对千变万化的大学管理现象时,很难做到随机应变,自然也就无法再造故事中的辉煌或避免重蹈故事中主人公的覆辙。现代大学早已成为美国前加州大学校长克拉克·凯尔(Clark Kerr)所说的"多元大学"(multiversity),其内部和外部的多重功能极为复杂。像过去那样仰赖蔡元培、张伯苓式的著名校长及其雄才大略来实现行之有效的管理与决策,已经不太现实。今天的大学管理仍然有赖于领导者的智慧和素养,但更需要经过科学化、专业化考究的为政方略。这样看来,教育管理学院将研究方法论作为必修课,实在用心良苦。

问题是如何帮助管理者掌握研究方法及成果。在高教研究领域,研究员为了表述他们严谨的思路,的确需要运用一种有异于日常生活语言的表达方式。只是做研究和教研究的人大概都没有念过MBA,也从来没有想过他们的"顾客"以及他们"产品"的"消费者"究竟是谁。所以,他们深刻无比的思想需要经过放得下架子的故事员们一番"翻译"之后,才能为日理万机的实干家们所接受、所赏识。不过话得说清楚,我自己是研究员,有正事要干,偶尔充当一回故事员其乐无穷,但改行当故事员,专在其他研究员和领导之间当翻译,非我所愿。即便是我所愿,也不是长久之计。高教研究文献如汗牛充栋,且每日每时层出不穷。假如研究员需要配备翻译才能"对人类有较大的贡献",那得建多少"翻译学院"才能做到供需平衡啊!

这样看来，要使高教研究真正得以为管理者和决策者所用，研究者既不能"只管埋头研究而不抬头看路"，也不能一味指望翻译家或故事员为他们搭桥铺路。唯有帮助管理者和决策者掌握高教研究者们的研究方式和表达语言，才能填平研究和实践之间的鸿沟。否则，高教管理研究就成了一个本末倒置的世界：高教研究人员一骑绝尘，在前面风光无比，留下高教管理人员望尘兴叹，只能继续实行"以其昏昏，使人昭昭"的"拍脑袋决策法"。

出于这点考虑，我只得再次放下架子（至此已经荡然无存的），在高教研究人员和管理人员之间充当一回"桥梁工程师"。坦白地说，我的这个决定基本没有什么新意，因为许多高教研究人员早已作过各种尝试，希望能够与管理人员有更多的沟通。他们努力的成败得失自有公论，原不是我所能够或应当在此妄加评论的。我只是注意到一个现象，即大多数发生在研究和管理这两支队伍之间的沟通努力是以某些具体问题为着眼点的。

比如说，如何对来自贫困家庭的学生进行资助，一直是美国高校面临的一个重大决策问题。围绕这个问题，许多高教研究人员，包括大学教育研究专业的教授和其他研究人员都做过大量的研究，也提出过各种资助模式。这些研究以解决教育实践中的具体问题为目的，研究人员亦随时将其研究成果向管理人员进行通报，无疑对当今美国大学的学生资助政策产生了重大影响。

然而，对于日理万机的大学校长或院长们来说，学生资助只是他们每天必须应对的无数问题之一。假如说他们在这个问题上的决策得益于研究，那是因为这个问题的重要性和普遍性早已引起研究人员的重视，后者是有备而来。但是，管理者们所面对的绝大多数问题是突发性的，需要他们在较短的时间内作出反应。而且，反应可以是即时的，影响却可能是深远的。这就需要管理人员在运用研究作为决策辅助手段时具有举一反三的能力。因此，作为"桥梁工程师"，我想在本书中做一点新的尝试，即以研究方法作为线索，通过对一些高校管理的研究实例及研究方法进行剖析，来帮助管理人员了解并熟悉高教研究的方法与过程，看看那些貌似高深的研究葫芦里卖的究竟是什么药。但愿高校的管理决策人员多少能够悟得些个中秘诀,以便在今后碰到类似问题时有所借鉴,亦能在对手下研究人员发号施令时不至于显得过于气短。

剖析研究案例最大的难点在于,高等教育研究的圈子实在太小,拿谁的文章说事都难免冒犯同仁,生编硬造又实属不易(真能那样的话还不如改行写小说),一圈转下来还是只能在自己身上打主意。本书所收集的研究案例都是我在过去十多年的高校管理工作中认认真真研究过的一些问题。由于工作职责的局限,我所研究的大多数问题和学生有关。尽管高校其他方面的问题,包括教授和教学的管理、高校财务管理、多元文化问题、后勤管理等,都非常值得认真研究,但在这些方面我所做的一些研究和撰写的报告有些属于学校内部文件,不宜发表,在编写本书时只得割爱了。其实这从另外一个角度证明了以方法而不是以问题作为贯穿本书线索的意义所在:每一所大学的政治、文化和教育环境都大相径庭,管理者所面临的问题也不可能相同。所以,对于他们来说,碰到某个具体问题时照搬现成研究结论的概率不高。既然如此,我就不客气地"授之以鱼不如授之以渔"了。

古希腊哲人苏格拉底有句名言:"未经考究的生活是没有价值的生活。"在日常大学管理中,未经研究、分析和论证的管理与决策虽然有可能奏效一时,却未必能够经得起时间的考验,因而也是没有价值的。毕竟,由"三八式"老干部管理大学、改造大学的时代已经一去不复返。我们有幸(或是不幸?)生活在一个全球化、信息化和商业化的时代,我们商界的朋友们连开片小店、设计一件家具都得做可行性研究,尽管他们明明知道自己的产品或商业行为也许只能在市场上红火几天、几个月,至多几年。而大学是一个"百年树人"的行业,我们的管理和决策行为将影响一代人以至几代人。从这个角度看,大学管理者未经考究就贸然决策,或是高教研究者经过考究却任其成果束之高阁,两者都让人难以接受。

于是,我的这本新书便有了产生和存在的必要。

第一章　研而后行
——大学管理研究入门

　　钱锺书先生在小说《围城》里对于学科间的门户之争有一段入木三分的刻画:"在大学里,理科学生瞧不起文科学生,外国语文系学生瞧不起中国文学系学生,中国文学系学生瞧不起哲学系学生,哲学系学生瞧不起社会学系学生,社会学系学生瞧不起教育系学生,教育系学生没有谁可以给他们瞧不起了,只能瞧不起本系的先生。"按说少年轻狂,本不足为奇,大学生初入学门,个个自认为"有笔头千字,胸中万卷,致君尧舜,此事何难"(苏轼《沁园春·孤馆灯青》),实属情有可原。只是当学科之间的这种高低贵贱之分,在学界成为共识,成为学科间文人相轻的依据,个中原因就值得深究了。

　　在此,钱先生的幽默可以暂且不论,我们感兴趣的是这样一个问题:为什么教育系的先生得不到其他学科的尊重,连他们的学生都不以为意呢?我们不妨作两个极端的假设:其一,教育系先生的学问过于浅显,连引车卖浆之流都明白;其二,教育系先生的学问过于深奥,连学界同行都难以明白。支持前者的证据是,谈到教育问题,街头巷尾的侃爷们、口若悬河的出租车司机们,甚至理发店的剃头师傅们,个个是专家,而且他们从理论到实践无所不通,这让那些皓首穷经的教育学者们情何以堪!支持后者的证据可以引述一位教育研究者在参与学校管理四年后所写的心得体会。① 此公为当代教育研究的现状总结了六大症结：结论复杂、自相矛盾、论题猥琐、不接地气、用心不专、有悖常理。

  反观其他学科，当理科的先生们对于自然现象进行描述时，当文学系和哲学系的先生们对艺术与人生进行解读时，人们或接受，或欣赏，或沉默，却很少反驳，因为他们对于自己不懂的东西、难以表达的情感往往心存敬畏。教育则不同，它有点像马克·吐温口中的天气："每个人都在谈论天气，但没人做任何事来改变它。"正因为人人都懂一点教育，而且都能谈论教育，所以教育系的先生们在做学问时若止于描述的话就会让人觉得过于浅显。又因为教育研究的实践性质决定了研究者必须提供某种实践性的智慧，而这种智慧必须经过科学求证，于是当他们用某些术语来表述专家意见时，便会招致包括他们学生在内的所有人的冷嘲热讽，被视为故弄玄虚。事实上，教育系的先生们做学问，其动因与其他传统学科确有不同：理科、文学或哲学偏向"知"，而教育则偏向"行"；前者较多基础研究，后者注重应用研究。天长日久，大众对于这两类学者的期待值亦发生变化。在他们看来，前者的任务是解释世界，而后者除了解释而外还需改造世界。但由于教育如同天气，人人可以谈论，个个经历丰富，因而研究学者们假如不能开出一些改天换地的处方，便会遭他人白眼；开出处方的，也未必受到尊敬，因为各人心中早有了自以为是的处方。

  以上这番略带苦涩的思辨不是为教育学者的无为开脱，而是为本书即将展开的讨论作一个铺垫。其实，就学科发展而言，我们早已超越了钱先生的年代，所以今天的大学里谁要是瞧不起教育系的学生，还得细分是教育学还是教育管理学，是课程研究还是教育心理，等等。因为本书的课题有关大学管理决策与高等教育研究，我们姑且在此将讨论的范围限定在教育决策研究，特别是高等教育的管理决策。这就决定了我们不但需要谈论"天气"，而且必须

---

① Cooper, H. (1996). Speaking power to truth: Reflections of an educational researcher after 4 years of school board service. *Educational Researcher*, 25(1): 29—34.

做一些事情来改变它。为此我们还要为自己追加一层限定：我们要改变的不是"天气"本身，而是如何应对瞬息万变的天气状况。

如此界定研究环境，其目的是希望教育学者们能够轻装上阵，不再为学科间的歧见所困扰。首先，他们在"下海"从事教育决策研究之前必须具备一点阿Q精神——"走自己的路，让别人说去吧"！其次，他们必须了解自己的学科区别于其他学科的特点，因而不再与他人比拼思想的深刻或情感的丰富，而是将精力放在如何解决实际问题上。再次，他们必须懂得放弃。正如天气背后有许多关于大自然的奥秘，但气象学家只能将重点放在研究天气情况及其变化规律以对天气作出准确的预报，他们不可能面面俱到。同理，教育背后也有许多关于人的生理和心理上的奥秘，但探索这些奥秘是生理学家、医学家或心理学家的工作。大学管理研究的重点在于学校的日常运作，研究者应当关注的是"How"，而非"Why"。

第一节　管理研究的范式

我在谷歌的搜索引擎上输入"哈佛大学研究发现"八个字，仅用0.74秒的时间就收到四百八十万三千条结果，内容五花八门，比如："颜值高有害婚姻""全脂乳品能增加受孕概率""父母经常争吵会造成孩子大脑萎缩，记忆力下降""家长经常给孩子讲这7句话，孩子长大定有出息""每天吃坚果，活得更久更健康"，等等。哈佛的教授们是否做过关于颜值或乳品或坚果的研究我们并不知道，也不想知道，但这么多鸡零狗碎的消息都以哈佛的名义发布，我们起码可以从中得到这样一些信息：首先，信息的发布者还是挺重视研究的可信度的，要不他们为什么冒着被人戳穿的危险指向如此容易得到求证的资料来源呢？当然，信息的发布者相信一般读者不会将哈佛的研究报告找来求证，因为大众对于读懂原始的研究报告既无兴趣亦无能力。其次，信息的发布者也相信大众对于科学足够痴迷，所以即便是生活常识也希望得到科学家的背书（endorsement)才算成立。

毋庸置疑,权威的研究报告已经成为现代信息社会中不可或缺而又无所不在的一个重要组成部分。换言之,依靠老人经验、祖传智慧来指导日常生活的时代已经一去不复返。现代人需要科学依据,而科学依据的主要来源是研究报告。据此我们可以推断:其一,研究报告的可信度至关重要。当大众无法对报告的可信度作出判断时,报告的作者及其所在单位的声誉便成为判断的依据。其二,不管研究课题多么琐碎,科学方法是研究报告的生命,也是其取信于大众的必要条件。其三,研究报告不是大众读物,一般不具有可及性(accessibility),至少对于未经专业训练的人士来说,读懂研究报告具有相当的挑战性。

确定了这些基本的前提条件后,我们便可以开始工作了。对于大学里以管理决策研究为业的专业人士来说,其工作有两个层面:一是广泛阅读相关的研究报告,准确掌握大学发展的走向,对各类报告的可信度作出判断与甄别,并将信息汇总后与决策者作有效的沟通;二是针对大学内外存在的问题,设计并执行研究计划,编写研究报告,并将研究结果与决策者作有效的沟通。这里有三个关键词:阅读、研究、沟通。本书在接下来的篇章中将以这三个关键词作为根据地,为大学管理研究勾勒一个粗略的路线图。

首先我们需要熟悉的是研究报告的规范。一个有趣的现象是,就学术训练而言,高等教育研究人员的背景板比其他任何领域都更加色彩斑斓:从文学、哲学、历史,到科学、统计学、计算机,等等,无所不有。出人意料的是,这些来自五湖四海的学者们在教育研究领域集聚后,不但没有自行其是,而是共同地、自觉或不自觉地将教育研究向着科学的范式推进。关于高教研究作为一个学术领域的演进过程,我们在本书的最后一章再作介绍。

说到科学的范式,不能不提科恩(Thomas S. Kuhn)在1962年出版的《科学革命的结构》一书中提出的科学哲学理论——科学范式论。科恩认为,范式是科学家共同接受的一组假说、理论、准则和方法的总和,这些东西在心理上形成科学家的共同信念。范式是使一门学科成为科学的必要条件或成熟标志,也就是把范式看作科学与非科学的分界标准。[①] 科恩从不否认他心目中科学的范式是从化学、物理学、天文学等自然科学领域中衍生出来的。而从事教育研究的学者们之所以也在不断地向科学范式靠拢,除了因为科学范式能够帮助他们取信于大众而外,还有一个重要原因是科学范式为他们提供了一整套的研究方法论——理论、假说、测试、验证,等等。这套方法论不仅为教育研究奠定了科学的基础,而且也为研究者撰写研究报告设置了一套共同接受、可以遵守的规范。这套规范可以随不同的研究项目有所变通,但一般研究报告包含下列五个基本元素:课题简介(introduction)、文献综述(literature review)、研究方法(research methodology)、研究结果(results)、总结讨论(conclusion and/or discussion)。

第一部分:课题简介。据说著名的商业咨询公司麦肯锡曾经为一家重要客户做咨询。咨询结束的时候,麦肯锡的项目负责人在电梯间里遇见对方公司的董事长,后者问麦肯锡项目负责人:"你能不能给我将结果做一个简单的总结?"由于该项目负责人没有准备,而且即使有准备,也无法在电梯从30层到1层的30秒钟内把结果说清楚,最终,麦肯锡失去了这一重要客户。从此,麦肯锡要求公司员工学会在最短的时间内把结果表达清楚,凡事要直奔主题,并发明了所谓的"电梯讲演"(elevator pitch)理论。对于一份研究报告的作者来说,报告的第一段"课题简介"就是他的 elevator pitch。在这里研究者必须把握这个难得的机会,用一到两个小段的篇幅说明自己所研究问题的起源及其重要性,让日理万机的决策者能够在几分钟内作出继续念下去的决定。换言之,报告的作者必须让自己的这一份从若干甚至无数的研究报告中脱颖而出。而失去这个机会的代价是自己在这个研究项目上花费的所有时间和精力——报告从此将被束之高阁。

"电梯讲演"可以用各种方式呈现,但有一些基本的元素是不可或缺的。首先,作者必须用一两句话阐明研究的宗旨,并对一些关

[①] Guerra, C., Capitelli, M. and Longo, S. (2010). The Role of Paradigms in Science: A Historical Perspective. In L. L'Abate (ed.), *Paradigms in Theory Construction*. Springer. 郭本禹(1996).科恩的科学范式论与心理科学革命.南京师大学报:社科版,第3期.

键概念作出界定,让人觉得他不是在满嘴跑火车。其次,作者还需对相关领域做出简单的描述,让读者信服这个研究不是无中生有,而是建立在前人研究的基础之上,有着一定的受众基础,或是填补了现有知识结构中的某些空缺,哪怕是非常细小的空缺。最后,作者可以对潜在的受众许下一些承诺,即只要他们能够耐心念完研究报告,他们将从中得到哪些收获。

我自己在写研究报告时,往往将这个开头部分留到最后才写。原因很简单,当我们在设计一个研究项目时,常常对于研究方向有些自以为是的想法。当我们开始搜集数据、进行分析时才会发现,先前的设想需要经过不断的调整和修正。因此,我们不妨在完成所有的研究和写作之后,从一个更高的角度来回顾整个研究过程,以便将我们的"电梯讲演"写得更加精确、精炼。

第二部分:文献综述。我在本书中单列了一章(第二章"为管理者导航——高教述评")详细讨论如何作文献综述。在此先对文献综述的目的及其在研究报告中的作用略作解释。

一般来说,文献综述有两个目的。一是研究者需要了解此前所有与论题相关的研究并作出综合评定。牛顿有句名言:"如果说我看得比别人更远些,那是因为我站在巨人的肩膀上。"据此,作者在文献综述中需要证明的是自己的确"站在巨人的肩膀上",而不是仅仅重复一项别人已经做过的工作(reinvent the wheel)。二是研究者需要通过文献综述来证明自己所从事研究的独特性、必要性和正当性(justification)。因为从理论上说,研究报告的读者仅需找出一个类似的案例,便能证明这项研究纯属多余。对于那些自以为是而又没有认真进行文献检索的研究者来说,这样的打击是致命的。所以,文献综述并不如许多人所理解的那样,仅是之前类似研究的堆砌,更不是研究者"掉书袋"、炫耀知识、卖弄学问的地方。

第三部分:研究方法。正如一千个人眼中就有一千个哈姆雷特,对于同一份研究报告各人也可以有与他人截然不同的解读方法。有人喜欢从头念起,就像念小说生怕错过了故事的前因后果。我的习惯是从"研究方法"念起,首先了解研究报告的作者是从哪里搜集的数据,如何对数据进行整理,使用了什么分析手段与工具,等等。如果我不能在这个部分就这些基本的问题得到满意的回答,不管报告的主题多么相关、诱人,我都会立即停止阅读这份报告,转而寻找其他的研究。人生苦短,资讯苦多,我们实在没有必要让自己迷失在明知无果的探索中不能自拔。

因此,在这个部分研究者最重要的工作有两项:一是交代数据的来源、研究者搜集数据的途径和整理数据的方法;二是详细描述数据分析的工具、手段和方法。可以毫不夸张地说,数据的质量是一份研究报告的生命。假如研究者不能在这里说服读者相信他的数据可靠、可信,那么无论研究者使用多么高精尖的统计方法、多么动人的表达方式来对课题进行分析,他都不可能将自己的研究报告从垃圾变成财宝。

那么,什么样的数据才是好数据呢?简而言之,数据必须是事实。美国著名政治家莫尼汗(Daniel Patrick Moynihan)有句名言:"你可以拥有自己的意见,但你不可以拥有自己的事实。"换言之,数据不是你说怎样就是怎样的。它必须以事实为基准。因此,有学者对数据提出四条检验标准:① 数据让人明白发生了什么事情且为什么发生;② 数据让人发现不同变量间的关系;③ 这些关系的发现让人可以预测变量的未来发展;④ 这些预测可以帮助人们对于未来的行动做出明智的决策。① 什么数据不是事实,因而不是好数据呢?一个最好的例子是:统计数据(statistics)。统计数据之所以不是数据,原因在于它不是通过观察可以得到的,而是对于已有数据的描述。比如说,平均数是对于一组数据的描述——它可以是平均值(mean),也可以是中位数(median)。另外平均数对于事实的描述很不准确,因为它将离群值(outlier)索性一笔勾销。

数据一定是数字吗?答案:不一定。我们在进行质的研究时所收集的非定量性质数据同样必须以事实为基准,亦同样需要通过上述的四条检验标准。数据本身虽不必非要以数字呈现,但描述必须简短,以使归纳、总结、分析并呈现模式成为可能。在这里,研究

---

① Watson, M. & Nelson, D. (2014). *Managerial Analytics: An Applied Guide to Principles, Methods, Tools, and Best Practices*. Upper Saddles River, NJ: Pearson.

者对于定性数据的整理方法的描述较之定量数据更为重要。

研究者在将数据的来源及收集方法交代清楚后,还需对实验或非实验的研究手段、统计方法的运用或文字数据的处理等问题进行描述。几乎每一本有关研究方法的教材都会详细交代,我在此就不再赘述。在本书的第三、四两章我会通过案例分析来分享我自己的研究过程。

第四部分:研究结果。这也许是一份研究报告中最枯燥乏味却又不可或缺的部分。在这里,研究者必须对数据分析的结果作出客观的报道,并需努力遏制自己对于统计分析的结果进行解读的冲动,因为读者在这里需要的是事实,而不是观点。

在陈述研究结果时,研究者最容易犯的一个错误便是迫不及待地跳出来,或为此前的假设得到证实而洋洋自得,或为结果不同于预期而进行辩解。这两种做法都有可能将自己先前精心设计的研究方案毁于一旦,因为读者在此更需要了解的是经过分析的数据为我们讲了一个什么样的故事。至于这个故事最终能够导致什么结论,作者完全可以在下一个部分提出,供读者考虑,完全没有必要在读者尚未对数据分析有一个全面的了解之前就对他们进行狂轰滥炸。

第五部分:总结讨论。因为"你不可以拥有自己的事实",所以从研究项目开始至此你所做的一切努力都仅限于搜集与分析客观数据,陈述或解读既定事实。你板着脸,希望你的严肃能为你在读者心目中建立起一个研究者所孜孜以求的可信度。现在你终于完成了一项研究所必须走过的所有程序,也在"研究结果"中将预料之中和预料之外的一切呈现于读者面前。你松了一口气,告诉自己:"你终于可以拥有自己的意见了!"于是,你在研究报告的最后一部分"总结讨论"中开始分享你对于这个问题研究至今的心得体会,并助以从数据分析中得出的"客观结论"。

至此,一切均在掌控之中。也许当初你在设计假设检验时,并未深究两个变量之间的关系,只想通过数据的搜集和分析来证实它们之间存在某种关系。然而,当你的统计分析显示这两个变量之间居然有如此之高的相关系数时,你忍不住会想:也许它们之间本来就存在某种因果关系呢?假如我不揭示这种关系,别人是否会怀疑我的观察能力?胡适之老先生不是说过"大胆假设,小心求证"吗?我虽然开始没有大胆假设,但现在有了数据证明,难道不应该回过头去大胆一回?

哈佛大学法学院学生维根(Tyler Vigen)从美国官方发布的统计数据中抽取变量进行统计分析,结果发现很多看似毫不相干的变量之间居然存在极高的相关系数(以下括号中为相关系数):美国在科技领域投入的资金与以吊死、勒死和闷死等方式自杀的数目(99.79%);缅因州的离婚率与人造黄油的人均消耗量(99.26%);商场游乐中心的总收入与美国授予电脑科学博士学位的总数(98.51%);美国从挪威进口原油的桶数与驾车撞火车死亡的司机数目(95.45%),等等。① 我希望,这些荒唐至极的例子可以让你脊背上产生一丝凉意,看到过分解读相关系数,并将此推进至因果关系,会让你在世人眼中成为怎样一个笑柄!

其实,研究者成为笑柄还是小事,他们通过"科学"论证得出结论并误导读者才是大事。不幸的是,这样的事情每天都在发生,实在不是因为研究者心存恶意,唯恐天下不乱,而是一个名叫"自我"(ego)的东西时常作祟。试想,当你殚精竭虑,在投入大量时间和金钱完成一项研究后,能不希望自己的工作得到世人的认可?可是在研究报告的前面四个部分你的"自我"完全没有栖身之地,直到最后一个部分才能勉强现身,还需受到各种各样的限制,怎不让人气闷?因此,在研究规范许可的范围里稍作发挥,于人情事理其实都不为过。唯一让人不安的是,假如你的研究无关痛痒,那么随你说得怎样天花乱坠,也无人置评。但因为你所从事的是管理研究,一旦受到管理者的关注,那么你的结论、意见和观点会直接影响决策。而决策影响的是整个大学和所有相关的师生员工。所谓"军中无戏言",是否也适用于管理研究?

---

① Vigen, T. (2015). *Spurious Correlations*. Hachette. 见 http://www.tylervigen.com/spurious-correlations.

第二节　大数据时代的管理研究

上述这套撰写研究报告的规范虽然乍一看有点"八股"的味道，但其真正的作用就像公路上的行车线之于司机：在循规蹈矩的司机眼中这些规矩几乎不存在或不需存在，但对胡作非为的司机来说这些规矩足以将他们罚下道路。同理，研究者即便是对研究课题驾轻就熟，也须恪守科学的规范，不能因一时兴起而信口开河。这一点对于从事高等教育研究特别是大学管理研究的人来说尤其重要，因为他们研究的信度与效度直接关系到大学的存在与发展。

在西方，尤其是在美国，虽然教育学院或教育研究所的专家教授们亦以大学管理为其研究课题，但大量的日常研究工作却发生在院校研究办公室（Office of Institutional Research）。2003 年，我在与周川教授合编的《院校研究与美国高校管理》一书前言中曾对院校研究做过这样一个描述：

"院校研究是在一定的理论指导下运用科学的方法，尤其是信息科学的方法，对单个高等院校的运行状况及其影响因素进行定量和定性的分析，从而为高校的运作、管理、决策和发展提供现实依据的一种研究。……院校研究与传统的高等教育研究之间最大的区别在于它的研究对象及目的。传统的高等教育研究将人类的高等教育实践作整体或部分的研究，旨在提高人们对高等教育性质与规律的把握和认识；而院校研究则以个别学校为研究对象，研究者就高校机构某方面或各方面收集数据并进行分析，旨在为决策者从规划、管理及日常运作等各方面提供信息和决策辅助。"①

好奇的看客一定会问：本书所关注的大学管理研究，不就是院校研究吗？有必要在此故弄玄虚、另立门户吗？说来话长。想当初我在 20 世纪 90 年代初开始介绍院校研究时，曾经生搬硬套，将国

---

① 程星,周川(2013).院校研究与美国高校管理.长沙:湖南人民出版社:2-3.

外的"institutional research"直译为"机构研究"。① 后经潘懋元教授提议改为院校研究,沿用至今。潘老虽仅改动一词,却直击要害,将研究的重点放在个别院校的管理,而非作为一个整体的高等教育领域。然而,院校研究进入中国高校之后,实为南橘北枳,并未如西方那样在大学里形成院校研究办公室。究其原因,于院校于研究均无干系,却与体制息息相关。在美国大学,院校研究人员属于行政体制,故其职责不在发表而在辅助决策;反之,中国大学的"院校研究"人员属于教研体制,不发表就要走人(publish or perish),故其精力全部放在理论研究上,根本无暇顾及大学的管理问题。(行文至此,我们似乎应该对钱锺书先生半个多世纪前的冷嘲热讽背后的深意有点觉悟了吧!)为了避免任何可能产生的概念上的歧义,我在本书中坚持用"管理研究"来指称以大学管理决策为目的的高等教育研究。

然而,随着大数据时代的来临,教育研究的词典中又添新术语:"analytics"——一般将其译作分析学、解析学或分析论。为统一起见,我在本书中采用"分析论"这个译法。2006年达文波特(Davenport,T. H.)教授在《哈佛商业评论》上发表文章指出,在许多类似的产品充斥市场的今天,一个企业出奇制胜的法宝就是具有极高专业水准的数据收集、储存、分析以达致决策。事实上,亚马逊、万豪酒店等成功的企业早已借助分析论来指导企业管理和营运的方方面面。② 他随后出版的同名专著《以分析取胜》③更是将分析论推向各个行业,在商界内外掀起一股以大数据分析支持战略决策的热潮。

达文波特的书虽然在分析论的推广方面极具煽动性,但对于究竟什么是分析论却语焉不详。华生和纳尔逊在他们合著的《管理分析论》一书中给出的定义似较为全面、准确:

---

① 程星(1992).机构研究与现代高等教育管理——介绍一门正在形成中的学科.大学教育论坛,2:1—5.
② Davenport, T. H. (2006). Competing on Analytics. *Harvard Business Review*, 84, p. 98—107, 134.
③ Davenport, T. H. & Harris, J. G. (2007). *Competing on Analytics: The New Science of Winning*. Boston: Harvard Business School Press.

"分析论是所有运用数据洞察现象以求改善决策的学科的总和。它包含三个组成部分:描述分析(descriptive analytics)重在对数据进行描述、报道及图像化;预测分析(predictive analytics)重在根据数据预测趋势,确认关联;指导分析(prescriptive analytics)则是基于现有的数据以及可预测的趋势对最佳决策提出指导意见并伴以行动步骤。"①

换言之,描述分析告诉你已经发生和正在发生的事情,预测分析告诉你将要发生的事情,而指导分析则告诉你应当如何行动。值得注意的是,作者在这个有关分析论的定义中明确指出,许多运用数据洞察现象以求改善决策的学科其实早已存在,因而分析论亦非新生事物。据此,美国大学从20世纪60年代初开始进行院校研究,便是"运用数据洞察现象以求改善决策"的最佳例证,只是当时还没有分析论这一说。今天,分析论在一夜之间受到如此热捧,其中最重要的原因当是大数据或体量巨大的数据突然之间变得唾手可得。像我这样曾以数据为业的人(说俗一点就是吃数据饭的)都不难体会,当你需要通过实证研究解决一个问题时,得到充足的相关数据是一件多么不容易的事!分析员们为此绞尽脑汁,以"上穷碧落下黄泉"来形容都不为过。可如今,随着网络时代的来临,特别是社交媒体在2000年后异军突起,我们身边的数据突然以几何速度增长,这情景,在任何一个分析员眼中都是辛弃疾诗句的电影版本:"众里寻他千百度,蓦然回首,那人却在灯火阑珊处"!

大数据激活了人们潜藏已久的想象力。牛津大学教授迈耶-勋伯格(Mayer-Schönberger, V.)和《经济学人》杂志编辑库克耶(Cukier, K.)在其合著的《大数据》一书②开头讲了这么一个激动人心的故事。

2009年一个新的流感病毒H1N1在美国大地肆虐,引起世界的恐慌。美国疾病控制中心(简称CDC)要求全国的医生在接到病

---

① Watson, M. & Nelson, D. (2014). *Managerial Analytics*: *An Applied Guide to Principles*, *Methods*, *Tools*, *and Best Practices*. Upper Saddles River, NJ: Pearson, p. 6.
② Mayer-Schönberger, V. & Cukier, K. (2013). *Big Data*: *A Revolution That Transforms How We Work*, *Live*, *and Think*. New York: Mariner Books.

例后及时通知CDC,以便采取对策防止病毒扩散。然而,信息收集起码有两个星期的滞后,因为病人会在出现症状后等一两天才去看医生,医生报告CDC再花几天时间,加上CDC每周一次汇总信息,所以政府公共卫生部门完全无法有效预测病毒的发展及其走向。然而就在此前不久,谷歌的工程师刚在《自然》杂志上发表一篇关于如何利用搜索引擎发现并预测流行疾病的文章。[①] 他们假设,当人们感到身体不适时会上网搜索相关信息,如"咳嗽与发烧如何用药"等。谷歌将2003年至2008年的5000万条搜索信息与CDC数据中有关信息进行比对,用搜索频率与搜索人所在地区的相关系数建立数学模式,最后确认的45条搜索词汇,辅以数学模式,使他们能够成功预测疾病的传染区域和病例。他们比CDC棋高一着的地方在于数据的实时性。

这个故事有两个看点。

其一,传统实证研究的起点是搜集与课题相关的各种数据并加以描述,在此基础上就事件的过去总结规律,对未来作出预测,并为决策者找到解决问题的途径。在这个过程中最具挑战性的工作无疑是数据的搜集,因为这关系到以后的步骤能否进行,并直接影响到研究的结果是否可靠。因为研究者不是全知全能的上帝,所以拥有数据的全本(population)对于他们来说纯属奢望,能做的只是尽力设计合理样本(sample),希望数量有限的样本数据能够最大限度地描述它们所代表的那个全本(假如这个想象中的全本确实存在的话)。可现在,"幸福来得太突然",研究者不仅能够全本在握,而且还具有实时性,怎不让人喜出望外?

在传统的样本设计中,研究者为了增加样本的代表性,必须在研究开始之前就先行决定抽样方法,其可供选择的科学抽样方法包括简易随机抽样(simple random sampling)、系统抽样(systematic sampling)、分层抽样(stratified sampling)、类聚抽样(cluster sampling)、多重类聚抽样(multi-stage cluster sampling),等等。虽然多

[①] Ginsburg, J. et al. (2009). Detecting Influenza Epidemics Using Search Engine Query Data. *Nature*, 457: 1012—1014.

年的统计实践足以证明这些抽样方法的有效性,但因为抽样方法按照特定研究目的而定,研究者在研究开始后一旦遇到新的情况需要对所研究的问题进行调整时,修改样本的空间几乎不存在。可现在,比如谷歌搜索引擎的电子记录是全方位、多层次的,研究者可以随时调整其研究的方向,并能捕捉样本数据中常常容易被人忽略的小团体、弱信号。

其二,大数据及其成功应用开始挑战我们认识世界的方式。之前,统计思维给我们的信心是,尽管人类的认知能力有限,但通过科学的样本设计,我们完全能够实现以小见大、以偏概全。因此经过传统统计训练的人都相信,只要方法得当,我们透过统计分析的显微镜看世界,一样能够看到事物的本质、规律和因果关系。大数据似乎正在颠覆这种信心。假如我们不再需要抽样,而是能够直接进入研究对象数据的全本,那么,之前我们根据样本所做的各种统计测试和推断不是都失去了必要性?谷歌以对大数据的分析向CDC表明,了解病人的行为、他们所在的地区、发病的某些症状等看似无关的变量之间的相关性已经足够。假如仅仅是为了辅助决策,CDC并不需要知道这些变量背后的因果关系。换言之,知道"What",决策者便能知道"How",大可不必深究"Why"。

关于这一点,迈耶-勋伯格和库克耶为我们作了如下的解读:

"大数据的核心是预测。虽然所谓的人工智能被认为是计算机科学领域的一个分支,更具体地说,是一个被称为机器学习的领域,但这样的表述会引起误导。大数据根本不会试图'教'一部电脑像人类那样去'思考'。相反,它是将数学运用到体量巨大的数据上以此来推断概率:如一份电邮属于垃圾邮件的可能性;当一个人打出'teh'时可能心里想的是'the';一个人乱穿马路时的轨迹与速度是否意味着他在赶时间——因此无人驾驶的汽车只需稍稍减速。关键在于,这些系统能够得到足够多的数据来帮助它们作出预测,以保证运作正常。更重要的是,系统的设计中包含了自我改善的能力,因为它们能够在新的数据进入时自动寻找那些先前记录在案的最佳信号和模式。"①

不得不承认,大数据的出现为我们提供了一个全新的视角。以前我们也许很少想到,各种变量之间的相关性具有如此神奇的预测潜能。它对于传统的统计思维的冲击几乎难以抵挡。然而有趣的是,在市面上潮水般涌来的各种关于大数据和分析论的文章书籍中,我们见到最多的还是大数据在商业领域的应用。从事教育研究、特别是高等教育管理研究的人们在这来势凶猛的时代大潮面前何去何从?他们如何评估这个行业的走向及他们自己作为研究者未来的命运?他们的工具箱里是否具有足够的收藏来应对行业的挑战?

第三节 面向未来的大学管理研究

我在《细读美国大学》②一书中曾引用伯恩鲍姆(Robert Birnbaum)教授关于七个管理时尚的叙述③,对大学管理中的盲目"追星"现象作过嘲讽。最近为了撰写本章我上网一搜,发现"Analytics"已经成为当今新的管理时尚:很多美国大学将其院校研究办公室更名为"Office of Institutional Research and Analytics""Institutional Effectiveness and Analytics""University Analytics & Institutional Research",等等。有趣的是,将时间倒推20年,院校研究办公室的名字上顶多加一个"Analysis",现在变成"Analytics",换了汤,是否也换了药呢?当然,我们有足够的理由为新的管理时尚辩护,正如莎士比亚在《罗密欧与朱丽叶》第二幕中所言:"名字有什么关系呢?玫瑰不叫玫瑰,依然芳香如故。"④同理,院校研究、管理

---

① Mayer-Schönberger & Cukier(2013). p. 11—12.
② 程星(2015).细读美国大学(第三版).北京:商务印书馆.
③ Birnbaum, R. (2000). *Management Fads in Higher Education: Where They Come from, What They Do*. San Francisco: Jossey-Bass.
④ Shakespeare: "What's in a name? That which we call a rose by any other word would smell as sweet." (*Romeo and Juliet* 2.2)

研究或分析论，不管用哪一个名词来指称我们所做的这一堆事情，只要目的是辅助决策，都无可厚非。

然而，从上节关于分析论的描述和定义看，传统的统计分析（analysis）与当今流行的分析论（analytics）之间最大的区别似乎在于数据的体量与品质。华生和纳尔逊以三个"V"来描述大数据的特征，即数据的数量与规模（volume）、数据处理的速度（velocity）和数据种类的多样性（variety）。[①] 因此，可以毫不夸张地说，今后研究者对数据的收集、储存、分析以达致决策的能力将决定管理研究这个行业未来的走向，也是他们工具箱里不可或缺的利器。

记得在20年前，假如你想进入任何与数据分析相关的行业，是否会使用结构化查询语言（Structured Query Language，简称SQL）是一道最重要的门槛。事实上，SQL这个编程语言的名称极具象征意义，因为这种语言的使用对象只能是结构化数据（structured data），即严格遵循数据结构来组织、存储和管理数据的仓库，而数据结构的有序性则是统计分析得以进行的基本前提。然而，随着大数据在各个领域的出现和急剧增长，研究人员必须面对越来越多的非结构化数据（unstructured data），而后者完全没有事先设定的数据结构或组织。比如说，网站的搜索词、点击量、监控电视（CCTV）的记录、学生通过网站向教授提出的问题，等等，都是可遇而不可求的非结构化数据。

数据的变化直接影响到以数据为业的人。在传统的数据环境下，研究者对于取得数据全本根本不抱幻想，因此设计样本并进行抽样调查成为一项极为专业的工作，管理研究人员在此具有绝对的权威。但是，大数据分析以全本数据为素材，一步跳过了传统的统计分析程序，从而大大提升了演算法或计算程序（algorithm）编写人员在管理研究中的地位与重要性。

也许，嗅觉敏锐的院校研究人员已经隐约感到大数据对于他们行业的威胁，因而试图通过改名来显示其与时俱进的愿望和能力。有的院校研究部门开始运用分析论的技巧来开发个性化的学术咨

[①] Watson & Nelson(2014). p. 27.

询系统,有人借用预测分析的方法来估计学生在课程或专业上的进展程度,也有学校运用预测分析来帮助学校进行招生方面的管理。① 总的感觉是,美国大学里教师通过学习分析论(learning analytics)来观察学生学业进展的较多也较成功,但院校研究在运用分析论进行管理研究方面的建树却至今乏善可陈。调查显示,美国大学中不到一半的院校运用大数据和分析论来帮助管理或决策。② 究其原因,可以归结到数据的结构问题、学生的隐私问题、决策的透明度问题等,加上管理方面大数据的极度缺乏。③

其实,冷静地观察未来大学管理研究的趋向,我们不难看出,真正需要感到恐慌的并不是管理研究或院校研究人员,而是他们的老板。对于研究者来说,学习新的研究方法或掌握新的研究工具只是时间问题,但对于他们的老板,即大学的校长、院长们来说,这是一个战略问题、思维方式问题。换言之,在日常管理和决策时,用不用大数据可以因"事"而异,但用不用数据,即在决策时能否做到有理有据才是问题的关键所在。这不是一个新问题,院校研究人员在过去几十年中对此已经纠结很久。只是在今天,以研究辅助管理与决策已经随着大数据时代的来临变得迫在眉睫。

面向未来的大学管理研究,由于数据的作用日益凸显,而且数据搜集的方式也已发生变化,因此我们运用数据的态度也需要作出相应的调整。过去我们的研究往往从传统的本体论出发,先清晰界定研究对象,然后设计样本来搜集数据,而数据的来源则必须与研究宗旨相匹配。在大数据环境下,研究者仍然需要设定研究的宗

---

① Ekowo, M. & Palmer, I. (2017). Predictive Analytics in Higher Education: Five Guiding Practices for Ethical Use. *New America Education Policy Paper*. 见 http://higheredindex.newamerica.org/, p. 3.

② Burroughs, A. (2016). Survey: Data and Analytics in Higher Ed Can Be a One-Two Punch. *Ed Tech Magazine*, April 8. 见 http://www.edtechmagazine.com/higher/article/2016/04/survey-data-and-analytics-higher-ed-can-beone-two-punch; Yanosky, R. with P. Arroway (2015). *The Analytics Landscape in Higher Education*. Louisville, CO: ECAR, p. 7. 见 https://library.educause.edu/~/media/files/library/2015/5/ers1504cl.pdf.

③ Ekowo, M. & Palmer, I. (2016). The Promise and Peril of Predictive Analytics in Higher Education: A Landscape Analysis. *New America Education Policy Paper*. 见 http://higheredindex.newamerica.org/, pp. 13—17.

旨或方向，但他们更多是利用现有的、由他人搜集的数据进行挖掘，找到符合自己研究方向的数据并加以分析。传统的研究方法论对于数据的认识论基础比较较真：定量数据（quantitative data）的应用一般遵循实证主义（positivism）的认识论传统，而定性数据或质的数据（qualitative data）则遵循解释主义（interpretivism）的认识论传统。这种认识论的观点直接影响到研究者对数据的处理方法。以后者为例，我们过去在进行质的研究时搜集很多访谈资料和观察记录，但囿于传统的方法论，我们常常不将这些非定量性质的信息当成数据，至少从来没有把它们当成数据加以处理。今天，戴上大数据的有色眼镜来看身边的各种信息，我们突然发现，原来数据并不一定是以数字的形式现身，它可以是图片、影像或文字，而我们在传统的研究方法论中所强调的数据三角验证（data triangulation），其实就是大数据特性其中的一个 V——数据种类的多样性（variety）。由此可见，数据作为研究者进行分析的对象没有变，变的是数据的来源、体量、类型和速度。大数据并非太阳底下的新东西，新的是大数据思维。

所谓大数据思维，正如有学者所指出的，就是"一切皆用数据来观察，一切都用数据来刻画，人们以数据的眼光来观察、思考、解释这个纷繁复杂的世界"[①]。因此，大数据思维不是排除传统的统计分析或质的研究，而是要求我们换一个视角来审视各种数据。大数据不能决定我们用什么方法进行分析，大数据思维则能。在选择合适的分析方法时，传统的统计方法、新兴的分析论方法或是其他的定量或定性的研究方法，都是研究者手中对各种数据进行挖掘与解读的工具。

然而，大数据及其分析论之所以在教育研究中至今未能得到广泛应用，研究人员有他们的无奈。迈耶-勋伯格和库克耶在他们的书中为我们讲了一个美国快递公司 UPS 的成功故事。为了提高递送效率并降低成本，UPS 在公司的送货车辆上装了感应器及各种无线定位装置来追踪快递车辆的工作状况。研究人员运用"geo-

---

① 黄欣荣(2014).大数据时代的思维变革.重庆理工大学学报(社会科学版)，5：13—18.

loco"软件所搜集的数据进行分析,不仅能够对快递员的工作状况进行跟踪,而且还能预测其车辆可能发生的故障并及时检修。这样的大数据分析在 2011 年为 UPS 总共减少 3000 万英里的快递里程,节省 300 万加仑的燃油,并降低 3 万吨的二氧化碳排放。[1]

UPS 以研究辅助管理的经验能否在大学管理中得到借鉴呢?比如说,美国大学最让管理者头疼的是学生的毕业率或辍学率问题,这直接影响一所大学的声誉、排名、资金来源和教学质量。为此美国的大学管理人员已经做了大量的研究工作,通过实证数据和质的研究确认了许多导致学生辍学的学业及社交因素。[2] 假设我们能够参照 UPS 的思路,就这些导致学生辍学的因素建立数据档案,对学生的学习习惯、社交模式、性格特征及其他行为方式进行跟踪,那么大学管理层完全可以通过社交网站、宿舍或教室闭路电视、学生与教授的网络沟通记录、大学教务档案等许多渠道取得有关学生学业进展的大数据。这与 UPS 搜集快递车辆的工作状况在技术上并无太大差别。但是,学校能够这样做吗?

姑且不论研究者在搜集个人数据时需要得到学生许可,即便是得到许可并完成了研究,其结果如何影响决策,则是摆在大学管理者面前的又一难题。推论至此,也许我们已经开始看到研究者的无奈所在。大数据在商业运用上最为人称道之处就是它的预测能力。研究者以分析论中的预测分析方法干预运营,从而提高效率,防患于未然,如 UPS 在得到车辆可能发生故障的预警时能够及时采取措施进行维修。但大学在通过大数据分析得知学生学业遇到障碍时,能做的事情却非常有限。为了降低辍学率,有的学校尝试过将大数据分析中显示有辍学迹象的学生拒之门外,[3] 但这种决策的结果是没有赶走学生却导致校长引咎辞职。也有的大学为了防止宿

---

[1] Mayer-Schönberger & Cukier (2013). p. 89.
[2] Pascarella, E. T. & Terenzini, P. T. (2005). *How College Affects Students: A Third Decade of Research*. San Francisco: John Wiley and Son.
[3] Svrluga, S. (2016). University president allegedly says struggling freshmen are bunnies that should be drowned. *Washington Post*, January 19. 见 https://www.washingtonpost.com/news/grade-point/wp/2016/01/19/university-presidentallegedly-says-struggling-freshmen-are-bunniesthat-should-be-drowned-that-a-glock-should-beput-to-their-heads/.

舍里的意外事故在走廊里安装闭路电视，因此引发学生大规模的抗议活动。隐私和各种伦理问题成为大学管理层运用大数据进行研究和决策的巨大障碍。① 从这个角度看，商业分析论中最有效的工具即预测分析恰恰是大学管理研究中最危险的方法：它不仅需要用到学生的个人隐私信息，而且管理者很可能依据大数据分析的结果对学生的行为及其后果作出草率的、未经证实的判断，从而断送学生的学业以至前程。

行文至此，大数据时代管理研究人员面临的机遇和挑战同时现身。机器已经将数据储存变得轻而易举，而编程人员又为非结构化数据的实际运用展示了无限的可能性。教育研究者有理由为这个行业可能受到的边缘化感到沮丧，但这种沮丧的根源是对于大数据及其分析论的无知。比对UPS的成功，我们又看到了教育行业的特殊性以及将大数据用到管理决策上潜在的危险性，因为我们工作的对象是一个个活生生的人，而不是商品，也不是机械的流程。所以，大学的管理研究者不能不懂得大数据，但又不能迷信大数据。他们在大数据时代与时俱进的前提是对于高等教育研究范式及其基本规范的理解，而不能盲目照搬商业管理上的分析论。

从这个观点出发，我在本书余下的章节中希望通过评点自己过去的研究案例，为研究者、也为他们的老板作一个展示，看这两拨工作性质完全不同的人如何通过有效的管理研究进行沟通。为了不伤害到任何研究界的同仁，我只好对自己作"活体解剖"了。当然，我个人所做过研究的范围毕竟有限，而且很多工作是"前大数据"时代的产物，因此有必要在此先作说明。本书既非研究方法教科书，更不是分析论指南，研究者们可以将我的分享当作自己未来研究的参考或框架。对于管理者来说，我希望成为他们的导游，带着好奇的食客进到厨房，看一看他们所享用美食的制作过程。

回到钱锺书对教育系先生的描述，多少年来这早已成为这个行业学者头上挥之不去的一道魔咒。为了提高教育研究的含金量，研

---

① Daniel, B. K. (2017). Big Data and data science: A critical review of issues for educational research, *British Journal of Educational Technology*. 见 https://onlinelibrary.wiley.com/doi/epdf/10.1111/bjet.12595.

究者们在研究方法论上殚精竭虑,试图将教育研究纳入科学的范式,虽然成绩非凡,但在改变自身地位方面却了无进展。统计研究方法的引进虽然将他们打造成抽样调查和统计分析方面的专家,但因为结构性数据在分析方法的运用上相对程式化,研究者们可以施展拳脚的空间也不大。大数据的出现让我们眼前一亮,现代电脑技术的发展加上分析论的引入,使得非结构性数据的运用成为可能,也为未来的大学管理研究开辟了一片新的天地。

按照大数据思维,一切皆可用数据加以观察,研究者们不再会为缺乏数据而烦恼。唯一能让他们感到烦恼的是在运用数据上想象力的缺乏,也就是创新能力的缺乏。遍数大数据在商业领域的成功,无一例外是创造性地运用数据的成功,而不仅仅是分析论的成功。迈耶-勋伯格和库克耶认为,未来数据从业者的成功必备三个条件:一是数据,二是处理数据的技巧,三是大数据思维。[①] 懂得如何取得数据,学会了如何分析数据,并能从数据分析中得到知识和智慧,这样的研究怎能不受到管理者的欢迎?所以,仅仅为了不再被其他学科看低,教育系的先生们也必须在研究方法论上有所突破,在运用传统的统计分析和当代分析论这两种方法时做到游刃有余。

---

① Mayer-Schönberger & Cukier (2013). pp. 124—125.

第二章　为管理者导航——高教述评

第一节　概　　述

又堵车了。

你的车刚才还在路上飞驰,突然前面车的尾灯变红了。你踩动刹车,车渐渐地慢下来,直到完全停住。接下来是漫长得令人窒息的等待。好不容易有机会往前挪一点了,可还没等踩油门,又停下了。

可以毫不夸张地说,以上描述已经不仅仅是小说家用来烘托气氛或衬托主人公心情的叙事手法,而是现代人生存状态中的一种常态或普遍经验。在这样的经验中,令人感到难以忍受的并不是堵车这个状况本身,而是由于极度缺乏对这种状况产生的原因、严重程度及其将要持续的时间等信息的了解所产生的焦虑。由于缺乏信息,即便这时你的前面就有一个出口,你完全可以离开堵塞的道路,你也不一定下得了决心立刻出去。万一前面只是一个很小的故障,十分钟以后完全可以恢复正常呢?你此时变更路线岂不是坐失一个快行的良机?

试想,你今天开车是去见你的朋友,而此时你已经可以见到远处那座高楼了,也就是你和朋友即将见面的地方。这种近在咫尺却又远在天边的感觉更增添了你的无奈。正在这进退两难之际,你的手机响了。是你的朋友打来的。他的办公室就在离堵车处不远的一座摩天大楼里,此时的他正站在窗前俯视下面车水马龙的街道。他估计你被堵在车流里了,于是在确定了你的车所在的位置之后,利用他居高临下的优势,告诉你先往左边那条街道去,再往右边那条街道拐。七转八拐,很快就把你从挪行的车流中解救出来。

从高楼上俯视街道,或是透过低飞的飞机舷窗鸟瞰大地,给人一种全新的视角,一种对于芸芸众生以至世间万物全然不同的体验。距离使人产生美感,让人超脱,使日常生活中日复一日的琐碎变得容易忍受一些,使行动者和思考者之间的合作变得可能。

正是这种合作的可能性,为高等教育研究的存在提供了理由。在这里,日理万机的大学校长和学院院长们常常成为那些堵在车流之中的司机,烦躁、焦虑、疲于奔命,却难以对堵车的局面有一个全面的了解,更无法将决策建立在较为完善的信息基础之上。在这种情况下,高教研究者们便有可能成为那位身居高楼、超然于芸芸众"车"之上的朋友,利用自己的有利地形和信息优势,为管理者和决策者们导航。

然而,正如不是所有身居高楼的人都能胜任导航的任务一样,也不是所有的高教研究者都能辅助管理者们决策。原因有二:一是不能,二是不为。

不能者,除了研究者本身学术素养欠缺以外,更常见的是由于在方法论上误入歧途而造成职业短视。比如说,研究生院的训练使得很多美国高教研究者们将实证研究当作看家本领,动辄以数据的信效度或统计学上的技术性问题作为衡量一项研究优劣的指标,却忽视了数据背后所包含的意义。就像身在高楼上的那位朋友,如果不是利用自己的地理优势来帮助司机导航,而是坚持用高倍望远镜来观察每一辆车里的人的驾驶姿势和动作,那么这样的研究细则细矣,却无法为司机行车提供任何有价值的建议。而对于许多中国的高教研究者来说,他们在研究生训练期间根本就没有机会从事任何真正的实证研究。尽管他们的课程表上有诸如统计学或研究方法之类的课程,但纸上谈兵的结果只能增加他们对统计或实证方法的误解。

第二章 为管理者导航——高教述评

不为者,也许是像那位站在窗口的朋友,自视甚高,以为研究交通的人的身份比行车者不知要高贵多少倍。他们是为研究而研究,在研究中自得其乐,而且其乐无穷。他们不屑于将自己的研究付诸实践,仿佛那样做会玷污了他们学术研究的科学性或纯洁性。也许,这样的自命清高本身是一种在学术上缺乏自信的表现。

其实,不管高教研究者本身的素养如何,只要他们放下身段,将自己的研究和高教事业的发展绑在一起,他们必然会发现用武之地。即便他们在运用实证方法时不那么得心应手,在进行思辨时又囿于本身的视野和理论涵养而不能一步到位,至少他们可以就高教领域所存在的一些迫在眉睫的问题做一些文献检索,而高教述评就是高教研究中的一种应用性文体,其基本特点是在综合他人研究的基础之上进行必要的分析和评价。

高教述评介乎文献综述和论点阐述之间,兼有两者的特点和优势。研究者在搜集大量同一主题的研究时,必然会对他所研究的问题产生自己的看法和观点。因此,高教述评在成文时已经不是对于研究原作的简单的概括或总结,而是经过研究者的思想过滤或重组过的研究成果。其目的是为了给无暇阅读原作或是缺少技术背景的管理者们提供一个高屋建瓴、简明易懂的对于最新研究成果的阐释。

高教述评大致有两种类型:一是以述为主;二是以评为主。在以述为主的述评中,作者需要对某一个领域或专题进行深入的研究,搜集大量与该主题有关的信息、研究、数据、观点和报道,结合自己对这个问题的理解,对材料进行梳理、归类和分析。作者在对自己研究的问题有了一个比较全面的认识和理解之后,开始对不同研究者的论述进行解读。这种叙述当然应当尽可能的客观,起码叙述者不能以任何方式歪曲作者的原意,更不能通过对原作断章取义来表达自己的看法。

在以评为主的述评中,叙述主体是作者本人,因而文中引述的文献都是研究者根据自己的思路作过筛选的。尽管作者不能对原作者的观点和材料进行任何故意的曲解或重新阐释,但叙述者可以通过对同类论述进行归类和梳理来支持和论证自己的看法,并通过对此前研究的分析提出自己的意见。

当然,在上述两类高教述评之间并没有一条清晰的楚河汉界,而且述评的目的都是辅助高教管理和决策,针对某一问题为身处管理第一线的决策者们进行导航,同时也为研究界的同行们做一些初步的文献整理工作。这样的研究往往能够起到一个承前启后的作用,即对一个领域或专题的研究成果进行总结,由此为后来研究的发展和延伸铺路。

应当说,以国内读者为对象谈高教研究方法论,最不需要多说的话题也许就是高教述评了。对国内品种繁多的高教研究杂志略作浏览就可以发现,绝大多数杂志上的绝大多数文章都可以归到高教述评这一门类下。美国高教研究界的情况略有不同。由于实证研究是每一个研究者的安身立命之本,所以除了那些功成名就的大教授们写述评而且有机会发表外,研究界中像我这样的小喽啰一般没有这种雅兴。写了也白写。倒是在做院校研究室主任时为了帮助领导及时了解行业中的研究动向,我以备忘录的形式写过一些述评,但那是为了工作而不是研究,所以更多的是用"要点"(bullet points)而不是以陈述的方式展开,而且多不注明出处。

但是,要在美国学术界站住脚,不会写述评可不行,因为每一个实证研究都必须建立在述评的基础之上。换言之,不管你多大牌,要做任何实证研究,你首先得将两件事情交代清楚:一是在你之前别人在这个领域或就这个题目做过些什么工作;二是别人既然已经做过这样的事情,为什么你还要多此一举。在这里,你必须为自己所做的事情提供要做的理由或必要性(justification)。从述评的方法来看,回答前一个问题要用以述为主的述评,而要回答后一个问题则必须作以评为主的述评。这样看来,在美国学界,高教述评还不是一个独立存在的研究文体或方法,至少大多数的述评只是实证研究的一个组成部分,一般以"文献综述"(literature review)的小标题存在于实证研究的文章中。

这一点上欧洲学界要开放、大胆得多。许多学者不做任何实证研究就将美国式的"文献综述"独立成篇,发表在学术杂志上。记得有一年参加美国院校研究协会的年会,一位英国大学的高教研究学者宣讲一篇关于当代大学"麦当劳化"问题的论文。我兴致勃勃地来到会场,希望听听欧洲学人从事高教研究的新视角和新方法。除了一口漂亮的牛津英文让大多数听众如痴如醉外,这位风度翩翩的学者的确对他所研究的问题了如指掌,将大学"麦当劳化"的来龙去脉交代得一清二楚。正当台下的美国听众对他的"文献综述"赞赏不已,并对即将呈现的实证数据翘首以待时,他却打住了。于是,就有了下面这段情景对话:

讲演人:谢谢诸位。

听众:(热烈鼓掌)

讲演人:(沉默,似乎期待着什么)

听众:(沉默,也在似乎期待着什么)

讲演人:……

听众:……

讲演人:(欲言又止)难道大家对我的报告没有任何问题?

一听众:你的报告完了?

讲演人:是啊。

听众:……

这样难堪的场面又持续了几分钟,终于,一位听众慢慢举起手,问道:"So what?"意思是说,讲了半天,你到底是什么意思呢?讲演人窘迫得把脸涨得通红,结结巴巴地说:"你这是什么意思?我的研究就是对当前学界对大学'麦当劳化'问题研究的一个总结嘛!"听众无语。

显然,问题的症结在于听众/读者的期待不同。美国学界普遍的期待是无数据无研究、无实证无论文,而欧洲学界却欢迎纯文献述评式的研究,而且并不期待研究者非得做完实证研究之后再开口发言。从这个角度来看,国内学界似乎与欧洲更加接轨。

但是,国内学术杂志上的文章和欧美学界相比还是存在一个重大的区别:后者不管是评还是述,都将引文出处交代得清清楚楚,而国内杂志的编辑们却在刊载引用文献时惜纸如金。我在《细读美国大学》一书中曾讲过这样一个亲身经历。有一次我收到国内一份著名学术刊物的稿约,让我给该刊物写一篇重头学术文章,而且明确要求文章不注引文。诚惶诚恐之余,我回信问道:既然是学术文章,怎么能够不加注释呢?回函答曰:您现在已经是著名学者了,我们又是著名刊物,因此我们刊发的文章一般不须引用他人的文献。

有人将国内的这种学术习惯上纲上线到学术腐败、抄袭成风,我却主张要稍微宽容一些,对不同情况区别对待。毋庸置疑,由于我们多年来没有在学术惯例方面下功夫,所以一般学者从做研究生开始就没有受过严格的文献索引方面的训练,常常连他们的导师做学问时也没有随手写下出处的习惯。在这样的学术环境里待久了,人们自然习惯于下笔千言,一气呵成,不再顾忌自己的文章里是否借用了别人的想法和表达。用这种方法写散文,自然无碍。余秋雨的散文说古道今,很少有人在出处方面挑他的毛病,因为他事先说明是在写散文,而不是在写学术论文。但用余秋雨的方法做学问,就难免"险象环生"了。一位朋友编论文集,让我贡献一篇。等书出来,翻开一看,顿时傻眼:国内一位小有名气的学者的文章紧跟在我那篇后面,但里面居然有一大段几乎原封不动地"借"自我的另外一本书!我只能默默祈祷,希望那位学者不要为此过于难过。他起码可以放心:只要我不开口,别人应当不会注意到。

其实,将出处隐去,最大的受害者还是读者,因为述评引用文献部分的学术和实用价值至少应当和述评本身等值。如果说好的述评是管理者的导航仪的话,那么好的引用文献则是其他学界同行的导航仪。因为有了述评,其他学者在学术的崎岖小道上就可以抄点近路,在述评的引导下绕过他人已经研究过的问题,单刀直入,向学术的巅峰冲刺。

第二节 案例点评

本章收入两个高教述评的案例。一个是对于学生事务研究的述评,另一个是对高教评估研究的述评。前一个是以述为主的案例,而后一个则属于以评为主的案例。

学生事务管理大概是现代大学里最令人尴尬的一个领域。翻开任何一本大学校史,充斥其间的故事大多是关于校长们的雄才大略如何造就今日大学的辉煌,大师们的风采如何感染一代代的学子,才华卓越的校友们如何为母校捐资献策,等等,很少有人提到学生事务管理在大学教育过程中所起的作用。假如说大学的奇迹在于其用短短四年时间将一群茫然无知的中学生变戏法似的调教成未来社会的有用之材,那么我敢保证,绝大多数的人根本就没有想过,学生事务管理人员也是这个戏法背后的魔术师之一。

试想,一个本科生院住宿学生的一天24小时,有多少时间是和那位雄才大略的校长一起度过的?基本是"0"。有多少时间是和学富五车的教授一起度过的?不超过6小时。有多少时间吃饭、睡觉、发呆?8小时。剩下起码还有10小时,他们是如何度过的?谁对他们这一段的校园生活负责?答案是他们的同学以及他们的学生事务管理人员,而同学也在学生事务管理者的工作范围之内。这么一大段时间如何打发?正常情况下,一个学生会和他的同学一起做功课、打球、跑步、游泳、健身、参加校园社团活动、听讲座、在宿舍里处理生活琐事等等,这一切几乎没有一件事不和学生事务管理人员发生关系。

我这样说并无意夸大学生事务管理在现代大学里的重要性,因为其毕竟只是大学教育系统中的一个环节。但是,令人感到不可思议的是,这么重要的一个环节在一般大学里所受到的关注度大概不会高于一般行政部门。证据之一是,一般大学的领导敢于将学生事务管理这么重要的任务交给刚出大学校门、完全没有受过任何专业训练的新人,而招聘一名最普通的会计却要有一个大学财会专业的文凭加上几年工作经验。

因此,案例A是为大学高层管理人员准备的一个大学学生事务管理的备忘录。这个备忘录并没有给大学校长或分管学生事务的副校长上课的意思,甚至没有一个字提及应如何对学生事务进行管理。但这个备忘录提供的是有关学生事务管理的理念、理论、研究及其方法。

在这样的述评中,作者对读者在这个领域或课题方面的知识准备不应作任何假设。换言之,作者不假定读者已经知道什么或不知道什么。因此,我在研究并写作这个案例时尽可能地回溯到学生事务研究的源头,试图为学生事务研究的现状提供历史的依据和原理。这种依据很容易被忙碌的大学管理者们所遗忘,而遗忘历史渊源的结果往往是对现实问题进行决策时草率行事,因为决策者对自己的决策结果缺乏沉重感。比如说,在高教历史上,教书和育人本来都是教授的职责,只是因为当代大学内部分工日渐细密,教授才从学生事务中脱身,将主要精力放到科研和教学中去,从而催生了学生事务管理这个专门行业。假如高校的决策者能够有这样一个历史的视角,那么他们就很难在资源分配的决策过程中置学生事务管理于不顾,而一味地将有限的资源投放到其他部门去。毕竟,学生事务管理方面的缺失会导致学生就学经验的不完整。

学生事务管理作为一个研究课题,其最大的特点是它的应用性。这个特点大到连行业中的老兵都常常忘记他们日常工作背后所蕴含的心理学和教育学理论,遑论自觉地运用这些理论来指导实践。因此,我作这个述评的目的之一就是概括和综述学生事务研究界多年来在理论建设方面所做的工作,以及他们在进行学生事务研究时所常用的一些理论框架,试图给这个领域中忙碌的管理和决策者们提供一些更高层次上的思考空间。

其实,在心理学、社会学等许多社会科学研究领域,围绕学生或青少年成长发展所作的研究可谓汗牛充栋。因此,在为写作这个述评作文献综述时,我不得不将文献选择的标准一再收紧,在心理学和社会学对人类成长发展的各种理论假设中只取与大学生有关的学说,而且注重那些操作性比较强的研究。这种有选择地对一个领域中大量的研究成果进行筛选的做法也许会让某些读者感到紧张,因为他们无法判断高教述评的作者所舍弃的是否比入选的文献更值得关注。但是,假如我们撰写高教述评的目的是为决策者和管理者提供一个导航仪或准备一份备忘录,那么,对纷繁复杂的研究文献进行梳理并找出有用的东西,这不正是忙碌的实践者们有求于研究者们的一项最重要的工作吗?

学生事务研究最让人头疼的特点是：说来容易做到难。研究人员可以挖空心思研究学生事务的某些特征，也可以设计一千种方案来实施某一项举措，但再漂亮的计划只要遇到一个小小的事故就可以全盘脱轨、付诸东流。因此，学生事务管理人员可以将他们的工作计划做得如电脑程序一般井井有条，但是他们必须时刻准备着像消防队员那样冲向事故现场，即使那样做意味着在一分钟之内做出取消筹备数月之久的大型活动的决定。在纽约的大学里工作多年，我亲历"9·11"事件，参与了世贸大楼倒塌后安抚入校不到两周的新生的工作，也在百年不遇的新奥尔良洪水之后参与了安置灾区大学生的工作。作为学生事务管理部门的一员，我参与处理过学生自杀和谋杀事件，也参与处理过种族纠纷、示威抗议、心理错乱、举止乖张等各种不同事件。我亲眼看到过学生事务领导们处理各种事件时所表现出来的睿智和临危不乱的风度，当然也曾为我们的失误而感到汗颜，对学生及其家长们的无理取闹感到束手无策。

在这些重大的突发事件面前，所有的理论都变得苍白、琐碎、无济于事。但是，我们的大学，特别是学生事务管理部门之所以能够妥善地处理这样的事件，却又离不开平时的一些基本训练，而这种训练必须建基于对于学生事务及其特点的深刻理解，必须有健全的学生事务研究和理论作为支撑。从这个角度看，学生事务研究有点像军事科学，它既要为现代军队的建设提供基本的理论和训练程序，又必须不断地设计各种军事演习的方案，使得军队在置身于千变万化的战场上时也能应变自如。因此，我希望管理者们在阅读这个述评时，不管是寻求理论的根据还是实际操作方面的建议，都至少能够带上一点紧迫感，增加一点不做好学生工作就无法向社会交代的责任感。毕竟，我们生活在一个商业化的社会里，大学作为象牙之塔的时代已经一去不返。你可以批判学生及其家长们的消费主义，但你已经无法将他们赶出消费者的行列，更无法改变他们作为消费者的心态。这一点，只要看看近年来世界各地如雨后春笋般涌现的大学排名就不难想象，学生及其家长作为一个消费群体，已经在不知不觉之间改变了大学管理中的许多基本信条，而其中的许多改变都是基于这样一个事实：学生是顾客，是上帝。假如我们的学生事务管理不能紧紧跟上这个时代潮流的话，我们的大学将陷入其发展历史上最为深刻的危机而难以自拔。这样看来，我的述评所揭示的实在只是冰山的一角。

我的这个述评最大的局限性在于，学生事务管理及其研究往往离不开具体的大学环境以及与此相适应的文化氛围和高教体制，不像工程领域的管理或数理科学的研究，具有相当高的普适价值。因此，拿美国大学的学生事务管理来说事，也许对于国内的同行们来说缺乏说服力。比如说，国内大学里党团组织的功能范围其实和国外的学生事务管理范围有一定的重复区域。但是，由于组织结构的不同，人们往往会强调各自工作的特殊性，而忽略各种不同的学生工作所具有的某些共同的目的，即对学生思想和行为方式的发展与成熟施加积极的影响。这样的影响背后究竟是否具有某种理念或理论作为依据？假如我们能够设法除去中美两国在意识形态方面的差别的话，我想我们还是能够从我们的学生工作中总结出一些基本的、共同的理念或理论依据的，尽管这种除去意识形态差别后的理论只能是一些最大公分母式的条条框框。但这些条条框框其实正是我们在高等教育领域需要努力发展和丰富的经验与实践。这就是我为何明知中美大学学生事务管理有着巨大的差别，但仍然希望通过介绍与沟通来检视我们现有的实践和对这些实践的认识的原因。

案例B与案例A的最大区别在于，尽管对于高校教学评估活动的历史、发展以及现状介绍占了很大的篇幅，而且几乎所有的立论都是建立在大量的研究文献之上，但是，从整个案例的研究目的来看，我的重点显然是在对现有评估范式进行介绍之后提出自己的见解和看法，以至推出一个新的构想并试图建立新的范式。这样的高教述评就不再是简单的叙述了，作者是有备而来的。

这里就涉及一个方法论的问题：在写作高教述评时，作者从现有文献的检索和介绍出发，究竟可以走多远？

其实，中国自古就有"我注六经"和"六经注我"两种治学之道。"我注六经"在此大致相当于我们刚刚谈过的以述为主的高教述评，其目的是在全面回顾某一领域研究成果的基础上为读者提供一幅全景图。研究者力求弄明白"经文"的意思，这也是研究者的一项基本功。但是，有的学者不停留在这个阶段，而是继续深入研究，结合其他学说，根据理论研究和现实的需要，借用经书上的文字，对其引申、发挥，提出新的观点。在这里，文献综述成为新思想的依据。这叫"六经注我"。"六经注我"不是研究者兴之所至，随意乱注，而是有理论根据的，在诠释现有的研究和文献的同时包括了研究者的理解及其思想的阐述。

由此可见，案例 B 其实是"六经注我"这种治学之道在高等教育研究领域的一个探索。我希望能够通过对现有高教评估范式的批判引出一些新的见解和思路。

有趣的是，我的这篇文章写成后曾经投寄给一家杂志。我没有指望他们会发表，因为在美国学界好歹厮混了多年，这点自知之明还是有的。但我的确想听听专家们的意见，而美国学界最好的一个传统是，任何学术杂志，不管其是否有意刊登你的文章，都会请专家对投稿进行认真审阅，而且绝大多数的审阅者都会为作者提供非常具体、详细的意见和评价，以便作者能进一步修改或重新考虑他的文章中提出的论点。所以投稿本身是一个最好的学习过程。

果然不出所料，审稿者对于我的"述"赞誉有加，但对我的"评"则不以为然。理由有二。其一，他显然认为传统的评估范式，即"四步回馈法"，假使不是最理想的评估范式，起码也是现存模式中最好的。因此，除非有人能提出一个更好的范式来完全取代这个传统的范式，否则他不赞成我对此提出的挑战。其二，我对传统范式的批评再理直气壮，在建构新的范式（其实，准确地说，我仅仅是提出了一个构想，尚未进入具体的操作阶段）时却挂一漏万，没有对新的构想进行可行性方面的论证。对于一家学术杂志来说，他们不愿发表一篇有新思想却没有详细的跟进措施的文章，他们更愿意发表比较成熟的研究和见解，以显示其杂志在学术水平上的成熟。

为什么我不在提出新的构想之后再往前迈一步，将我那个新的评估范式在操作层面上进一步完善呢？难道是我在做学问时急功近利、偷工减料？实话实说，非不为也，实不能也。因为对学生学习成果作出评估本来就已经是一项艰巨的工程,再要求大学更上一层楼,在高教的投资回报和高校的社会效益这两个层次上作出评估,不说是难于上青天,起码也是需要做出一些格外的努力才能做到的。任何熟悉高教评估的人都不难理解,我们至今未能将学生毕业后对经济与社会发展所作的贡献加以界定,更不用说将这些贡献与大学的教育成果挂上钩。因此,我提出的评估新范式虽然代表教育评估的一种理想状态,但在具体操作层面上还有很多工作要做。

然而,这两项艰巨的任务并不是我凭空想出来的。正如我的述评所指出的,这是美国的社会大众对高校的强烈要求。他们不能从高校的产品——学生——身上看到他们高价伺候的大学教授们的工作成效,他们也不能满足于根据商业机构的排名来判断大学的成败得失,因此他们要求高校及其研究者们尽快开发出科学而又简明易懂的大学评估体系,以此来帮助他们决定是否有必要继续将他们的血汗钱拿给大学来培养他们的后代。多么直截了当的要求!遗憾的是,我们大多数的大学决策者和管理者们至今仍采取鸵鸟政策,以为假装没有听到大众的呼声就可以蒙混过关。

当然,高教研究界所面临的问题有所不同。当今学术界,特别是在社会科学研究领域,人们似乎越来越重视实证研究,好像只有背靠着一大堆数据的研究才能让人感觉放心,好像有了数据就有了真理,再错也不会错到哪里去。但是,在科学探索的道路上,很多时候新的思想和假设刚开始出现时并没有数据的支撑,提出假设的人甚至还没有时间去做任何数据的收集和论证工作,或者根本不知道从哪里开始论证。他们的想法也许只是一个稍纵即逝的火花,必须赶紧写下来才不至于失去。这样的研究一般得不到发表的机会,因为学术研究讲究严谨。但是,这样的研究却需要有一个正常畅通的渠道送达管理者和决策者手中。这就是为什么尽管我知道这样的研究不会有在学术杂志上发表的机会,却仍然坚持将自己的想法通过述评的体裁写出来的原因所在。

在高教评估问题上,学者们对于证据的执着原本无可挑剔,但他们知难而退的态度却在客观上给高校管理者逃避高校评估问题提供了最好的借口。近年来我对高教研究界日益滋生出一种不耐烦的情绪。我对它的保守、矜持和无所作为感到厌倦。我逐渐发展出一种研究态度,即研究的目的不是给出完整的结论,而只是将关心我所研究的问题的人们领到一个不同的地方,一个更高的地方,让他们在那个地方、那个高度上自己去找寻结论。表面看来,很多高教研究的读者是在高校里身居高位的院长、校长们,他们本身已经站在很高的地方了,所以人们假设他们看问题的角度应当比研究者更加高屋建瓴。事实上,这些人往往因为俗务缠身,或者是高处不胜寒,加上高校领导一般是从各学科以"学而优则仕"的方式产生的,所以他们基本没有多少高教理论方面的训练。他们上次与教育理论问题的邂逅也许还是在念研究生的时候或在哪个学术研讨会上。这样说毫无贬低高校领导们的意思,相反,正是由于大多数领导们在处理日常高教管理方面的问题时不带任何先入之见,而是根据他们自己作为普通教授时的经验和切身体会来对管理问题做出反应,这才产生了高等教育领域里所谓"专家治校"的魅力,同时也对高教研究提出了更高的要求,即高教管理研究不能有悖于常识,但又要在理论的高度对日常工作具有指导性。

基于这样的考虑,我的这个案例可以从两个角度去解读。首先,中国高校的管理者们尽管还没有像美国的同行们那样被纳税人逼到死角,但他们"逍遥自在"的日子也屈指可数了。老百姓在高校花了大把银子之后,早晚会找校长们要成绩报告单的。所以,高校的管理和决策者们应当尽早熟悉高教评估的方法和过程,并督促研究人员尽快拿出切实可行的高教评估方案来。其次,我所提出的新的评估范式尽管表面看来挂一漏万,但在今天这个高度商业化的社会里,高等教育的投资回报问题早晚会成为教育管理研究中的一大课题,而高校的社会效益更是未来大学在充满竞争的社会环境中的安身立命之本。

由此看来,我的这个案例即便暂时还不能帮助堵在车流之中的大学管理者们摆脱困境,但是高教研究对于日常管理的导航作用在此案例中是比较显著的:它所讨论的问题对于未来中国高教发展具有引领作用。

案例 A　学生事务研究述评[①]

（一）研究的缘起

教书和育人，本来是高校教师的两项基本职能。因此，在学生事务（student affairs）和学术事务（academic affairs）这两个概念之间，原本没有一条清晰的楚河汉界。就美国的大学传统来看，在早期哈佛、耶鲁及其他殖民地学院中，作为教师的牧师对学生既传授知识，也指导生活、监督道德、控制行为。汉森和邓津（2003）在回顾美国大学学生事务的发展沿革时指出，美国从 19 世纪中叶开始按德国大学的模式改造本科生院，注重学术与研究，使得教师的精力越来越多地放在教学与研究上，从而产生了专业化的非教学人员。学生事务逐渐从学术事务中分离开来。特别是第二次世界大战结束之后，美国国会通过《退伍军人调整法案》（即著名的 G. I. Bill），使得大批退伍军人有可能进入大学，接受高等教育。在随后的二十多年中，美国高校经历并完成了从精英教育向大众教育的转化。学生规模的扩大和来源的多元化，给高校学生管理工作带来新的挑战。像原来那样让化学教授和文学讲师来管理学生宿舍、组织课外活动或进行心理咨询已经成为完全不可能的事情，连学生及他们的家长都不会答应。因此，学生事务从学术事务中分化出来并形成独立、专门的工作领域便势在必行。

无独有偶，中国高等教育在"文化大革命"之后、恢复高考之初亦以精英教育为其主要模式。但是，随着 20 世纪 90 年代以来经济的高速增长，高等教育亦经历了一场从教育思想、办学观念到层次结构、管理体制等方面的深刻的变革。特别是经过"共建、调整、合作、合并"，许多高校从体制与结构上已经完成了初步的改革（程星、周川，2003）。大学规模的急剧扩张和学生来源的多元化倾向，

[①] 原载：赵炬明、余东升主编(2006). 院校研究与现代大学管理讲演录. 青岛：中国海洋大学出版社：125—148.

使得中国高等教育开始面临美国大学三四十年前所面对的同样问题。假如说，高校管理其他方面的问题，如教师的科研、学校的经费、课程的管理等，尚可通过学习借鉴他国他校的经验并结合本校实际在较短时期内实现体制上的深刻变革的话，学生事务的管理则还涉及思想、传统及意识形态等许多方面错综复杂的问题。因此，本文意在通过对美国高校学生事务研究与管理经验的介绍，为中国大学的同行们提供一些借鉴。

其实，美国高校的学生事务管理人员多年来亦一直处在一种"摸着石头过河"的状态之中。一般来说，高校为学生事务管理人员设计的角色大致有两种："电脑程序员"和"消防队员"。前者以学术事务为蓝本，将学生的非学术或课外生活当成电脑程序那样去编制，以为一旦有了程序，一切就会按部就班地进行。但是，这种角色设计忽略了一个最基本的事实，即高校面对的是一群青春洋溢、思想活跃，同时极具创造性和破坏性的群体。一位大学校长曾经幽默地将大学新生叫作"一群荷尔蒙"。在预设的学生事务的"电脑程序"不时地被不可预测的事件打断之后，学生事务管理人员又别无选择地成为"消防队员"。假如一所大学的学生事务管理人员经常在这两种极端的角色中疲于奔命，那么这所大学学生的非学术或课外生活就只能是一种随机的、偶然的过程，学校对学生学业之外其他方面的成长所起的作用几近于无。

因此，美国大学学生事务管理人员在经历了许多艰难的探索之后，开始将研究提上议事日程。学生事务研究者首先需要回答一些最基本的问题：什么是学生事务研究？什么样的问题需要研究？为什么要研究？学生事务管理应当管什么？怎样管？这些问题看似简单，但真要好好地回答，却不容易。原因在于，学生事务研究的对象既不是一个固定的物理过程，亦不像一组已知的化学元素，而且研究几乎不可能在能够控制外界条件的实验室中进行。面对这样的研究条件，学生事务研究人员大致走过了一个由浅入深、再由深入浅的过程。

首先，研究人员致力于界定学生事务研究的范围以及需要通过研究回答的问题。帕斯卡拉与特伦兹尼（Pascarella & Terenzini,

1991)在他们那部总结学生事务研究 20 年成果的巨著中将研究概括为 3 个基本问题：① 大学期间学生是否在各方面发生转变？② 在多大程度上我们可以将学生的这些转变归功于大学，而不是其他方面的影响（比如身体的自然变化）？③ 什么样的大学特点和经验较能有效地促成学生的转变？哈佛大学教授理查德·莱特（Light，2001）在他那本学生事务研究的畅销书中提出的研究问题更为直截了当：① 为什么有的学生能够充分利用大学时光，而其他学生却远非如此？② 究竟是什么样的选择和态度造成这两部分学生之间的差别？③ 为了让更多的学生在毕业之际能够感到学有所得，学生个人应如何努力，学校又应如何努力？

其次，研究人员为自己的应用研究作了许多理论上的借鉴和探索。下文将对学生事务研究的一些重要的理论框架作简单的介绍。同时，承继西方社会科学与教育科学研究的实证主义传统，学生事务研究人员在过去的几十年中踏踏实实地就大学生活的方方面面收集了大量的数据，并作出许多高质量的量化和质性研究。

最后，研究人员试图将他们的研究成果带回校园，在学生事务的日常管理中进行检验，并希冀对实践产生指导作用。这里有成功的经验，亦有不太成功的尝试。在全国性和地区性的学生事务研究和管理协会的召集下，研究人员和管理人员通过年会相互见面，共同切磋，以此提高研究和管理水平。

（二）研究的理论框架

学生事务研究与其他学术研究之间最大的区别在于它的应用性。作为一门后起的应用学科分支，学生事务研究中的研究人员自然而然地首先将目光投向其他较为成熟的心理科学、社会科学以及教育科学研究领域，试图借用其他学科现有的理论范式来规范这个新兴领域的应用研究。有趣的是，在 20 世纪六七十年代，学生事务研究中的理论探索几乎不约而同地向心理学看齐。一时间，运用心理学理论来阐释、模拟或开掘学生成长发展过程的研究如雨后春笋般涌现，其中不乏大家宏论，有的甚至经久而不衰。然而，几乎与此同时或稍后，另一支研究队伍则将研究的重心从内部移向外部——从以内在的个人发展为重点的心理学研究转向以外在的环境影响为重点的社会学研究。

1. 以内在的、个人的发展为重点的心理学研究

与学生事务研究相关的心理发展理论名目繁多,每种理论的侧重点各不相同。一般说来,心理学理论的共通之处在于:① 将个人发展视为完成一系列"发展任务"(developmental tasks)的过程,包括对自我的认识、与他人的关系以及人生道路的选择;② 人生各个阶段对不同问题有特别的关注,个人的发展有赖于对每一阶段不同问题的解决;③ 个人发展过程受到社会、文化和环境的影响,各人对不同阶段"发展任务"的解决方式对其心理发展产生直接影响。对于适龄大学生来说,个人心理发展及其应对发展任务或挑战的过程与大学的就学经验几乎同步,因而心理科学在这方面的研究深得学生事务研究者的青睐。

在众多的心理发展理论中,亚瑟·齐克林(Arthur Chickering)的贡献最为杰出。齐克林在心理学家爱立克森(Erik Erikson)的心理发展阶段理论影响下,提出学生发展的7个"向量"的理论。之所以称其为"向量"(vectors),是因为每一个阶段的发展任务都有其规模和走向,尽管这种走向常常呈现为螺旋形而非直线形。"自我"(identity)的概念在齐克林的理论中占据中心地位,而7个"向量"则是这个中心思想的具体表述。齐克林(Chickering,1969)关于学生发展的7个"向量"为:

(1) 取得自信(Achieving competence);

(2) 控制情绪(Managing emotions);

(3) 培养自立、自理能力(Developing autonomy);

(4) 确立自我(Establishing identity);

(5) 学会理解他人、与他人交往(Developing mature interpersonal relationships);

(6) 认识生活的目的和意义(Developing purpose);

(7) 确立生活的信念和价值观及其相应的行为准则(Developing integrity)。

齐克林认为,各个"向量"的发展既相互区别又相互融合,而学

生通过由简到繁、由区别到融合的过程来逐步地确立自我。

作为一种学生发展的理论,齐克林并没有满足于仅仅描述学生发展的过程,他进而将研究的触角延伸到促成学生发展的诸种外在条件。在他看来,大学生在沿着他的7个"向量"发展时,学校从6个方面对学生施加影响。这些影响可以是积极的,也可能是消极的。

(1)学校培养目标及其相应的学生管理措施;
(2)学校规模与学生参与学校活动的机会;
(3)课程设置、教学方式以及教学评估;
(4)学生宿舍的设置和管理;
(5)教师和行政管理人员与学生的接触和交往;
(6)学生组织、交友方式、学生群体的多元化及校园文化。

在这里,齐克林成功地将对大学生个人心理发展的研究与大学的学生事务工作联系在一起。这就是为什么在那么多的心理研究理论中齐克林的影响最大。他在学生事务研究领域中首创理论与实践相结合的范例。

假如说齐克林和其他学者关于学生发展的心理学理论着重于发展的内容,那么认知—结构理论则着重描述发展的过程。大学生认知—结构理论起源于皮亚杰(Piaget,1964)的心理发生理论,着力探讨个人的认知—结构及运用这种结构来阐释外在世界的意义。认知—结构理论家们大多将个人心理发展看作一个按部就班的过程,后一阶段的发展有赖于前一阶段发展的结果,整个发展过程不可逆转。同时,他们认为个人心理发展是刺激、反应、再刺激、再反应这样一个连锁过程。当个人遭遇新的信息时,他必须面对后者对现存认知结构的挑战。其调适或反应的方式大致有两种:或对自身原有的认知或价值结构进行重新组合,或完全改变自身原有的认知和价值结构以适应新的现实和知识。认知—结构理论最具代表性的是威廉·佩里(William Perry)的智力和伦理发展模式和劳伦斯·科尔伯格(Laurence Kohlberg)的道德观发展阶段论。

威廉·佩里通过对哈佛学院的大学生进行深入的访谈,收集了大量第一手的数据资料,并在此基础上提出了学生智力和伦理发展的模式(Perry,1970,1981)。佩里认为,大学生智力和伦理道德的发展必须走过9个"位点"(position),而这些"位点"以学生对待知识的态度为主要特征,又可进而划分为四大阶段。

(1) 非对即错、非白即黑(Dulism):位点1—2。这阶段学生接受知识,寻求非对即错、非白即黑的答案,服从权威。

(2) 无法判断对错,但是愿意接受不同的观点(Multiplicity):位点3—4。这阶段学生开始面临不同甚至相互冲突的答案,在决定取舍时不再一味盲从权威,开始寻求自己的观点和想法。

(3) 在具体的环境和条件下,很多事情其实并无所谓对错(Relativistic thinking):位点5—6。这阶段学生开始学习各学科所特有的思考和研究方法,接受知识的相对性及其上下文,寻求各种知识之间的连接点。

(4) 在具体的环境和条件下,认识到很多事情其实并无所谓对错后,做出自己的选择(Commitment):位点7—9。这个阶段学生将所学的各方面知识加以融会贯通,加入个人体验,对知识进行反思并加以评估。

佩里的理论清晰地描述了大学生心理发展的阶段及其特点,为大学根据学生发展的特点设计其学生事务管理及学生活动提供了理论上的依据。但是,假如学生事务研究者想运用他的理论框架来收集数据,进行实证研究,那么他们所面临的问题将是:学生发展的阶段极难测量,因而也特别不容易应用到个别大学的日常学生事务的研究和管理中去。

与佩里相似,科尔伯格(Kohlberg,1981a,1981b)的理论也是一种认知阶段论,但他更集中地研究学生道德发展的过程。在科尔伯格看来,人的道德判断与选择是建立在认知结构之上的。因而,他基本忽略道德判断的内容,而是致力于分解道德推理和判断的过程。通过"前规范""规范""后规范"等三个水平、六个阶段的描述,科尔伯格将人的道德发展演绎为一个循序渐进的过程,由粗陋、本能的"罪与罚"式的水平,经过以法律和秩序为基础的社会规范,最后到达民主地形成社会契约这样一个高级阶段。

在对学生发展的诸多理论探究中还有一组值得一提的成果,那就是分类理论或类型论。假如说心理学研究重在开掘学生发展的内容及其性质,认知—结构研究关注发展的方式及过程,那么分类理论则将人与人之间的差异看作某种相对固定的特征。他们试图把人群根据其认知方式、学习风格、个性特征等主导特点来加以分门别类、排列组合。在这个领域里最负盛名的研究成果包括迈耶-布里格的性格分类(the Myers-Briggs typology)(Myers,1980a,1980b)、科勃的学习风格分类(Kolb,1976)和荷兰德的职业和性格重合论(Holland,1966,1985)。这类研究常被高校用来设计因人而异的个性化教学与课外活动项目。

2. 以外在的、环境的影响为重点的社会学研究

需要指出的是,几乎上述所有以内在的、个人发展为重点的心理学研究都在不同程度上承认并指出外在环境对个人心理发展的影响。因此,以下论及的以外在的、环境的影响为重点的社会学研究,并非在学生发展理论上有什么石破天惊般的突破。相反,帕斯卡拉与特伦兹尼(Pascarella & Terenzini,1991)在他们的书中对这方面的理论颇有微词。他们认为,与以内在的、个人的发展为重点的心理学研究相比,以外在的、环境的影响为重点的社会学研究往往显得比较粗糙,对学生发展变化的描述不够具体,而且理论的含金量亦似乎不足。但是,这组理论虽然不够精致,却特别实用,理论概念的提出与实证数据的收集之间没有太大的鸿沟。换言之,学生事务研究者很容易根据理论框架中的变量进行量化,以此收集实证研究所必需的数据资料。

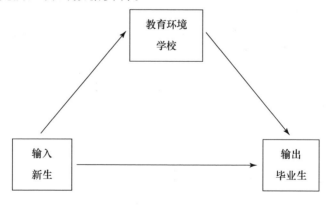

图 A.1　阿斯汀的大学影响模式

阿斯汀(Alexander Astin)理论最显著的特点是简明扼要、通俗易懂。他的大学影响模式(Astin,1970)可以简单地表述为一个"输入—环境—输出"的过程(见图 A.1)。后来他对这一理论作了进一步的阐述,称其为"参与"理论:"学生参与而后学"(Students learn by becoming involved)(Astin,1985,p. 133)。阿斯汀强调学校环境对学生发展所起的关键作用,学校必须创造条件让学生得以接触不同的人和思想。同时,学生自己必须主动、积极地寻找机会参与学习和发展的过程。

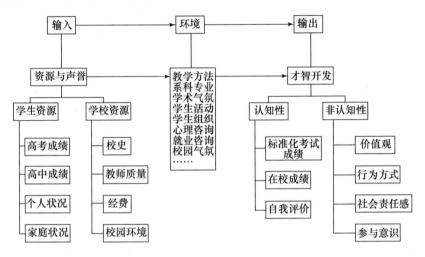

图 A.2　以阿斯汀的大学影响模式为依据设计的数据收集草案

在 1987 年发表的一份高等教育报告中,阿斯汀等(Jacobi, Astin, and Ayala,1987)提出用"才能发展"这一概念来代替名声和资源作为评价高校的标准。他们认为,"一所高质量的院校是一所能使它的学生在智力和个性上获得最大发展的机构"(p. iv)。将"参与"理论和"才能发展"的概念相结合,我们可以比较容易地草拟出对学生事务进行实证研究所需数据库的基本构图(见图 A.2)。

学生事务研究中另一个得到广泛运用的理论模式是丁托(Vincent Tinto)的辍学理论。美国大学,特别是许多公立大学,实行宽进严出的政策。其结果是,学术准备不够充分的学生进入大学以后难以适应,以至于多年来辍学率高居不下。丁托(Tinto,1975,

1987)在研究辍学现象时借鉴了社会学家关于自杀的理论,并将研究的重点放在学生个人与学校环境的交互作用及其对学生成长的影响方面。在丁托看来,每个学生都带着许多个人、家庭、中学学业等各方面的特点进入高校,他们对大学学习的态度、期待和投入程度都各不相同。当这些个人因素与校园的学术和社交环境发生关系之后,个人必须对这两个系统的运作方式做出反应。积极的反应导向学业上的成功,消极的反应则导致辍学。丁托将个人与校园环境的这两种交互反应方式叫作"学术融合"与"社交融合"(academic integration and social integration)。"学术融合"指学生积极参加与学习有关的各种活动,主动与教师交流,课上踊跃发言,积极投入学习;"社交融合"则指学生积极参加课外活动,与其他学生交往,对院校产生认同感,成为院校中的一员。丁托认为,学生是否辍学取决于他们在多大程度上适应校园生活。

在这里,辍学并不是简单地被归结为学生在学业上的失败,它与学校的学术和非学术环境密切相关。因而,丁托的理论一经发表,便立即引起学生事务研究人员的关注。在过去的二十多年里,运用丁托的理论来研究高校学生事务和其他问题的论文层出不穷,用"汗牛充栋"来形容亦不为过。这些研究将丁托理论框架中的结果变量从辍学延伸到其他方面,以学生学业、个性、技能、领导才能、道德等方面的成长和发展作为因变量,而以学校为促进"学术融合"与"社交融合"所作的各种努力作为自变量,以此来检视学校对学生成长所起的作用,提出改进校园学术和社交环境的具体措施和建议。

3. 理论框架与应用研究

以上介绍的两种理论框架之间的区别在于:以内在的、个人的发展为重点的心理学理论注重研究学生发展的结果(发展了什么),而以外在的、环境的影响为重点的社会学理论注重研究学生发展的过程及其机制(如何发展)。当然,如前所述,这两种理论取向之间的联系亦是不言自明的。对于以应用为目的的研究活动,学生事务研究者大可不必在理论的框架中兜圈子,更无须为辨析概念及其术语伤透脑筋。况且许多为决策所做的研究不可能亦不应该拿到校外去发表。院校研究数据运用过程中的伦理问题当有另文专论,但保护学生隐私和学校机密则应当成为每个接触学生和校内数据的研究人员所必须遵守的基本规则。

因此,对于学生事务研究者来说,熟悉理论框架的目的并不单是为了在著书立说时能够自圆其说。理论框架就像远足者的地图,它为应用研究人员提供的是研究的大方向。

根据上面介绍的学生事务研究的两大理论框架,我们可以粗略地界定学生事务研究的两个大方向。

首先,学生事务研究必须探索学生本身的发展与成长。现代高等教育的发展,特别是高等教育大众化,带来的一个负面结果是学校特色的消失。换言之,假如在精英教育时期学生在择校时大致可以根据自己的兴趣和能力申请大学的话,那么随着大学规模、专业设置和管理方式的趋同化,高校不再对自己的培养目标以及与此相应的管理模式进行过多的反思或审视。结果是,学校只知道教书,而不知道育人。或者说,学校只知道哪个学院或系科"生产"多少毕业生,而不知道这些专业人才是否能够真正成为社会所需要的栋梁之材。在今天这个教书者和育人者相对分工的大学环境里,学生事务管理人员对学生在学业之外的成长担负着义不容辞的职责,因而学生事务研究的首要任务便是从心理发展的角度界定学生发展的内容、过程和结果。这方面的研究成果将对学生事务的日常管理和大学非学术项目的设置产生直接的指导作用。各个大学应当根据本校的特色研究和制定学生发展的目标,使毕业生在成为某种专门人才的同时,亦具有下列一些现代人才所必须具备的基本特点和能力:

- 具有自我意识和待人接物的能力;
- 具有民主社会中的公民意识与行为;
- 成为受过教育的、有教养的人;
- 成为有专业技能的人;
- 成为有生活情趣与能力的人。

其次,学生事务研究必须评估学校对学生发展成长所起的作用,而前述以外在的、环境的影响为重点的社会学理论为这方面的研究提供了理论上的依据。无论是阿斯汀的"输入—环境—输出"模式,还是丁托的"学术融合"与"社交融合"理论,都将学校环境看作学生发展变化的根本条件。因而,一所大学从学术事务到学生事务的各个方面,包括教授的教学方法、系科专业设置、学术气氛、学术和社交活动、学生组织、心理咨询、就业咨询、多元文化氛围等等,都应当纳入学生事务研究人员的视野。当然,在具体执行方面,各校应当根据自身的特点有所侧重。一般来说,理想的学生事务研究工作的设置应当将下列研究项目纳入议事日程:

- 追踪学生使用学校服务设施的情况;
- 评估学生需求;
- 评估学生对学校各方面的满意程度;
- 评估校园环境;
- 评估校园文化;
- 进行校际比较研究。

(三) 具体操作

1. 组织结构

每一所大学都有自己独特的历史、传统以及校园文化,而大学生事务管理机构的设置与运作方式往往集中地体现这所大学所具有的特殊的人文传统。唯其特殊,任何试图改变现状的努力都会遭遇难以预料的阻力,这就是今天美国许多大学在进行学生事务研究时所面临的困境。一方面,学生事务日常管理需要研究的支持;另一方面,研究又不可避免地会深入一些管理人员所不愿轻易示人的"禁区"。结果是,有的大学将学生事务研究功能保留在院校研究办公室里,这样管理人员既可以让研究人员随叫随到,又不必让研究人员干预日常工作;有的大学索性不设学生事务研究职位,认为凭学生事务主管的经验和能力就足以应付日常工作,无须再做研究。真正将学生事务研究设为一个独立运作的部门并自觉地运用研究来指导日常工作的大学,在美国几千所各类高校中当属少数。20世纪80年代末一项全国性的问卷调查(Beeler and Oblander,1989)显示,只有大约12%的学校有可称为学生事务研究的办公室。

然而,这个数字其实并不像看上去那么糟糕。今天几乎所有美国大学都有院校研究办公室,而后者不管是否自觉,或多或少都在从事与学生事务相关的研究与评估工作。假如以功能而非形式来看,美国大学的学生事务研究经过多年发展已经较为成熟,虽然各校在如何组织这一功能方面仍缺少共识。

但对于中国的大学来说,由于院校研究工作还处在草创阶段,学生事务研究工作的定位便在某种程度上成为当务之急。从各校的具体情况出发,可以在三种模式中进行选择。其一,将研究项目"承包"给教育或其他社会科学专业的教授和研究生。这个模式的优点在于,学生事务管理部门不必对研究人员进行专业培训,而且研究人员与管理人员之间有一定的距离,有利于保证研究结果的客观性。其二,将学生事务研究纳入院校研究的范围,利用后者的数据和人才资源进行研究工作。这种模式的优点在于,研究项目的确定以学生事务管理部门与院校研究办公室之间的"合同"方式进行,易于管理,减少重复。其三,将学生事务研究的功能设在学生事务管理部门以内,并将学生事务研究的职位定位成管理职位。这种模式的优点在于研究人员对于学生事务管理的日常工作比较熟悉,能够根据后者的具体工作以及亟待解决的问题有的放矢地进行研究项目设计和实施。

当然,上述三种模式亦有各自存在的问题。比如说,运用第一种模式,有可能导致有的大学高教研究人员为了找项目、发论文、评职称,而利用学校的数据资源,将学生事务研究变成学术或理论研究。其结果是,由于他们对学生事务日常管理中亟须解决的问题知之甚少,因此其研究成果很难为处于第一线的学生事务管理人员提供切实可行的指导和帮助。更糟糕的是,假如这些研究人员一味地以学生事务管理的名义到学生中去采集数据,其研究结果却不能对改善学生事务管理或大学生的生活提供任何帮助,久而久之学生便会对这样的研究丧失基本信任,拒绝在未来的问卷调查和其他数据采集活动中提供合作。

因此,笔者的建议是,不管采用哪种模式,一开始都可以考虑在学生事务管理处或类似的办公室里先设一个研究协调人的职位。该人员必须具有教育或社会科学方面的基本训练,能够进行一般的数据收集和分析工作。最终无论采用何种模式,这个协调人都能在学生事务管理和研究人员之间起一个桥梁或沟通的作用。随着数据和经验的积累,再考虑增加人员和研究任务,重新调整学生事务研究的组织结构及其功能。

2. 研究任务

不难想象,学生事务研究项目的立项与一般科研项目的立项之间最大的区别在于前者的应用性。因而,一个项目是否具有研究价值,既不取决于课题理论价值的高低,亦不在于其研究结果的完美无缺。研究的课题首先必须与日常学生事务管理和政策休戚相关;研究的结果必须能够对本校学生事务的决策、管理、规划或未来运作起到直接或间接的指导或辅助作用。在这样的前提下,学生事务研究人员在每一个研究项目立项之前都需要认认真真地向自己提出并努力回答下面这些问题:

- 我们需要研究的究竟是一个什么样的问题?
- 我们研究的目的是什么?谁需要我们的研究成果?
- 我们的研究需要多少预算、多长时间?谁为我们的研究买单?
- 我们的研究对象是谁?
- 在我们之前其他学校是否研究过同样的问题?它们的研究用的是什么方法?它们研究的结果如何?
- 再问一次:我们是否有必要进行这项研究?(假如对这个问题的回答是肯定的话,再往下走。)
- 我们的研究数据到哪儿去收集?以什么方式收集?谁来收集?
- 对我们的数据如何进行分析?
- 我们应当如何报告研究成果?向谁报告?

- 我们的研究成果将产生什么样的结果？

假如研究人员在回答以上任何一个问题时有所犹豫，或者产生一种"卡壳了"的感觉，那么这个课题也许本来就不需要研究，或者说，现在研究的时机尚不成熟。换言之，任何一项研究，不管研究人员对其有多大的兴趣，研究课题本身有多么深远的理论意义，如果不能通过"研"以致用这个标准的检验，那么研究的必要性就有可以质疑之处，就当三思而后行。

那么，日常学生事务研究究竟包括哪些项目呢？一般说来，对研究任务可以从三个方面加以分类或界定。

其一，环境扫描。环境扫描是"对外在世界系统地进行雷达式的扫描，并将新起的、意外的、主流的、非主流的现象逐一标出"（Brown & Weiner, 1985, p. ix）。环境扫描的目的在于减少进入组织内部信息的随机性，为管理者提供关于外在条件变化的早期警报。（Aguilar, 1967）学生事务研究人员一个最重要亦是最基本的任务便是通过定期的数据收集，为行政决策提供现实的依据。问卷调查是进行环境扫描的主要工具。在这里需要强调的是，问卷调查在学生事务研究中最常见的误区是，某些决策者不是通过调查以及由此得来的数据来了解学校的总体情况和学生对于学校运作的基本看法和评价，而是将调查当成一种应急的工具，为了给自己早已作出的决定补充一些貌似科学的依据。这样的研究不仅本身缺乏信度和效度，而且会给决策带来误导。因此，学生事务研究在确定数据收集的项目时必须做出长远的打算，尽可能地将问卷设计成一年一度的、可以长期追踪的数据收集工具。这样，经过若干年的积累，调查数据就会变得非常有用。下列是几种最常见的可供长期追踪的问卷调查工具：

- 大学新生概况调查；
- 年度在校生问卷调查；
- 毕业生问卷调查；
- 校友现状及其成就调查。

其二，决策研究。假如说环境扫描是学生事务研究长期的、常规的任务，那么决策研究项目的设计则将着眼点放在当前的、校园里亟须解决的问题上面，通过量化和质性数据的收集和分析，为决策提供切实可行的方案。决策研究项目的成功与否，从某种程度上说，亦有赖于平时积累的环境扫描数据的质量。虽然研究人员在做决策研究时需要针对现状设计研究项目，但高质量的研究绝不能建基于"临时抱佛脚"式的数据收集，更不能忽视校园整体环境而就事论事。比如说，一所大学根据所在地经济发展的情况，决定扩大招生。学校在作出这一决定之前已经进行了大量的可行性研究。但是，从学生事务管理的角度来看，很多操作层面的问题并没有包括在学校的决策过程之内，因而需要研究人员针对扩招后可能产生的问题进行进一步的探讨。假如扩招的学生大多走读，那么在学生事务管理方面应当相应出台什么样的政策呢？如何处理住校生和走读生之间的关系？诸如此类的问题都属于学生事务研究中的决策研究。美国大学的学生事务研究人员还经常参与学校对下列常发事件和现象的处理和决策过程，他们对这些问题所做研究的结果则是校方处理这类事件的事实依据。

- 心理健康问题；
- 酗酒和毒品问题；
- 教学辅导问题；
- 校园多元化问题；
- 学校和社会上突发事件对学生的影响。

其三，项目评估。现代高校管理理念上的一个最重要的变化便是绩效概念的引进，而寻求绩效的唯一途径便是进行项目评估。从高校的管理和运作来看，教学项目的评估由来已久，说从有高校的那天起就有教学评估都不算太夸张。但是，将教学评估的方法推广到学生事务管理则还是近几十年的事。原因在于，精英教育时代的学生事务管理较少受到学生的挑战，当时的学生几乎没有消费意识。然而，随着高等教育趋向大众化，学生及其家长的消费主义情绪与连年增长的学费呈正比关系同步上涨，学生俨然成了学校的顾客。学校与学生之间关系的这种变化直接导致了高校问责制度（accountability）的产生。高校执行问责制，其研究报告的对象一般有三方面。学校在财务、管理和科研等方面的绩效研究是对外的，问责报告的对象是政府、纳税人及其他高校捐助者和支持者。学校在教学项目和教学质量方面的绩效研究报告以认证机构为对象，其目的是为了通过认证取得学位授予资格和其他质量证书。相对而言，学生事务方面的绩效研究报告以学生及其家长为对象，涉及学生的成长、发展以及大学生活的质量，其研究结果亦更直接影响到学生事务管理及日常运作。

当然，不管是对外还是对内，绩效研究的最终目的还是改进学校的工作并对学校所服务的各个利益集团有所交代。在这个大前提下，课堂教学、学生事务与后勤服务设施等各个方面都可以切分为层次不同的具体项目，而项目评估人员的任务是以学校的培养目标（mission statements）为依据，根据不同项目的任务指标（goals and/or objectives）及其执行方式来制定评估方案，最终将评估结果反馈到学校各级执行单位，用以提高绩效、改进工作、报告成果。项目评估在学生事务研究中占据着相当重要的地位，因为一旦学生事务管理和学生活动项目设计人员接受了绩效的概念并自觉地将评估纳入项目设计，那么对项目参与人的反馈信息的收集和分析就成为常规。任何项目的重复、改进或由于绩效不佳而被撤销，应在很大程度上取决于评估的结果。

3. 研究方法

美国高校学生事务研究作为高等教育研究领域中衍生出来的一个分支，继承了西方社会科学与教育科学研究的实证主义传统。因此，从事学生事务研究的人员在研究方法上从一开始就有一种共识，即通过收集大量有关大学生活的量化和质性数据，进行定量和定性的实证研究与分析。

一般说来，定量研究的特点是从大处着眼、小处着手。研究者为了把握一个群体的总体特征，必须运用科学方法对研究对象进行抽样调查，并对异常数据进行剔除，以求对群体的基本特征有一个全面而又准确的了解。定量研究者为了取得准确的数据，必须在设计研究项目时十分小心谨慎,将任何有碍日后分析的障碍在研究开始之前排除。一旦调查问卷发出,研究者就再也没有机会对问卷可能产生的歧义进行解释或修改。定量研究假定研究者对于研究对象不带有任何先入之见,而收集到的数据则是关于现实世界的一种客观的、量化的真实反映。研究者的任务只是揭示这种独立于他们而存在的事实。

定性研究或质的研究的特点则是着眼小处、胸怀大处。研究者通过对个别的、小团体的深入访谈或观察,试图找出现象背后的深意,挖掘个别之中包含的普遍性。定性研究者在设计研究项目时亦须对总体有一个基本和全面的了解,但是他们将关注的重点放在个别的、非主流的,有时甚至是极端的个例身上。随着研究的开展,研究者可能会发现一些他们事前没有预料到的问题或问题的某些方面。这时,与定量研究相比,定性研究就具有一定的可塑性,研究人员可以对原来的研究计划进行矫正或修改。定性研究者从一开始就承认自己身上可能带有的主观性和偏见,而且现实也从来不是独立于研究者而客观存在的所谓"事实"。

了解实证研究的这两种范式及其所带有的哲学取向,对于学生事务研究至关重要。学生事务研究者必须为第一线的管理人员提供校园环境的全景图,包括学生群体的特征、家庭和学术背景、思想动态、他们与教授的交往情况、学校多元文化的气氛等等,要描绘这张全景图,定量研究的方法和工具必不可少。问卷调查和学生学业数据库分析是学生事务研究最常用的两种定量研究的手段。但是,今天校园多元化的趋势对学生事务研究提出的最大的挑战便是,如何在了解和关心多数和主流学生群体的同时,兼顾少数的、非主流的、弱势的,以至极端的团体的利益。这部分学生的声音在定量研究中往往受到忽略,而大多数的统计分析则必须排除极端个例后才能顺利进行。在这种情况下,定性的研究方法则成为定量研究设计最好的补充。研究者可以通过个别或小组访谈,收集质性数据,在研究过程中与量化数据进行比较分析。这样的研究设计虽然在操作上比较烦琐复杂,但若研究的目的是为管理者提供决策依据的话,那么这种定量和定性相结合的研究设计显然可以校正很多以偏概全的结论,从而减少甚至避免政策制定上一面倒倾向的发生。

关于学生事务研究的方法,需要专文论述,在此不作细述,仅就研究中最常用的问卷调查方法提出一点意见。问卷调查简单易行,特别是今天随着互联网的普及,设计网上问卷并以此敷衍成洋洋大观的研究项目更是易如反掌。但是,唯其容易,学生事务研究者更不可掉以轻心。第一,研究者在考虑设计问卷时必须慎而又慎,切不可滥用。问卷过多,会在学生中间造成厌倦情绪,回收率将直线下降。当回收率降到一定的低点时,任何研究都会变得毫无意义。第二,研究者在设计问卷时需有长期打算,切不可带有任何"一锤子买卖"的心理。理想的情况是,将一份问卷的核心部分设计成可以重复使用的问题,这样经过几个周期的重复之后,研究者便有可能进行趋向分析,从而找出规律性的东西。事实上,问卷调查中最有价值的部分便是长期追踪所得的数据。当然,问卷也必须包括"一次性"的问题以帮助决策者对某些当务之急的项目做"民意测验"。

(四) 学生事务的研究与管理

汉森和邓津(2003,p.163)在论及学生事务研究的任务时说:"如果学生事务研究人员了解进大学的是些什么人、在学期间他们受到些什么影响、学生们学些什么和成为什么人,并能说清楚本校如何影响了学生们一生的发展,那么,我们就算圆满完成了任务。"若是单就学生事务的研究而言,这话也许并没有错。而且,很多学校由于结构组织上的原因,研究人员并不直接参与学生事务的日常管理,所以他们对于自己的研究成果是否有用、是否得到应用、如何应用等问题并没有给予足够的重视。退一步来看,学生事务研究和管理之间的这种分离也许是一把双刃的剑。它可以增加研究的客观性、科学性,使研究人员不过多地受到现实情况的左右,但另一方面,如果研究人员过于脱离现实,那么他们的研究很可能会变成空中楼阁式的、学究气十足的理论研究。当学生事务管理人员不能从研究中得到他们所需要的支持和指导时,那么研究报告很快就会被当成无关痛痒的东西直接丢入废纸篓里。

这就是为什么我们在谈论学生事务研究时很难将此作为一个单纯的学术话题来讨论的原因。散定（Sandeen，2001）认为，学生事务在一个学校的组织结构中所处的位置受到许多方面因素的影响，其中包括：学校的办学宗旨和培养目标，学生的特点，学校领导对学生事务的参与，学术事务的组织结构对学生事务的影响，财务与经费，电脑技术的发展和应用，以及政府的教育政策和法律。而所有上述因素又同时对学生事务研究在学生事务管理中的位置和功能起到决定性的作用。基于学生事务研究和管理之间的这样一种相互依存的关系，要求未来的学生事务研究走出纯学术的象牙之塔，应当不算太过分、太离谱。具体说来，学生事务研究应当在下列几个方面为管理人员做好"参谋"。

学生事务研究应当将发展校园文化和校园特色作为自己的研究课题。随着高等教育大众化时代的到来，建设有特色的校园及其文化一定会成为大学的当务之急。而一所大学的特色，除了校园建筑而外，更重要的是具有鲜明性格特征和学术特长的在校学生和毕业生。因此，学生事务研究人员必须与教授和管理人员联手，在培养学生的校区意识和认同感上狠下功夫。这是一项艰巨的、长期的工作，有时需要好几代人的努力；这也是一项单靠学生事务管理人员单枪匹马所无法完成的事业。正如罗马不是一天建起来的，哈佛和剑桥也不是在一个大跃进中成为世界名校的。传统和特色需要研究、培养、逐步造就。当高等教育大众化将大学从卖方市场变成买方市场之时，传统和特色就不再是一种可有可无的奢侈，而将是一所大学生死存亡的关键所在。

学生事务研究还必须为学生的全面发展创造机会和条件。在这方面，学生事务研究必须想管理人员之所想、急管理人员之所急。研究的课题当然需要具有一定的理论深度和广度，但更重要的是，研究必须对学校的政策制定以及日常学生事务的决策具有应用价值。当然，没有研究，学生事务管理的地球照样旋转；有了研究，管理的地球也不会转得更快，但应当转得更为合理。从学生活动的设计安排、学生宿舍的管理、社团活动的辅导，到学生心理和就业咨询,等等,学生事务研究的任务是通过对学校各个方面的运作进行科学的、系统的数据收集,伴以定量和定性的研究,并将研究所得的信息和结果及时反馈到管理层,帮助后者矫正偏差、修改政策,并据此设计出新的项目,出台新的政策,从而为学生的全面发展创造机会和条件。

学生事务研究还应该致力于提高学校的管理和服务水平。不管高校是否愿意,消费者意识或消费主义在今天的学生及其家长们中间已经形成。学生在付出了高昂的学费之后,政府在投入大量教育经费的同时,都要求大学展示其绩效。尽管大学在解释大学和企业的同异方面费尽口舌,却也不能不接受这样一个事实,那就是,唯有不断提高学校的管理和服务水平,大学继续生存下去才有可能。因此,建立学生工作的职业标准并进行横向比较和评估便成为学生事务研究的一项基本的、日常的活动。学生事务研究人员不仅需要以研究辅助决策,而且必须学会评估决策和现行政策的有效性与合理性。比如说,当学校投入资金、设立某种服务项目的时候,学生事务研究人员从一开始就应当将评估纳入项目设计,从项目开始运作的那天起就收集数据,为日后的评估及展示绩效做好准备。增强服务意识、改进服务管理、提高服务水平,这些早已为企业界所耳熟能详的口号,已经逐渐被今天的高等教育界所接受,正在成为大学学生事务管理的目标,也将成为学生事务研究的重要课题。

引 用 文 献

程星,周川主编(2003).院校研究与美国高校管理.长沙:湖南人民出版社.

汉森,邓津(2003).学生事务研究.见:程星,周川主编.院校研究与美国高校管理.长沙:湖南人民出版社.

Aguilar, F. (1967). *Scanning the Business Environment*. New York: Macmillan.

Astin, A. (1970). The Methodology of research on college impact (I). *Sociology of Education*, 43: 223—254.

Astin, A. (1985). *Achieving Educational Excellence: A Critical Assessment of Priorities and Practices in Higher Education*. San Francisco: Jossey-Bass.

Beeler, K. J. and Oblander, F. W. (1989). *A Study of Student Affairs Re-*

search and Evaluation Activities in American Colleges and Universities. Washington, DC: National Association of Student Personnal Administrators.

Brown, A. & Weiner, E. (1985). Supermanaging: How to Harness Change for Personal and Organizational Success. New York: Mentor.

Chickering, A. (1969). Education and Identity. San Francisco: Jossey-Bass.

Holland, J. (1966). The Psychology of Vocational Choice: A Theory of Personality Types and Model Environments. Waltham, MA: Blaisdell.

Holland, J. (1985). Making Vocational Choice: A Theory of Vocational Personalities and Work Environments. Englewood Cliffs, NJ: Prentice-Hall.

Jacobi, M., Astin, A. W. & Ayala, F., Jr. (1987). College Student Outcomes Assessment: A Talent Development Perspective. ASHE-ERIC Higher Education Report No. 7. Washington, DC: Association for the Study of Higher Education.

Kohlberg, L. (1981a). Essays on Moral Development: Vol 1. The Philosophy of Moral Development: Moral Stages and the Idea of Justice. New York: Harper & Row.

Kohlberg, L. (1981b). The Meaning and Measurement of Moral Development. Worcester, MA: Clark University Press.

Kolb, D. (1976). Learning Styles Inventory Technical Manual. Boston: McBer.

Light, R. (2001). Making the Most of College: Students Speak Their Minds. Cambridge, MA: Harvard University Press.

Myers, I. (1980a). Introduction to Type. Palo Alto, CA: Consulting Psychologist Press.

Myers, I. (1980b). Gifts Differing. Palo Alto, CA: Consulting Psychologist Press.

Pascarella E. T. & Terenzini, P. T. (1991). How College affects Students: Findings and Insights from Twenty Years of Research. San Francisco: Jossey-Bass.

Perry, W. (1970). Forms of Intellectual and Ethical Development in the College Year: A Scheme. New York: Holt, Rinehart & Winston.

Perry, W. (1981). Cognitive and Ethical Growth: The Making of Meaning. In Arthur W. Chickering and Associates (1981). The Modern American College. San Francisco: Jossey-Bass, pp. 76—116.

Piaget, J. (1964). Judgment and Reasoning in the Child. Totowa, NJ: Littlefield, Adams.

Sandeen, A. (2001). Organizing student affairs divisions. In R. B. Winston, D.

G. Creamer, and T. K. Miller (2001). *The Professional Student Affairs Administrator: Educator, Leader, and Manager*. New York, NY: Brunner-Routledge, pp. 187—195.

Tinto, V. (1975). Drop out from Higher Education: A Theoretical Synthesis of Recent Research. *Review of Educational Research*, 45: 89—125.

Tinto, V. (1987). *Leaving College: Rethinking the Causes and Cures of Student Attrition*. Chicago: University of Chicago Press.

案例 B 高校评估及其范式的更新①

(一) 引言

高校的教学评估活动几乎同高校自身的历史一样悠久。最初的评估其实是教与学、教师与学生之间的桥梁。任课教师为了了解学生学习的进度、效果以及最终的收获,设计出各种测验、考试、论文等检测工具,对学生的学习进展和成果进行检测,以此作为对教学成果的评定。当然,这样的评定大多是由教师推动的,评定的范围亦局限于教师所能掌控的学科范围之内。20 世纪 80 年代以来,美国高校学生人数大幅增加,学校之间在生源、资源和声誉等方面展开日益激烈的竞争,加之政府对高等教育的投入逐年减少,这一系列因素促使公众对高等教育的过程及产品的质量更加关注。如果说原先评估只是学校内部用以改进教学的一种手段,现在则被改造成服务于公众信息需求的工具。从那以后,许多专家学者在建构评估理论、设计评估指南、撰写政策报告等方面做了大量的工作,以冀能够通过评估活动来帮助高校向社会展示其教育成果。经过近 30 年的努力,高校自以为在为应对公众问责而进行的评估方面已达到相当成熟的水平。然而,2006 年由美国联邦教育部部长斯佩林斯(Margaret Spellings)女士任命的美国高等教育未来委员会发布的报告(Commission on the Future of Higher Education, 2006, p. x)却对高等教育中"问责机制的严重缺失"提出严厉批评。该委

---

① 原载:高等教育研究,2008-9(29):33—43. 魏曙光译,程星校。

员会认为,美国现有的中学后教育系统中根本没有一个通盘的规划,在保证从内部能够产生足够的问责机制的同时能对外界发布有用的公共信息。这一批评不只是给很多学校现行的评估项目打了不及格,而且也宣告了评估专家们多年研究工作的失败。

尽管斯佩林斯任命的高等教育未来委员会并没有就教学评估究竟应当如何进行开出药方,但他们认为高校起码应该为高等教育的"消费者们"建立一个简明易懂的数据库,以帮助学生及其家长对不同大学的学生在校期间学业上的收获进行比较。因此,该委员会向大学推荐"大学学习成效评价"(CLA)及"全美学生参与度调查"(NSSE)这两个测量工具,希望能以此对学生在校期间的学识增值进行评估。但是,对过去 30 年间的评估实践略加考察我们便会发现,高校评估所面临的问题远不是挑选一两个评估工具或创建一个数据库就能够解决的。高校必须首先在更深的层面上回答这样一些问题:为什么这么多年的评估经验和研究成果居然无法满足公众的需求?定量的评估工具能否为公众提供他们所能认可的教学成果?即便有些检测工具在统计学上看来是有效和可靠的,但不同类型的高校及其教育成果和质量能用这些工具来进行比较吗?最后,高校究竟是否有可能通过评估既得到关于学生在其各自的学科和专业内学习的成果的信息,同时这些信息又能让非专业的社会公众都能理解?

至少到目前为止,高校对上述问题拿不出令人信服的答案,并由此引发了公众对于高校教育质量普遍的不信任感。的确,在公众眼里,名流云集的高校居然无法向社会证明他们的学生通过大学教育学有所得,他们肯定心中有鬼。这样的怀疑不无道理,高校误人子弟的可能性也许要远远超出我们的想象(Hersh & Merrow, 2005)。当然,假如高校真想展示其教学成果的话,还是有很多评估工具可供他们使用的。但是,在探讨如何评估学生学习成果的诸多文献中,一个显而易见的缺口在于:很少有学者将评估的理论和实践放在当今高等教育市场这个充满激烈竞争的背景下来加以考察。因此,尽管近年来评估的技术手段日趋成熟,但更多的评估活动仍然在高校自我完善的圈子里打转,好像评估活动的唯一目标就是给高校一个自我界定办学目标的机会,然后通过一系列评估手段的运用来向社会宣布自己已经在多大程度上达到其预定的目标。

实际上,很多高校尽管受到市场力量的驱动,但并未按照市场规律办事。其结果是,它们无法在激烈的竞争环境中找到新的高校发展战略,并针对新的发展找到令人信服的评估方法。所以,本文作者试图突破传统的院校分析的框架,在高等教育市场的背景下重新审视评估。作者认为,在以不完善信息为特征的高等教育市场竞争中,评估可能是缩小高校与公众之间信息差距的最有效的手段。但要使这一手段有效,我们首先必须对传统的评估范式做出重要的修正。

(二) 高等教育的新环境——市场

尽管高等教育市场的提法有悖于传统教育的事业性和公益性特点,但在过去 30 年间,市场力量在高等教育中胜利已成为不争的事实。哈佛大学教授加登纳并不回避美国高等教育的市场化趋势:"高校像社会多数其他组成部分一样,深受市场模式的影响,正按竞争、供求、赢利能力及其他古典经济学的特征来进行定位"(Gardner, 2005)。著名高教学者赞姆斯基(Zemsky, Wegner & Massy, 2005)指出:"尽管有人抱怨自 20 世纪 70 年代以来高等教育已由公共产品转变为私人产品,但极少数人接受高等教育的精英教育时代已经一去不复返了。市场力量将会扮演更加重要的角色,大学的运行成本将日益提高,而且大学亦将变成更加复杂的企业。"

任何对市场的讨论都无法绕过亚当·斯密的"看不见的手"这一概念。市场机制这只"看不见的手"通过消费者对自身效用最大化的追求以及生产者对利润最大化的追求实现产品和服务的最佳分配。换言之,市场根据价格的自然变动在供给和需求之间作出自然调节,对有限资源进行最有效率的配置。"然而在现实中,从整个社会的角度来看,市场调节的结果并不总能达到最佳"(Teixeira, Jongbloed, Amaral, & Dill, 2004),经济学家将这种现象称为市场失灵。在高等教育领域,尽管引入市场机制的初衷是为了加强高校之间的竞争,以此更好地满足社会和公众的需要,但是高等教育中诸多市场因素的缺失,常常会导致市场失灵,而信息不充分便是影响市场机制自我调节功能的众多因素之一。消费者虽然在高等教育上投入甚多,但后者作为一种极其特别的"产业",其机制运行是否有效,普通公众往往不能得到最基本的信息。即便能够得到这样的信息,也不一定能够完全理解。有时,甚至作为教育产品生产者的高等教育机构本身对自身的生产过程和结果也知之甚少,更不用说在激烈的市场竞争中为提高教育质量作出积极的努力了。

正是在这一背景下,评估成为高校和公众共同关注的焦点。对于一所优质的高校来说,如何在激烈的市场竞争中将自己与劣质的同行们区别开来事关重大。经济学家阿克洛夫(Akerlof, 1970)在对市场上信息不对称现象所做的研究中提出"柠檬"这个概念,用来描述二手车市场中质量低劣的车辆。在二手车交易中,由于卖主对卖出的车辆比买方拥有更多的信息,因而市场更容易为劣质产品所充斥。同理,假如优质高校不能有效地证明自己所提供教育产品的质量与价值,劣质的高等教育机构将迅速充斥市场,就像"柠檬"占领二手车市场一样。由于高等教育机构的复杂性和多样化,公众并不完全清楚教室里和校园中实际发生的事情。为防止市场上的"逆向选择",即买者由于缺乏信息而对劣质产品的选择及投资,社会需要建立某种激励机制,鼓励高校通过评估向公众和教育产品的消费者发布其学生在专业学习与个人成长方面的真实信息。

显而易见,信息的自由流动是高等教育市场机制正常发挥作用的前提,而评估则是获取信息的手段。作为消费者,公众需要明确告诉高校他们希望得到什么,并将如何对高校所提供的教育产品进行质量检查。作为教育产品的提供者,高校的问题不是"是否"而是"怎样"利用评估这一工具来达到提高院校运作效率、改进教学质量以及提高知名度与创新性的目的,以求在激烈的市场竞争中立于不败之地。

1. 提高院校运作效率

按照亚当·斯密的自由市场理论,竞争引发对供求变化的反应。假如高等教育的消费者们能够得到充分的信息,他们就能向高教市场表达自己的消费愿望,并暗示自己的消费能力。这样的信息迫使"高校对其教育项目做出调整以满足市场的需要"(Massy,2004)。这一调节过程的存在对高校来说是一种激励机制,促使他们不断地反躬自省,对其教学项目进行评估,并努力向社会公众清晰地阐述其运作效率。结果是,原先效率低下、成果不佳的教学和服务项目在竞争中不断得到改进与提升,否则便会被淘汰。最后,高等教育市场在资源配置上达到"帕累托效率"。

2. 改进教学质量

成熟的市场给消费者在质量问题上以足够的发言权。市场机制的引进使消费者可以在选择学校、学科等方面表达个人的偏好。高校对消费者偏好的反应虽因其对不同来源经费的依赖程度不同而会有所不同,但置之不理显然不是一个明智的选择。他们必须在提高教育质量方面有所作为,才能以此赢得学生、支付学费的家长们、纳税人以及其他教育捐赠者的好感与支持。与其他所有市场一样,与质量有关的信息再次成为高等教育市场至关重要的因素。然而问题是,高等教育属于知识密集型产业,消费者并不总具有判断教育质量及其价值的能力,更不用说对具体学科作出评价了。这也就是为什么作为消费者的公众总是希望能从比较的角度来审视学生的学习成果,因为相对价值总比绝对价值更加简明易懂。当今盛行全世界的高校排名所满足的就是这种需求。排名以一种公众容易理解的方式来表达高校的质量,尽管这种排名给公众带来的更多是误导。

3. 提高知名度与创新性

最后,受市场力量的驱动,在过去的 30 年里,整个高等教育界已发生了巨大的变化。随着高等教育的大众化及学生群体的多样化,创新已经成为许多传统及非传统大学生存发展的必要条件。今天的大学生在上学时间、上课方式以及教学方法等方面都对高校提出各种不同的要求;为满足这些要求,高校也在不断创新、不断开拓新的思路。结果是,供方市场上教育课程项目日益繁多,有网络的、营利性的、合作式的、特许性的或其他各种形式,而求方则眼花缭乱,对何去何从难以定夺。在这种情况下,知名度较高、创新能力较强的高校便占尽风光,而墨守成规的高校及其教育项目则有可能在市场力量的冲击下溃不成军。在这里,评估是高校手中的一柄利剑,古人所谓"知己知彼,百战不殆"说的就是这个道理。当然,在激烈的市场竞争中评估亦完全可能成为一柄双刃的利剑。

(三)传统评估范式及其批判

今天在美国高校最常用的评估范式即人们所熟知的"评估回馈模式"(assessment loop)。这一范式意在通过评估与信息反馈来改进院校工作,提高其教学质量,经过三十多年的实践,运用这一评估范式已在美国高校形成传统。这种评估范式可以简单概括为"四步回馈法"(four-step teaching-learning-assessment cycle,见图 B.1):

(1)将对学生学习成果的要求以具体的、可观察可测量的方式进行阐述。这些学习成果包括知识、技能及胜任各种工作的能力,它们必须通过学生成功地完成一门课程、一个课外活动项目以及其他经验体现出来;

(2)设计课程、学科以及其他就学经验,为学生取得上述学习成果提供机会;

(3)对学生学习成果及其所达到的要求进行测量和评价;

(4)将评估结果用来帮助学校改进教学质量。(Middle States Commission on Higher Education 2006, p. 63)

这是一个首尾衔接、"自给自足"式的循环和反馈过程,其前提是假设具有完全信息:首先,高校能够精确表达其教育使命及从其使命中延伸出来的教学目标;其次,所有的使命与目标都是可操作、可测量的;再次,学生的学习成果能够通过收集可靠的数据来加以测量;最后,将建立于数据和测量基础之上的评估结果用来有效地改进教育质量。问题在于,在一个信息不完全的高等教育市场中,这种评估范式能够在多大程度上实现其初衷?

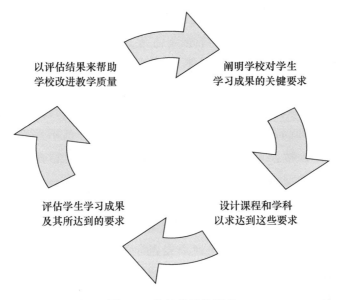

图 B.1　传统的评估范式

诺贝尔经济学奖获得者约瑟夫·E.斯蒂格利茨曾指出:"信息完全的情况都是一样的,而信息不完全的情况却各有各的不同。"(Stiglitz,2003,p.583)在高等教育领域,只有当一个特定科目的宗旨和具体目标能够从量上和质上得以清晰表达并能测量时,信息才是完全的或接近完全的。"评估也只有在一个科目具有明确、清晰的目标时才能有效。"(AAHE,1992,p.2)这种信息完全的假定是传统评估范式得以成立的必要前提。

然而,当这一"自给自足"式的、以学科改进为导向的评估范式被扩展到整个学校时,信息环境就变得更加复杂了,信息完全的情况亦不复存在。在高等教育的精英时代人们对于大学教育质量无条件的信任已经一去不复返。面对市场的挑战,高校被迫时时应对社会大众的问责,并且需要以公众能够听懂的语言来报告其教学成果。换言之,公众的问责将高校置于一个完全开放的环境之中(Ewell,2005,p.123),任何人都有权对学校的教学成果指手画脚。结果是,传统的评估范式开始失去其简约和优雅。

那么,传统的评估范式在信息不完全的情况下将面临什么样的问题呢?计算机信息专家帕森斯(Parsons,1996)对于数据库建设中信息不完全问题的研究为我们提供了一个有用的分析框架。由于在高等教育领域中,除传统的评估范式以外没有其他的选择,所以高校便"不得不将其内在的不确定性排除在外,运用理想化的方式来模拟真实的世界"(Parsons,1996,p. 353)。其结果是,由于信息不完全,传统评估范式"自给自足"式的循环和反馈过程根本无法完成,而斯蒂格利茨所说的各不相同的"信息不完全的情况"则比比皆是。按照帕森斯的说法,"信息不完全的情况"起码可以划分为三种类型,即不确定性、不完整性、不准确性。

1. 不确定性

如前所述,高等教育市场化首要的追求便是院校运作效率的提高。效率通常被定义为在保证质量的前提下提高产出与投入的比率(Teixeira, Jongbloed, Amaral, & Dill, 2004)。但是对于从事高等教育的专家们来说,没有什么比以下几个问题更让他们尴尬的了:大学的教育质量究竟应当如何定义?怎样才能知道学生是否、并在何时真正学到了什么东西?从一个学生被一所高校录取到他从这所高校毕业,这之间究竟发生了什么变化?这些问题看似很简单,但至今无人能够提供一般大众可以接受的答案。

而这些对于高等教育质量加以界定的努力触及一个更大、也更具根本性的问题:"高等教育质量是可以界定的"这一假定是否合理?或者说,我们究竟是否有可能像监测汽车生产过程一样去监测学生的学习过程,像测量汽车质量那样去测量学生的学习结果?

由于无法很好地回答这些问题,高校便试图寻找对高等教育质量的替代性定义。他们声称每一所大学都是"独一无二的",因而每所学校都有自己独特的使命和办学宗旨,并有权决定为谁服务及提供什么样的服务(Middle States Commission on Higher Education, 2006, p. 1)。但有学者对114所学校的使命陈述及办学宗旨进行了实证研究,结果表明这些陈述大多"含糊不清、枯燥无味、推诿逃避、花言巧语,并且缺乏具体而清晰的目标"(Newsom & Hayes,1991,p. 29)。在另一项最近的研究中,研究人员对300所学校的使命陈述进行分析,发现许多学校的使命陈述往往投其捐助者之所好(Morphew & Hartley,2006,p. 467),与教学质量和学生学习成果并无多大关系。结果是,这些使命陈述作为对高等教育质量的替代性定义既无法为高校战略规划提供指导,也无法帮助院校根据其办学宗旨来决定教学科目的调整和改进(Morphew & Hartley,2006)。

帕森斯认为,"不确定性来源于一个组织对其无法把握的事实真相所作出的主观判断和想象"(Parsons,1996,p. 3)。在这里,由于很多大学既无法定义其教学质量,又不能精确表达其教育使命及从其使命中衍生出来的教学目标,因此在运用传统评估范式时想要让其反馈机制正常工作显然不易。一个未将大学目标的不确定性考虑在内的评估模型必定会失去其优雅和效用。

2. 不完整性

即使我们能够解决"不确定性"的问题,甚至成功地对学生的学习成果加以界定,我们仍要面对下一个挑战——信息的不完整性。简单地说,信息不完整性就是指缺少相关信息,从而使得评估循环难以完成。

自 20 世纪 90 年代以来,增值评估(value-added)的理念越来越受欢迎(Astin,1993;Baird,1988)。"通过增值评估,我们试图确认学生的能力或知识因为在某一所大学所受到的教育而有所增长。"(Bennett,2001)增值评估的运作模式大致如下:假定高校能在"学生大学期间应当学到一些什么东西"这个问题上达成一定的共识,他们就可以使用有效、可靠的工具测量一组学生入学时的知识构成与水平,并运用同样的工具测量同一组学生从该校毕业时的知识结构与发展水平。这两个时间点之间的差额便是该所大学对学生的成长或学识增长所起的作用。

姑且不论我们是否能够在不远的将来开发出这样一个有效而又可靠的测量工具,我们目前首先必须面对的问题是,在学校试图教给学生什么和学生实际学到了什么之间是否具有因果关系,以及怎样才能确立这两者之间的因果关系。还记得斯佩林斯任命的高等教育未来委员会极力推荐的"大学学习成效评价"(CLA)吗?派克(Pike,2006)在评论这个备受推崇的增值评估工具时指出了这样一个事实:"将不同大学之间 CLA 分数的差异归之于不同学校和学科教育质量的差异,这一假定并不能通过统计分析来加以证实。"原因很简单,任何研究都无法也不可能穷尽学生在校期间学有所得的所有原因,而在诸多的原因中,除了学校的教学质量之外,学生的上课出勤率、为考试所作的准备、入校前的学术准备等因素,都对他们的学习成果或学校的 CLA 分数有着不同的影响。由于研究者不可能掌握关于学生学习行为的所有因素,所以将"增值"的判断建立在不完整信息的基础之上便不那么令人信服了。

3. 不准确性

假设我们能够确定大学教学与学生学习成果之间的因果关系,那么我们下一步所面临的一个更艰巨的任务是开发能够准确测量我们想要测量的因素的工具。公众要求高等教育机构发布其质量标准并进行校际比较。面对这样的要求,高等教育机构开始大量借鉴中等教育中的理念和实践,如美国教育部主持的中学"全国教育进展评估"(NAEP)项目的标准化测试。在国际上,设在巴黎的经济合作与发展组织(OECD)最近发起一项评估活动,试图开发具有可比性的评估标准,用来测量世界范围内的学生在大学期间学习上的收获(Labi,2007)。这与美国斯佩林斯高等教育未来委员会所呼吁的开发测量工具并进行校际间比较异曲同工。

这股新近掀起的对于开发标准化评估工具的热潮将一个古老而又常新的问题再一次推到我们面前,即标准化测试是否有助于解决高等教育的质量问题。欧文(Erwin,2005)在从政府、学术和市场三方面对标准化测试进行分析之后指出,尽管标准化测试最能满足政府与市场对信息的需要,但绝大多数的教师却难以认同其结果。教师们认为这些测试"只适用于对低层次技能的评价,而不适用于对学生高层次技能和学科知识的评估"。人们常常指责教师以学术自由的名义对标准化测试进行抵制,其实是担心他们自己会失去在课程设计上的决策权。但我们不能忽视的是,标准化测试至今未能准确地测量学生专业学习的程度,至少这种准确性还没有达到令教师信服的程度。标准化测试题为尽量包容各种教学模式和内容所付出的代价是试题语言陈述上的模棱两可。帕森斯将这种语言上的模糊不清称为"不准确性",而这也正是很多标准化测试难以赢得教师们信任的原因所在。

而标准化测试的"不准确性"问题在通识教育课程中显得尤为突出。尽管通识教育的鼓吹者们一直推崇自由教育（liberal education）的价值，但对自由教育的认识可谓仁者见仁，智者见智。CLA宣称可以通过标准化测试来评估学生在批判性思考、分析推理、解决问题及书面沟通等方面的相关能力，而这些项目大致构成一般学校的通识教育所希望达到的目的。但派克（Pike,2006）在审视了CLA的试题后提出质疑：那些标准化测试的出题人心中所想的那些"自由教育"的结果不知与那些在第一线从事通识教育的教师们所想的是否一致。这样一来，评估循环重又回到了起点："对于统一的学习成果的追求恰恰掩盖了一个事实，那就是我们最初并没有对这个成果的定义达成共识。"（Pike,2006）

（四）建立一个新的评估范式：从何开始？

从20世纪80年代中期开始，美国一些州的州长以及一家著名的教育研究所分别发表报告（Alexander, Clinton, & Kean, 1986；National Institute of Education, 1984），要求大学建立问责制度，明确公布其教学的绩效标准，向社会报告学生学习的成果，并针对评估结果采取相应的行动（Ewell, 2005）。当时公众刚开始要求大学将评估应用于问责，这两份报告起到了推波助澜的作用，为20世纪80年代末期和90年代初期诸多州的议会通过立法要求高校进行问责评估提供了依据。从那以后，政府不断代表公众发布指令，要求高校扩大评估的范围，以应对社会问责，而最近美国教育部部长斯佩林斯任命的美国高等教育未来委员会对于高校问责的要求就是这一趋势在新形势下的继续。

其实高校从一开始就明白，在这样一个公众问责的背景下套用传统的评估范式已经不是很现实了。但他们以高校自治和学术自由为理由来抵制政府的问责指令却是一个战略性的错误。学术自由是高等教育的核心理念，但它通常并不为学术界以外的人所熟知，尤其不为今天那些将市场原则奉为圭臬的公众所认可。结果是，高校对于政府问责评估指令的异议及其运用传统评估范式得到的不尽如人意的结果在社会上产生了反弹。一种对于高校的"信任危机"在公众中逐渐蔓延。最为可怕的是,似乎没有人能够真正说清大学到底有多糟糕,连大学自己都觉得有口难辩。正如一个公司的股票在市场上的波动并不总能反映公司的运营状况一样,公众眼中的高等教育现状也可能与真实的高校运作情况并无多大关系。但是,"问题并不是高校的教学成果看上去有多糟糕,而是似乎没有人知道高校的教学成果到底在哪里"(Ewell,2005)。

从经济学的角度来看,这是一种典型的由于信息不完全而导致的市场失灵现象,其最通常的解决办法就是政府干预。由于美国的高等教育机构长期以来一直奉行自我管理、自我约束的传统,因此当政府通过行政指令要求高校进行问责评估时,后者产生反感应当不难理解。遗憾的是,学校在应对政府的措施方面失策了,他们不仅没有努力回应公众和高教市场对于了解学生学习成果信息的合理要求,而且也没有积极探索新的质量保障模式,或者尝试开发新的评估范式来解决高等教育市场中的信息不完全问题。他们所做的仅仅是照搬传统的评估范式,将其用于社会问责,并且默默祈祷有一天关于问责的所有要求也会像其他管理思潮一样销声匿迹,公众将不再找他们的麻烦。当然学校所期望的并没有发生,并且在可预见的未来也不可能发生。只要高等教育市场存在一天,斯蒂格利茨所说的信息不完全状况便不会消失,政府与公众对高校的问责要求也将继续存在。

很大程度上,高校本身也为不完全信息所困扰,他们也需要一个完善的评估模式来解决高等教育市场中出现的众多问题。著名的高等教育学者、哥伦比亚大学师范学院前院长来文教授曾讲过这样一个故事。有一次他去一个州访问,当时州议会正在考虑一项法案,其内容是将教师的工资与课堂教学的时间挂钩。他为此征询该州一位研究型大学的教师,希望知道他是如何看待这一法案的。谁知该教师一口断言,这个法案是麦卡锡主义迫害知识分子的行为在今天的重演(Levine,2001)。这一回答使来文纳闷:这些聪明绝顶的大学教授怎么会如此脱离现实?其实只要深入审视一下大学的学术环境,我们便不难发现,教师本身也缺乏足够的信息来判断各个学科的教学质量(Dill & Soo,2004),更不用说有效地向公众说明自己在教学改进方面所作的努力了。如果一种评估方法连教师自身对了解信息的需求都满足不了,又怎能用来回应普通公众的问责呢?

由此可见,要想在高等教育市场化形势下让评估为公众问责服务,那么对传统的评估范式进行改造则势在必行,而且这种改造必须从完全信息这个假定条件开始。换言之,任何对于传统评估模式的修正或新的评估范式的确立都至少必须满足两个条件:① 新范式必须将信息不完全作为前提并纳入评估过程的设计之中;② 运用新范式得到的评估成果要能够回应公众对信息的不同需求。

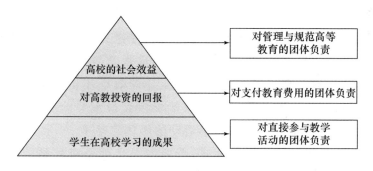

图 B.2 新的评估范式

在此,我们必须对此处的"公众"一词作出界定。为了叙述的方便,"公众"一词在本文中包括了所有可能的高等教育的利益攸关者。但如果我们要建立一种新的评估范式,并且这一新范式要能够回应各界、各类不同高等教育利益攸关者的需要,则不加区分地使用"公众"一词就可能带来麻烦。尤尔教授(Ewell,2005)将高等教育利益攸关者及其对问责的要求用一句话概括如下:"谁应该对谁负责,负什么责?"以"对谁负责,负什么责"这个概念框架为依据,我们可建立一个"三级金字塔"(如图 B.2 所示):① 对直接参与教学活动的团体负责,负责将学生学习的成果交代清楚;② 对直接和间接支付教育费用的团体负责,负责将他们投资高等教育所能得到的回报交代清楚;③ 对直接和间接管理与规范高等教育的团体负责,负责将高校的社会效益交代清楚。在这个三级范式中,评估活动根据信息接收端的需求展开,并且上一级的评估总是建立在下一级评估所提供的信息基础之上。

<h3 style="text-align:center">(五) 新评估范式的三个等级</h3>

等级之一:学生学习的成果

如上所述,传统评估模式的运用在信息完全或接近完全的状况下最为理想,它要求评估者能够明确界定教学科目的具体目标,找到影响学生学习成果的主要因素并加以测量,而且测评工具有效、可靠。这些是完成传统评估循环的前提条件。假如评估的目的是在学校内部改进教学科目,而且评估者也能充分利用评估机制来为教学服务,那么传统的评估范式其实非常有效。这一评估范式只是在被高校用来应付公众问责时才变得捉襟见肘。问责评估也强调测量学习成果,但测量的目的除了改进教学科目之外,还要根据定量化的指数对高校的管理和教学工作的效率作出价值判断。这样一来,用于问责的传统评估范式恰恰将其最重要的受益者,即教师和学生,或者说直接参与教学活动的团体忽略了。

可见,要建立新的评估范式,首要的一步就是将评估结果反馈给这一信息最重要的使用者——学生和教师。既然学生和教师是评估信息的提供者和主要消费者,评估设计就必须将重点放在教学成果信息的收集和分析上。这些信息不仅能够帮助学生了解自己在学习过程中所处的位置,而且能够帮助教师了解其教学的有效性及其成果。

至于学习的过程及成果,尽管各个学科领域不尽相同,但一个设计良好的科目应该对于学生在掌握该学科的基本内容、实用技能、价值观念及思维能力等方面有明确的要求。鉴于信息的不确定性、不完整性和不准确性,评估者应该对测量学生是否达到这些要求的难度有充分的思想准备。因此,任何能够有效、可靠地测量学生对某一门学科掌握情况的工具都应当充分加以利用。除了通过考试来测量学生在学科领域的学习情况以外,最好能够将一些需要学生动手完成的项目事先纳入课程计划之中,以此判断学生在思维能力和方法上对于学科内容的掌握。"教师可以对学生在动手项目,尤其是互动性动手项目中的表现进行正式或非正式的判定和评估。所以,好的教学科目必然包含好的动手项目的设计,而好的动手项目能够提供很多评估的机会。"(Knight,2006)这样的话,评估就不再是一种事后行为,它从一开始就已经被纳入课程或学科项目之中。

等级之二:高教投资的回报

直接和间接支付教育费用的团体大致由四个部分组成:学生家长、学生本人、慈善机构或个人捐赠者,以及代表纳税人利益的政府。高等教育的潜在成本由以上四组人以不同方式的组合来共同承担(Johnstone,2004)。因为传统的评估范式完全不考虑成本效益问题,所以我们便不难理解为什么支付教育费用的团体会成为当今社会问责运动背后的推动力量。

在高等教育领域,对生均成本进行统计并不罕见,但直到最近,随着问责运动的兴起,人们才开始提出将教育成本与学生的学习成果挂钩。在商业培训领域,基尔帕特立克(Kirkpatrick,1998)是将学习与培训转化为商业效益思想的先驱之一。他提出了对培训有效性进行评估的四级模型,即反应、学习、转化和结果。在此基础上,菲利普斯(Phillips,2003)将对培训项目的评估推进到下一级即第五级。他认为,基尔帕特立克的等级四的数据,即评估结果,应该换算为货币价值形式,然后与项目的成本相比较,从而得出培训投资的回报。

基尔帕特立克和菲利普斯都没有将他们的评估模型在高等教育行业中推行,但这种从投资回报(Return on Investment,简称 ROI)的角度来思考评估问题的方式,在学生的学习成果成为关注焦点的今天应当不再是那么惊世骇俗了。尤其是考虑到在过去十年中,大学生的学费年年上涨,支付教育费用的团体要求高校提供其投资回报方面的信息,实在不算过分。然而,大多数高校或者还没有为此做好准备,或者根本无法面对这一挑战。

如前所述,市场正常运行的关键是信息的自由流动,高等教育市场亦不例外。消费者需要知道他们能从大学教育中得到什么以及必须为此付出什么代价。遗憾的是,目前高等教育市场上大学与支付大学费用的团体之间的信息已变得非常不对称。支付团体以为高校财政也遵循商业模式,但事实上高校向其消费者所收取的学费与其教育成本之间并无太大关系。著名高校财政专家温斯顿(Winston,1999)指出,"高等教育经济学中最大的异数是几乎所有的美国大学都以低于平均生产成本的价格出售其基本产品——大学教育"。因此,当商业机构的运行遵循"价格=成本+利润"的公式时,高校却依靠补贴来分担其运行成本,即"价格+补贴=成本"。

正是因为高校对补贴的依赖,高等教育的大众化对很多高校的财政状况产生了深刻的负面影响。在过去几十年里,随着招生人数的增加及学费的提高,家长及纳税人以为他们对高等教育的贡献越来越大,然而现实正好相反。据温斯顿估计,"如果一个学生带着政府或家庭的资助进入一般的公立大学,那么该学生给就读大学每带来1美元的学费收入,学校将为此追加9美元的成本开销"(Winston,1999)。另外,传统的评估模式除了列出固定资产的成本如教室楼、计算机机房、图书馆等的成本外,从不考虑财政问责。因此,高校根本不了解其学术或学生活动的实际成本以及学生能从这些活动中得到什么。显然,对高校成本结构中的补贴作出合理解释至少能在一定程度上回答为何学费上涨如此之快的问题。但由于高校使用传统的评估模式无法将活动、成本与学生学习的成果很好地联系起来,因此支付教育费用的团体对高校产生"信任危机"便不难理解了。

所以,高校在开发新的评估范式时不能不开始考虑将投资回报的市场模型纳入其中,尽管很多高校尚未完全接受市场的理念。对投资回报的评估是建立在低一级,即学生学习成果的信息的基础之上的,其关键在于把这些学术成果与成本联系起来。这就要求评估者将与学生学习活动相关的所有成本因素事无巨细地加以记录,必要时还得求助于会计和教学设施管理人员(Winston,1999)。毋庸讳言,将投资回报纳入新的评估范式显然会增加很多烦琐的事务性工作,但如果实施得当,可以帮助高校向支付教育费用的团体陈述学校运作的效率和学科的价值,也可以帮助公众更好地理解高等教育的财政结构。

等级之三:高校的社会效益

作为教育费用的支付者,联邦、州以及地方政府都属于上述高校费用的支付团体,但他们同时亦直接或间接地对高校进行管理与规范。因此,"管理与规范团体"由各级政府、对高等教育政策的制定具有直接或间接影响的国会和州议会、校董事会,以及其他管理机构共同组成。据估计,联邦政府在 2002 年通过的《高等教育法》提供了 690 亿美元的学生资助和贷款(Hartle,Simmons,and Timmons,2003)。而州政府每年花在高校,包括学生资助方面的资金达 700 亿美元(Eaton,2006)。政府的这些投资再加上学生及其家长所付的学费、学校校友的捐赠等,共同构成社会对高等教育的投资。但是,管理与规范团体除了作为投资人要求高校通过评估展示回报以外,还担负着一个更加重要的使命,即保证高等教育作为公共产品所具有的社会效益。

管理与规范团体对高等教育社会效益的监护主要表现为以下两种形式。第一,鉴于高等教育所具有的许多非市场性的、无法用价格衡量的社会功能,管理与规范团体必须保证高等教育所具有的公共产品的属性不在市场力量的冲击下减弱以至于消失。例如,高校必须能够保证和支持市场竞争能力相对较弱的艺术人文学科和基础科学研究的健康发展;高校必须为社会上的弱势群体如低收入家庭提供入学机会。第二,管理与规范团体代表纳税人和其他利益攸关者对高等教育进行投资或"补贴",同时也必须代表他们向高校索取有关学生学习成果以及社会效益的证据,以为今后政府继续甚至追加对高等教育的投资提供事实依据,并以此得到选民和其他利益攸关者的支持。

至于如何才能得到有关高校教育质量和学生学习成果的评估信息,管理与规范团体和一般公众一样,并不知道从何着手。但他们手中拥有两个强有力的工具,即财政激励和行政规定,或者说是"萝卜"加"大棒"。正如马赛教授(Massy,2004,p. 14)所指出的那样:"公众一般都能接受政府对市场规范所设定的条件。"有了公众的大力支持,政府可以代表任何高等教育利益攸关者的利益,奖励那些能够满足公众期望的高校或制裁任何违背其意愿的行为。所以高校在开发新的评估范式时,必须与管理和规范团体紧密配合,充分考虑后者所代表团体的利益。

具体而言,一种新的有政府参与的评估范式应具有以下三个重要特征。第一,这种范式要包括激励机制,鼓励高校用大众易懂而且能够接受的语言展示学生学习的成果。对于高校来说,任何对于学科或专业特殊性以及教师在教学中特权的夸大都可能引发来自管理规范团体的惩罚性的政策和规定。第二,这一范式必须对全国性或国际性的学术质量标准具有一定的包容性和比较性。最后,这一范式还必须能够提供有关高校的社会效益方面的证据,引导高校在努力使学生取得更好的学习成果的同时,不断提高其作为公共产品的社会功能。

(六)总结和讨论

与此前对评估所作的研究最大的不同之处在于,本文探讨的不是评估的方法或技巧问题,而是在高等教育已经高度市场化的今天如何从宏观的角度重新审视评估范式及其作用。"范式是对我们的所思所想具有约束作用的思维模式,它的基本假定植根于我们习以为常的思维定式之中。"(Tapscott & Williams,2006)我们所熟知的传统评估范式沿用至今已经有30年,基于这个范式所作的研究论文、工作报告及其他形式的文献早已汗牛充栋,而且仍然层出不穷。但为什么高校的评估专家们如此辛勤的劳动居然无法赢得公众和政府足够的信任和尊重呢?如果公众问责能够通过传统的评估范式得以实现,那么为什么公众对问责的呼声还是日益高涨而丝毫没有消退的迹象呢?由于缺少有力的、令人信服的评估模式和工具,不管高校在学科建设和教学成果评估上如何尽心尽力,他们都无法扭转公众对高校的信任危机。今天的"高校几乎难得耳根清净地度过一天而不遭到外界对其效率低下、逃避责任、治理不力的抨击"(Altbach,Gumport,& Johnstone,2001)。

由此可见,高校评估范式的转变势在必行。"新的范式可能让人感到缺少衔接、前景未卜,甚至灾难临头;新的范式几乎总是面临冷漠、敌意,甚至比这更加糟糕。"(Tapscott & Williams,2006)本文所探讨的新的评估范式也可能因为框架的粗糙或细节的缺失而面临同样的挑战。而且,以获取信息而不仅仅是以学科改进为目的的评估理念也会让人担心其他问题,比如说,信息将落入谁的手中?掌握这些信息的人将如何对信息进行阐释?作者对这些问题并没有现成的答案。从目前高校评估的现状来看,提出各种问题也许比解决这些问题来得更为迫切。

传统评估范式的正常运作取决于:① 高校对其使命有完整的界定并对教学目标有清晰的表达;② 教学目标具有可操作性、可测量性,因而其结果的成败得失一目了然。但由于在教学过程中信息完全的假设难以成立,因此"四步评估循环法"的应用便受到了极大的限制。特别是当高校试图将传统的评估范式运用于整个学校而不仅仅是某个具体学科的评估时,他们或者会向公众传达错误的绩效信息,或者会将正确的信息传达给不适当的公众团体。

表 B.1 试图将传统的评估范式与新的评估范式就其主要特征作一比较。

表 B.1 传统评估范式与新评估范式的比较

	传统评估范式	新的评估范式
目的	改进教学	提供信息
假设	信息完全	信息不完全
模式	自给自足式,四步循环法	开放式的,三个独立的等级
适用对象	高校内部	高校内部和校外公众

面对强大的市场力量,今天的高校再也不能画地为牢,将评估活动局限于校内个别学科教学的改进,并使用自我设定的学校使命、目标来完成评估循环,希冀传统的评估范式能满足公众对高等教育的问责。今天的政府和公众已经不再愿意完全听信高校对于教学业绩的自我评估,他们需要高校提供学生学习成果、教育投资回报以及高校对增进社会福利的贡献等方面的客观信息,这样他们才可以对高校的表现作出自己的判断。

耐人寻味的是，虽然高校的教学评估活动几乎同高校自身的历史同样悠久，但当政府和公众企图通过评估获取高校教学成果的基本信息并以此监控高校的运行和效率时，他们所希望看到的评估和高校所熟悉的评估也许并不完全是一回事。因此，当高校不假思索地将传统的评估范式拿来应对社会问责时，这个模式在应用中捉襟见肘的窘迫显然高校和公众双方都注意到了。但在没有其他选择的情况下，高校只能顶着政府和公众的批评继续其评估活动，甚至希望政府和公众有朝一日能改变其话语和心态来适应高校的评估方式及其结果。显而易见，在今天这个市场力量无所不在的社会中，与其让社会来适应高校，不如高校努力去适应社会。有鉴于此，高校的教育研究和评估专家们必须全力以赴地投入到新的评估范式的研究和开发中去。本文是作者为建立一种新的概念框架所作的思考和尝试。这一工作的重要性在于，在一个经过深思熟虑的研究框架和范式得以建立之前，任何对于传统评估模式的修正和重建都将是盲目的、缺乏可信度与连贯性的。

当然，从一个新的评估范式的提出到付诸实践，其中有很多工作要做。得益于多年来在评估理论和实践上的积累，高校在新范式的第一等级上完成对学生学习成果的评估应当比较容易，但实现由第一等级向第二等级过渡可能就是一个很大的挑战了。绝大多数高校没有将学生学习成果与其相关成本加以联系并记录在案的习惯，甚至评估人员本身也大多不具备足够的财政学和会计学的训练，因而进行成本效益分析对他们来说难以胜任。这样看来，在评估、财务和设备管理部门之间建立起合作关系便成为在第二等级实现高教投资回报评估的关键所在了。

至于第三等级，即高校社会效益的评估，高校首先需要与政府及其他管理团体合作，在对学生学习成果的界定方面达成一定的共识，并对公众的信息需求有所了解。从经济学的视角看，政府通过向公立高校拨款以及代表社会从私立高校"购买"教育产品这两种形式来支持高等教育（Teixeira，Jongbloed，Amaral，& Dill，2004）。因此，政府及其他管理团体都有权代表各自的利益团体要求高校提供关于其运作和成效方面的信息。当然，随着政治环境的不断变化，政府及其他管理团体对评估信息的需要也会相应变化。这样,第三等级的评估除了要求高校积极回应公众的信息需要以外,还要求评估人员对政治环境具有一定的敏感性,并能及时修正高校评估活动的方向和内容。毕竟对任何高校而言,要想在高等教育市场中具有竞争力,回应社会公众的需求是最为基本的要求。

引 用 文 献

Akerlof, G. (1970). The Market for Lemons: Quality Uncertainty and the Market Mechanism. *Quarterly Journal of Economics*, 84: pp. 488—500.

Alexander, L., Clinton, B., & Kean, T. H. (1986). *A Time for Results: The Governors' 1991 Report on Education*. Washington, DC: National Governors Association.

Altbach, P. G., Gumport, P. J., & Johnstone, D. B. eds. (2001). *In Defense of American Higher Education*. Baltimore and London: The Johns Hopkins University Press.

American Association for Higher Education (AAHE) (1991). *Principles of Good Practice for Assessing Student Learning*. Washington, DC: American Association for Higher Education.

Astin, A. W. (1993). *What Matters in College? Four Critical Years Revisited*. San Francisco: Jossey-Bass.

Baird, L. L. (1988). Value-Added: Using Student Gains as Yardsticks of Learning. In C. Adelman ed., *Performance and Judgment: Essays on Principles and Practice in the Assessment of College Student Learning*. Washington, DC: U. S. Government Printing Office.

Bennett, D. C. (2001). Assessing Quality in Higher Education. *Liberal Education*, 87(2): pp. 40—45.

Commission on the Future of Higher Education (2006). *A Test of Leadership: Charting the Future of U. S. Higher Education*. A Report of the Commission Appointed by Secretary of Education Margaret Spellings. U. S. Department of Education.

Dill, D. D. & Soo, M. (2004). Transparency and Quality in Higher Education Markets. In Teixeira, Jongbloed, Amaral, & Dill, eds. *Markets in Higher Education: Rhetoric or Reality*. Netherlands: Kluwer Academic Publishers.

Eaton, J. S. (2006). Higher Education, Government and Expectations of Academic

Quality and Accountability: Where Do We Go from Here. *American Academic*, 2(1): pp. 73—87.

Erwin, T. D. (2005). Standardized Testing and Accountability: Findings the Ways and the Will. In J. C. Burke and Associates. *Achieving Accountability in Higher Education: Balancing Public, Academic, and Market Demands.* San Francisco: Jossy-Bass.

Ewell, P. T. (2005). Can Assessment Serve Accountability? It Depends on the Question. In J. C. Burke and Associates. *Achieving Accountability in Higher Education: Balancing Public, Academic, and Market Demands.* San Francisco: Jossy-Bass.

Gardner, Howard (2005). Beyond Markets and Individuals: A Focus on Educational Goals. In Richard H. Hersh and John Merrow ed. *Declining by Degree: Higher Education at Risk.* New York: Palgrave Macmillan.

Hartle, T., Simmons, C. & Timmons, B. (2003). *Paying for College: How the Federal Higher Education Act Helps Students and Families Pay for a Postsecondary Education.* Washington, DC: American Council on Education.

Hersh, R. H. & Merrow, J. ed. (2005). *Declining by Degree: Higher Education at Risk.* New York: Palgrave Macmillan.

Johnstone, D. B. (2004). Cost-Sharing and Equity in Higher Education: Implications of Income Contingent Loans. In Teixeira, Jongbloed, Amaral, & Dill eds. *Markets in Higher Education: Rhetoric or Reality.* Netherlands: Kluwer Academic Publishers.

Kirkpatrick, D. (1998). *Evaluating Training Programs: The Four Levels.* San Francisco: Berrett Koehler.

Knight, P. (2006). The Local Practice of Assessment. *Assessment & Evaluation in Higher Education*, 31(4): pp. 435—452.

Labi, A. (2007). International Assessment Effort Raises Concerns Among Education Groups. *The Chronicle of Higher Education*, 54(5), P A31.

Levene, A. (2001). Higher Education as a Mature Industry. In P. G. Altbach, P. J. Gumport, & D. B. Johnstone eds. *In Defense of American Higher Education.* Baltimore and London: The Johns Hopkins University Press.

Massy, W. F. (2004). Markets in Higher Education: Do They Promote Internal Efficiency? In Teixeira, Jongbloed, Amaral, & Dill eds. *Markets in Higher Education: Rhetoric or Reality.* Netherlands: Kluwer Academic Publishers.

Middle States Commission on Higher Education (2006). *Characteristics of Excel-*

lence in Higher Education, 12th edition. Philadelphia, PA: Middle States Commission on Higher Education.

Morphew, C. C. & Hartley, M. (2006). Mission Statements: A Thematic Analysis of Rhetoric Across Institutional Type. *The Journal of Higher Education*, 77(3): pp. 456—471.

National Institute of Education (1984). *Involvement in Learning: Realizing the Potential of American Higher Education*. Report of the Study Group on the Condition of Excellence in American Higher Education. Washington, DC: U. S. Government Printing Office.

Newsom, W. A. & Hayes, C. R. (1991). Are Mission Statements Worthwhile? *Planning for Higher Education*, 19(Winter 1990—1991).

Parsons, S. (1996). Current approaches to handling imperfect information in data and knowledge bases. *IEEE Transactions on Knowledge and Data Engineering*, 8(3): pp. 353—372.

Phillips, J. (2003). *Return on Investment in Training and Performance Improvement Programs*, Second Edition. Burlington, MA: Butterworth-Heinemann.

Pike, G. R. (2006). Assessment Measures: Value-Added Models and the Collegiate Learning Assessment. *Assessment Update*, 18(4): pp. 5—7.

Stiglitz, J. E. (2003). Information and the Change in the Paradigm in Economics. In R. Arnott, B. Greenwald, R. Kanbur, & B. Nalebuff eds. *Economics for an Imperfect World: Essays in Honor of Joseph E. Stiglitz*. Cambridge, MA and London, England: The MIT Press.

Tapscott D. & Williams, A. D. (2006). *Wikinomics: How Mass Collaboration Changes Everything*. New York: Portfolio.

Teixeira, P., Jongbloed, B., Amaral, A. & Dill, D. (2004). *Markets in Higher Education: Rhetoric or Reality*. Netherlands: Kluwer Academic Publishers.

Winston, G. C. (1999). College Costs: Who Pays and Why It Matters So. In J. E. King ed. *Financing a College Education: How It Works, How It's Changing*. Phoenix, AZ: American Council on Education/Oryx.

Zemsky, R., Wegner, G. R., & Massy, W. F. (2005). *Remaking the American University: Market-Smart and Mission-Centered*. New Brunswick, NJ: Rutgers University Press.

第三章　人类行为数码化的追求——定量研究

第一节　概　　述

常常觉得,在谈论高教研究方法论时,我是一个不可救药的两面派。在美国参加学术研讨会或与同行们探讨方法论问题时,我经常是那些言必称数据、无数据无发表的定量研究"迷"们尖锐的批评者。作为美国高教研究的"主流","定量迷"们对于任何非定量性的研究都嗤之以鼻,更不屑于做述评之类的"导航"工作,因为后者在他们眼里只是为他人作嫁衣裳。他们最拿手的功夫是收集一大堆数据,列出很多复杂的数学公式,用一般人难以理解的统计方法对数据进行各种测试,然后不疼不痒地对统计分析的结果略加评论便草草收场。这样的文章投到高教研究杂志几乎百发百中。但是,对于那些希望在高校中运用研究成果辅助领导决策的人来说,他们的研究所缺少的是对于数字背后意义的理解和阐释。

但是,每次回到国内和同行们交流,我又成了定量研究不折不扣的吹鼓手。翻开国内高教研究杂志,充斥其中的大多是思辨甚至空谈的文章。题目往往大得吓人,却没有多少可以让人信服的数据支撑论证。作者仅凭自己的想象或引用马列经典著作来论证某个先入之见,在排列论据时有时连道听途说都算数。我这项指控的证据之一是在正规学术杂志上频频出现的诸如"据有关方面统计"之类的字样。记得有一次在某大学做关于教育研究方法论的讲座,正当我慷慨激昂地抨击这类学术空谈时,一位听众举手提问:"程老师讲的定量研究方法固然不错,但收集数据需要钱、需要时间。假如我们两者都没有,该怎么办?"我愕然。

没有钱,没有时间,又想做研究、出成果,天下有这样的好事?但这个问题的确点到了要害:很多研究者不做定量研究也许未必是他们不会或不愿,也许还是定量研究本身过于"劳力密集",而很多研究者迫于各方面的压力无法定下心来,从一些最基本的事情做起。那种"行到水穷处,坐看云起时"的悠闲,那种"兴之所至"的对研究对象从好奇到探索的精神,不知从何时起已经与我们浮躁的学术界久违了。

高等教育研究是一个异常复杂的领域。姑且不论学术自由、科研经费、教学方法、金融财务等许多与高教管理有关的问题及其复杂性,光是学生发展这一小块,就够高教研究者伤透脑筋了。研究者面对的是一个个活生生的大学生的成长、成熟和学习过程。他们的任务是对这个过程进行研究,并从中找出规律性的东西。物理学家或生物学家可以从他们的研究对象身上取出某些样本或截面,带到实验室这个人为的环境里慢慢观察研究,通过对研究对象进行某种人为的干预来取得实验的数据并加以分析。但是,高教研究者们却没有这样奢侈的条件。他们的研究对象时刻处于活动、变化之中,研究者不能打扰其研究对象的自然成长过程,更不能通过人为的干预来取得"科学"的数据进行分析。试想,哪个父母愿意将自己的孩子交给一所"实验大学",花上几万甚至几十万美元让别人在他们的孩子身上做各种教育实验?万一实验失败怎么办?学校可以用实验结果来为今后的大学管理和教学提供借鉴和指导,学生却要带着实验结果度过他们的余生。

但是,教育研究者们却必须时刻准备应对这样的指控:他们在不干扰教学进程的条件下所做的研究不"科学",因为没有数据支撑、因为数据受到其他因素的干扰而不够"纯净"、因为取样方法有问题、因为某些现象无法测量等等。这样的指控几乎可以将任何一项"科学"的教育研究扼杀在摇篮里。换言之,学术的规范和社会的期待已经将今天的教育研究逼到了一个死角:运用"科学"的研究方法,不然就会被从科学的大院里扫地出门!

但是,究竟什么是高教研究的科学方法呢?很多人在没有问过几个"为什么"之前就匆匆地得出结论:那种模仿自然科学、对大量数据进行统计研究的定量方法就是高教研究中的"科学"方法。这种说法有一定的道理。因为唯有经过认真准备的样本才具有广泛的代表性,运用合适的手段对这些样本进行分析后得出的结论的确较之运用其他方法得出的结论具有更高的信度和效度。但是,由于前述高教研究对象的动态性以及研究环境的自然状态,我们在取样时再谨小慎微亦难免不使数据受到"玷污"。再者,假如研究者一味追求研究的科学性而对所研究问题的"上下文"(context)不甚明了,那么这样的定量研究功夫再深亦与"南辕北辙"故事中的主人公所做的事情无异。

其实,对高等教育中的许多问题,需要采取不同的研究方法从不同的角度去探讨。高校里的每一项活动都是动态的而非静态的,因而运用自然科学的方法对某项活动或某个群体进行"切片"取样只能是一个更大的认识过程中的一个组成部分。假如我们不能先将这个前提确定下来的话,那么高等教育研究中的任何定量研究都会导致误读和曲解。

那么,在高等教育研究中为什么要运用定量方法,这种方法较之其他方法又具有什么样的优越性呢?

我在讲研究方法论时曾经给学生布置过一道作业。我要求学生在下次上课时在家附近的超市里买1磅"爱"带到课堂上来。所有学生都一脸迷惑,要求我做些解释。我一句话也没有多说就下课了。等到下次上课,一开始我就向大家要作业。课堂里顿时像水滴掉进滚油,炸开了锅。有人抱怨说这个作业荒唐之极,没法做;有人给我带来几块巧克力;还有人送我一枝玫瑰花。看过所有交上来的作业后,我不无遗憾地宣布没有人及格。随后在课堂里的一片嘘声中,我给大家讲了这项作业的要点。其一,我要求大家对于"爱"

这一常见的人类行为作出解释或界定。而我在布置作业时并没有对学生应取回什么样的"爱"作任何限制。就这一点而言，那些带来巧克力或鲜花的学生似乎应该得一些分，因为他们起码想到了这些常见的人们对于爱的表达方式。其二，我要求学生将"爱"这种人类行为量化，尽管"磅"并不一定是一个合适的量词。听了我的解释后，聪明的学生们恍然大悟，随即开始设计各种完成作业的方案。有人建议到超级市场去观察并记录有多少情侣手拉手在里面购物，有人建议对买巧克力或玫瑰花的顾客进行访谈，等等。

在这里，我们面对的其实是一个日常生活中比比皆是的问题：对于一种行为、一个概念，或是一项假设，我们究竟是否有可能做出量化的描述？或者，进一步说，我们究竟有没有必要进行量化的研究？要回答这样的问题，我们首先必须对我们所需要研究的问题加以界定，然后再看看有哪些问题通过定量研究能够解决，而运用其他方法，比如定性研究，难以解决。

首先，定量研究方法是以"量"取胜，即通过收集尽可能多的案例来对某一种现象或行为进行描述，而且在案例收集的过程中遵循一些基本的取样规则以求得代表性和典型性。这一点是质的研究难以做到的，因为后者是对一两个案例进行深入的调查和数据收集，虽然其研究结果可以比较深入、深刻地描述这些案例，但研究者很难以此类推，将个案研究的结果演绎到整个类别。其次，由于人力、物力等各方面条件的限制，研究者不能、常常也不想对其所研究的对象的全体进行调查或作出描述，但是，他们却希望研究的结论能够尽可能准确地反映研究对象全体的特征。因此，定量研究方法通过运用一些严格的取样方法，使得研究结果具有由此及彼、举一反三的特点。这样的研究结果就具有某种预测性或预报能力，而这个特点是质的研究所难以企及的。

而定量研究的预报能力正是这种研究方法最吸引人的地方。假如说，你是一所大学的校长，你对于学校的教学质量极为关注，然而，坚持质量标准的结果是，你的大学每年总有20％的学生由于平均成绩达不到学校设定的最低分数线而不能毕业。不难想象，80％的毕业率使你在面对那么多付出高昂学费的学生家长时感到难堪,也让你在向纳税人索取下一年的教育经费时难以交代。你当然可以为那20%里的每一个失败学生的大学生涯及其原因列一份清单,但这样的清单于己于人均无任何意义。你和你的同事们需要了解的不只是这些学生失败的故事或过程,你更需要了解的是他们为什么失败,他们失败的故事是否能够为你提供大学生成长过程中带有普遍性、规律性的一些东西,因为只有这样的研究才能揭示带有普遍性的学生学习进展的路线图。以此为据,你可以建立预警系统,防患于未然。这样才不至于让学生等到毕业的关头才感到痛失良机、后悔莫及。定量研究可以通过收集大量的例证并对此进行统计分析来寻找学生成长过程中的重要环节和里程碑,并以此为据在这些关节点上采取相应的干预措施,从根本上保证学生四年的大学航程一帆风顺。

这是一个应用性很强的例子。在高教研究中,还有许多运用定量研究的方法却不带功利性的研究例子,其目的是为了建构教育理论或测试各种关于教育过程中产生的假设。在这样的研究中,定量的研究方法往往是研究者的首选。

为什么定量研究会具有这种预测能力呢?

人们在日常生活中时时刻刻都在自觉或不自觉地观察自己周围的人和事,并随时得出各种不同的结论。受到过良好科学训练的人与一般大众的区别在于,前者从来不将自己一次的直觉印象当成结论而运用到下一次的决策中去,但他们也从不将自己宝贵的直觉印象弃若敝屣。所谓的科学态度其实是对于科学研究程序和方法的遵守。具体地说,他们通过对现实生活中的各种行为、印象和概念进行解构,对于其中相互的关系经过分析后提出假设(hypothesis),并对假设进行"可操作化处理"(operationalization),即将行为、印象或概念转换成可以测量的指标。然后运用测验、测量或问卷等工具进行数据收集,最后运用统计方法对样本进行描述和分析,以实现对研究对象总体的推断和对未来趋向的预测。

记得南宋后期词人吴文英的词曾经受到很多批评,其中最有名的一句批评来自张炎的《词源》:"吴梦窗词,如七宝楼台,炫人眼目,碎拆下来,不成片段。"梦窗是吴文英的字。吴文英开创了一种词的写作手法,即将各种意象的片段进行罗列,因此他的词时空跨越性很大。很多人不习惯这种写法,觉得读后不知所云。有趣的是,教育研究者在运用定量方法对学生的行为进行测量之前,首先必须做的一件事就是对他们大学经验的"七宝楼台"进行分解,拆成碎片,并对每一个碎片进行测量。唯一的区别在于,词人吴文英将意象拆碎之后,有赖于读者自己动手,运用想象力对碎片进行重新组装,从而得到新的意象,而教育研究者却在拆卸之前就胸有成竹,知道自己要干什么、怎么干,且在将七宝楼台拆碎之后一定会亲自再将它装好。

而教育研究者之所以能够将人类行为拆卸后重新组装,是因为他们对于研究对象有着深刻的理解。这种理解来源于他们对现有研究文献的广泛搜索和深入研究。定量研究的过程其实是研究者通过对研究对象的行为特征按照现有文献中的某种标准作量的比较来测定其数值,进而得出这些数值间的量的变化规律。将对象拆卸成碎片的目的是对其进行量化处理,而对于研究假设的论证则是将对象组装后重新认识的过程。

不知不觉之间,人类社会已悄然走进了知识经济时代。这是一个建立在信息基础之上的以知识为主导的时代。由于信息在电脑中的存储方式都是数字,人们亦美其名为数码时代。尽管在教育研究领域仍然有很多人强调教育活动,特别是课堂活动和师生交往等是一种自然情境中人的经验世界,难以采取纯粹的量化研究方法去研究,但面对每时每刻以几何级数增长的各种信息,又有谁能够拒绝将大量杂乱的信息有序化并加以利用的诱惑呢?而 SPSS、SAS 等统计程序价格便宜、操作简单,研究者只要轻点键盘就能把我们在日常高教管理过程中收集的自然信息(如学生行为、观点、态度、习惯等)通过编码和分析转化成有用的管理信息。这个在二三十年前还非常复杂的过程,今天已经变得非常简单。

这样看来,我将定量研究形容为教育研究领域里对于人类行为数码化的追求,虽然难免有哗众取宠之嫌,但个中含义却并不惊世骇俗。说白了,所谓数码化,就是将原来自然、自成一体的事物分解成为数不多的元素(即广义上的数码,狭义上的数码单指 0 和

1),而这些元素的有规律组合(即编码)就在电脑里以另一种更加简约的方式构成这一事物。而定量研究不同于其他研究的特点在于,研究者搜集用数量表示的资料或信息,经过数码化处理、检验和分析,以前所未有的速度将其变成有意义的信息或结论,使得我们有可能在宏观层面上对某种教育现象或行为进行认识,对事先设定的理论假设进行检验,或通过实验干预的手法比较控制组和实验组以检验某项政策、某种教学方法的实际效果。

由此可见,定量研究的方法在将高教研究向科学性方向推进的同时,还为当今的大学管理提供了一种其他研究方法难以企及的效率。当大学还停留在几百或几千人的规模时,管理者也许还不能体会到定量研究的必要性。在精英教育的模式中将学生行为"数码化",这个行为本身就有可能触犯众怒。然而,随着高等教育大众化时代的到来,在动辄万人、数万人的大学里,任何想要提高大学管理水平的努力都已经离不开定量的研究。不管我们是否愿意,一个学生在今天大学的管理系统中就是一个数码,你别无选择。但是,如何利用数码来解读、研究和管理,这就是一个优秀的大学管理者和他那些不太优秀的同行们的区别所在。

第二节 案例点评

说到实证研究,特别是其中的定量研究,就不能不提到中西方在思维方法上的一些区别。比如说,中国民间有许多健康方面的所谓"常识"。我们从小就常听到老人们的告诫,什么东西吃了会上火,什么东西吃了要拉肚子,多吃韭菜会眼睛发糊,吃核桃可以补脑,等等。而我们在将这些"不言自明的公理"传给我们的下一代时亦从不附上任何证明。但是,对于"老外"来说,假如你告诉他吃韭菜会眼睛发糊,他的第一反应也许是:韭菜究竟含有什么化学成分?这种化学成分如何影响视力?

记得女儿在美国上小学三年级时,一天回家告诉我说他们学校要办科学展,每个小朋友都可以设一个展台,展示自己的科研成果。小学三年级学生做科研?闻所未闻。但是,我很快就明白小学老师的用意了。当时我自己正在哥伦比亚大学师范学院给研究生讲教育研究方法论,课程内容与美国小学从二三年级就开始教给孩子的科研程序居然如出一辙。

到了科学展的那天,我兴致勃勃地带着女儿来到学校体育馆。只见偌大的场馆里密密麻麻排满展台,每个展台面前都站着一两个可爱的孩子。他们有的神情庄重,好像科学家等待着展示自己的科研成果一样;有的调皮捣蛋,显然是并非第一次参加这样活动的高年级的学生;也有的正在"急来抱佛脚",为测试他们的"成果"是否正常工作忙得满头大汗。我们全家那年刚去过意大利的比萨,所以女儿不知从哪里找来一张比萨斜塔的大幅绘画贴在展示台上。今晚她要用一个小铁球和一个棉花球来测试伽利略在四百多年前做过的"质量相异物体同时落地"的实验。在这样喧闹、低矮的展台上做这样的实验,结果可想而知。但女儿那满脸的认真,特别是当接过老师发给的"参与奖"时的那股得意劲儿,让我久久难忘。

还有一个让我难忘的展台,它的主人是女儿的一个好朋友。这是一个胖胖的、爱笑的小姑娘,平时爱吃冰激凌。那晚她在展台上放了三种不同牌子的冰激凌,每一个经过她展台的人都得停下,将三种牌子的冰激凌都尝一下,然后告诉她喜欢哪一种。在活动结束的时候,她宣布研究结果:她的最爱"哈根达斯"拔得头筹!我震惊了:小学三年级的孩子已经知道如何做问卷调查!

原来实证研究及其方法在西方早已深入人心。只要是受过科学或社会科学研究基本训练的人,对于从检索文献、提出假设、收集数据、统计分析、归纳结果到得出结论这一整套研究程序,即便不是那么熟悉,也完全可以理解和接受。但在中国,实证研究及其程序化却屡屡受到诟病。我的好几位在大学教育学院当博士生导师的朋友都对定量研究方法严格的程序不屑一顾。究其原因,我想大概与中国人对于作文程序化的反感有关。

定量研究文章一般必须由引言、文献、方法、分析和结论等五个部分组成,而这样的程序对于那些学富五车、下笔海阔天空的人们来说的确过于拘谨。特别是从一百多年前废科举开始,"八股文"以及任何作文格式在中国社会都被批倒批臭。而毛泽东在《反对党八股》一文中更是列数了党八股文风的八大罪状,大声疾呼整顿文风,在知识界影响深远。八股文每篇文章均按一定的格式、字数由破题、承题、起讲、入手、起股、中股、后股、束股八部分组成,其程序化的要求与西方学界提倡的研究文章分五大部分相类似显而易见。所以,当定量研究的程序化要求遭遇反程式化的中国学界时,尚未交手便溃不成军。

但是,定量研究要求程式化自有其道理。近年来许多学者参考国外有关社会科学研究方法论的著述,早已出了一大堆有关教育研究方法论的书。我在此没有必要作任何重复。本章两个案例所研究的是类似于"核桃补脑"那样的常识问题。从进入一所大学到完成学业,是大学生的一种人生经验,不言自明。有的大学给学生一种归属感,有的没有,也是不言自明的。对于这样自然而然的人生经验,我们完全可以像对待"核桃补脑"那样的"常识"一样,照收不误。但是,教育研究者的任务是揭示这样的大学经验背后所包含的意义以及大学的教育者们能够采取什么样的措施去干预这样的自然过程。这就需要我们启动实证研究的程序,搞清楚"就学经验"和"归属感"这样的自然过程中所包含的"化学元素"和"化学反应过程"。在这里,程序化只是一种手段,其目的是将对社会现象进行研究的过程规范化,从而增加研究结果的信度和效度。

案例 C 原是一道命题作文。当时我接受了美国 G 大学本科生院助理院长的职位。就任伊始,我等着老板的第一次谈话,给我分配具体工作。可是老板足足让我坐了三个星期的冷板凳。其间他为我做的唯一的一件事就是将学校在我来到之前由另一个办公室收集的一大堆数据放进我的电脑,让我"玩"(play with it)。"玩"了半天,我终于明白要做什么了:其实老板当时雇我完全是根据他请的一位管理咨询专家的意见所作的决定,他自己对聘请我这样一位分管研究和规划的助理院长毫无感觉。因此,他正在等着我告诉他我能为他做些什么。通过对学院各部门负责人进行访谈,并通过分析此前的大量数据,我感到,我需要做的是对现有的信息进行整理归类，为学院的工作提出一些方向性的建议，这样决策者们就不至于继续摸着石头过河、拍着脑袋决策。

其实在现实的教育管理实践中，很多领导都会将自己的经验作为决策的依据。但是，当他们意识到某些决策由于各方面的原因没有产生预期的效果时，他们就会自觉或不自觉地开始寻找其他根据，以此来证明自己决策的正确性。假如研究和数据只能在事后为某项决策提供佐证的话，那么研究人员至多只是一个"事后诸葛亮"。在这个案例中我所希望做到的是，通过对现有数据的分析，为决策者当一回"事前诸葛亮"，帮助他们在决策之前就对学生的整个大学生涯有一个比较全面、清楚的了解，看到哪些因素会对学生的就学经验产生重要影响。假如我的研究足够严谨，具有一定的可信度，那么决策者就能够以此为依据对其战略规划进行调整，做到有的放矢。

在进行这项研究之前我所面临的现实是：我手中有一大堆数据，但这些数据并不是根据我的需要收集的，也不一定能够回答我所要求解的问题。在这种情况下，我决定采用基本成分最大方差循环分析法，将问卷中 24 个关于学生"自我体察成就"的项目进行因素分析。通过分析我可以将现成的数据转化成有意义的量表变量。基于对这些因素分析的结果，我构建了组合量表，把数据按照相同项目分别归类。再参考通过文献检索得到的成果分类，将组合量表中的归组项目根据学生自我体察的就学经验加以命名。

在当代美国大学管理中，定期对在校学生进行问卷调查已经形成习惯。这种调查问卷的设计往往包括学生大学生活的各个方面，而且调查范围也不局限于任何已知的问题。换言之，定期调查的目的是预防诊断，而不是对症下药。而且，由于这样的调查发生在学年中的同一时间并采用同样的调查方法，调查结果具有很大的可比性：纵向比较可以将学校某些方面的发展趋势作出跨年度的曲线；横向比较可以就不同学校同一方面的问题作校际比较。当然后者成立的前提是说服一批类似的大学采用同样的问卷，而我们这个案例中同类高校组成的院校协会就是推行这种研究方法最有效的组织机构。

通过定期问卷对学生的校园经验作诊断性的研究，可以采用各种不同的方法。假如研究者对学校存在的问题有所了解，或是带着问题去研究，那么他就可以单刀直入，通过对相关变量的分析寻找问题的症结所在。比如说，比较不同性格特征的学生对某些问题的答案，可以从中找到性格特征与所研究问题的相关系数。但是，当研究者是运用数据对学生的校园经验作一般扫描时，那么他对于大学管理中的一些基本问题就必须事先有所了解，而了解这些问题的最佳途径是做文献检索。从这里我们开始看到拍脑袋决策和运用研究辅助决策的区别所在。当大学的管理者面对校园里千变万化的形势和层出不穷的问题时，其实并没有几个脑袋好拍。老经验会过时，个人智慧也有限。唯有运用科学手段收集的数据不会过时，统计分析软件也不会察言观色、媚上欺下。

在此还有必要对"玩"数据这种研究方法作一点解释。按照传统的研究方法论，一个研究者首先必须对一个研究命题有一些基本的了解或者有一个不算太离谱的"假设"，然后才能对症下药地收集实证数据，进行分析论证，最后得出结论。像我这样先有了数据再通过乱"玩"一气来寻找问题的做法，摆在二三十年前一定会成为学界的笑柄。但是，随着电脑的普及和统计软件的日渐成熟，原来"难于上青天"的事情在今天做起来简直易如反掌。比如说，因素分析（factor analysis）在 SPSS 软件包中是只需几个点击就能完成的统计分析程序，但假如没有电脑，别说我们这些社会科学研究者不会想到去做这种分析，就连自然科学家都得杀死一大堆脑细胞才能完成其复杂的计算过程。因此，技术的进步也带来了研究方法论上的革命。在今天的高教研究中，虽然我们在研究生院里还是以传统的研究范式来教学生，但是在日常的教育管理实践中，先有数据后有研究命题的做法已不鲜见。辅助决策的管理研究不可能像纯学术研究那么奢侈，针对一个具体的研究命题去收集数据。定期的综合性问卷调查是应用研究者们在时间和经费许可的情况下所采用的效率最高的一种数据采集方法。他们必须做到"一举两得"（one stone kills two birds）——不，一举多得——才能应付大学管理中层出不穷的问题。所以，在研究时我们不得不对于综合性数据进行有效的分析,并从中发现带有普遍意义的症状以供决策者参考。

在这个案例中,我知道大学生的校园生活大致包括哪些方面,但并不清楚这些项目背后是否潜藏着什么意义或值得注意的问题。因此,在设计问卷时不仅要面面俱到,而且要将同样的问卷在不同的时间和不同的学生那里反复使用,以此增加数据的可靠性或前后一致性。通过因素分析来"玩"这样的数据,研究者就有可能从中找到一些反复出现的主题、一些带有规律性的现象。而只有这样的主题和现象才能帮助我们理解纷繁复杂的现象,我们的研究才能具有对未来事件的预测能力。

其实,"玩"数据玩得最好的还不是高教研究者,他们从其他领域得到了很大的启发。比如说,在美国超市购物,收银机打出发票的同时往往还会给顾客印出一些下次购物时可以使用的减价券,而且这些减价券因人而异。购物者只要稍加注意就会发现,如果这是一家他们经常光顾的超市,这些购物券一般符合他们的购物习惯和口味。这种现象的背后其实是商业界早已玩腻了的一个把戏:数据挖掘(data mining)。超市给顾客免费发购物卡,声称在收银时刷卡可以得到价格优惠。电脑在收集每个购物卡后,将相应顾客的购物情况一一输入电脑。分析员通过"玩"这些重复出现的数据,找到顾客的购物习惯,并在他们下次购物时有针对性地发放减价券。魔术揭穿后,背后的道理竟如此简单。

我在G大学的这个案例研究,最大的局限性在于我的问卷数据并不是由我根据学院学生的具体情况设计的,因此研究中所能利用的变量只能是别人根据当时的情况以及他们的水平所设定的,我自己没有任何改变的可能。这样,在阐释统计分析的结果时,我就得格外小心,既不能对数据背后所包含的意义过分解读,亦不能擅自假定变量对学生就学经验的覆盖面积。唯一让人比较放心的是,这项研究所用的问卷是一个院校协会所设计的诸多评审工具之一,经过成员院校多年的使用和修改,其信度和效度都经过反复测试。

还有一个值得注意的问题,细心的读者也许已经发现,这个案例取自程星和周川主编的《院校研究与美国高校管理》(湖南人民出版社2003年版)一书,行文中除了一个因素分析的列表以外并没有很多其他的原始数据或分析结果。其实最初发表在英国《高等教育评估》(Assessment & Evaluation in Higher Education, Vol. 26, No. 6, 2001)上的英文原本包括六个数据表格,详细列出了作者所进行的统计分析过程。由于编书的需要,作者在中文版中将原文表格大多删除,只保留了因素分析的表格。据说这样的做法在国内的学术杂志上屡见不鲜,原因是大多数编辑认为读者对表格没有兴趣,而且数据表格往往占据大量的空间,影响杂志刊载的文章数量。

但是,这些编辑所忽略的其实是实证研究最关键的一个属性,即这类研究的可重复性。实证研究的价值并不仅仅在于其通过统计分析得到了某些结论。实证研究,特别是定量研究,最大的优势在于它的过程可以在其他的场合或条件下重复进行,其结论可以得到进一步的验证。研究者在搜集数据时由于受抽样范围、抽样方法、被调查者的回复率、样本大小等因素的影响,往往清楚地意识到自己研究的局限性(而且一般论文都包括有关本研究局限性的表述),因而他们在发表论文时除了阐述自己研究的结果以外,更需要将研究程序尽可能地解释清楚,并将关键数据做出图表进行展示。这样做的结果是,读者不仅可以了解这个研究的结论,而且还能根据自己所处的环境和所具备的条件,参照他人已经完成的研究来设计新的研究项目,以验证他人的研究结果并在新的研究中对已知的结论进行补充。俗话说,真理越辩越明。实证研究所遵循的正是这个原则。从这个角度来看,国内学术杂志在刊载实证研究时只保留叙述而删除数据表格,其结果实在是舍本求末、弃重就轻。

所以,我在此一方面将中文的"删节本"原样保存,另一方面将英文原本作为附录包括在书中,这样读者就有机会比较一下中外学术界对于定量研究文章不同的处理方法及其结果。诸位看官也许不尽同意我对国内同行的批评,但起码有一个机会对两种学风进行比较,这样今后再碰上关于定量研究方法或是其他什么方法的辩论时可以赢得一点发言权。

案例 D 所研究的是近年来美国大学,特别是私立名牌大学的教育家们极为关注的一个问题,其实也是当前国内大学所面临的一个普遍问题,即大学生的校区意识和归属感。20 世纪 90 年代开始的中国大学扩招、合并以及"圈地运动",从根本上改变了传统中国大学教育的模式。随着一座座大学城的兴起,一所所万人乃至数万人大学的出现,中国大学从精英教育向大众教育的转变已在短短的十年内基本完成。其中的功过是非后代自有公论,无须我们在此作无谓的争辩。但是,今天的大学管理者们却不得不面对一个迫在眉睫的问题:大学城内校园文化的缺失以及随之而来的学生归属感的丧失。这种现象在今天任何一所中国大学里都是有目共睹的,但似乎很少有人将其当成一个严重问题提出。相反,很多人还沉浸在对新校园的赞美、对现代化校园设施的享受之中。从这个角度看,本案例所显示的美国大学对此问题的关注显然对中国大学具有参考价值。

对于校区意识和归属感的关注可以追溯到早期英国牛津、剑桥的大学理念和传统。但是,由于实证研究在格式和篇幅上的限制,作者在此并没有做过多的历史和哲学上的追溯,只是简单地提到美国学者在这个问题上的一些最有影响的论述,并选定博耶报告作为本研究的理论框架。作为一项以应用为目的的实证研究,我在此无意于对校区意识和归属感这些概念做过多的界定,甚至不想隐瞒自己对于这些概念的无知(我在文中没有任何一处试图对这些概念进行界定,而只是引用他人的论述)。换言之,我只想将大学校区建设当成大学教育的一个有机组成部分,而避免在概念问题上纠缠。既然美国私立大学的精英教育受到当今世界的追捧,而且其牛津剑桥式的传统又源远流长,那么我们的研究便建立在这样一个信念之上,即校区意识和归属感的培养是整个大学本科教育过程中的一个不可或缺的环节。作为一项应用研究,我所要解决的问题是,大学应当采取什么措施才能增强学生的校区意识和归属感?

首先,我试图对大学生活的各个方面进行调查,分析学生对学校各项设施、服务项目以及其他方面的满意程度,并从中找出有利于学生校区意识形成的各种因素。其次,我必须通过对与校区意识相关问题的分析,帮助学生事务管理人员理解和把握学生校区意识形成的原因。最后,我在掌握上述两项结果的同时,还必须对影响学生校区意识强弱的相关因素,如个人特征、学业情况、社会背景等信息进行分析。这样的研究所带有的功利性是不言而喻的。研究成果将不仅有利于我们对校区意识这个概念的深入理解,同时也有助于管理者利用研究得到的信息更有效地进行校区建设,并使与校区意识相关的决策有据可依。

这是实证研究中的"黑匣子"模式。我们所研究的问题由于其理论上的复杂性,或纯粹是由于其久经考验、不言自明的公信力,使得研究者无须、亦无法在短短的篇幅内对其理论内涵进行思辨。研究者的工作是将理论问题本身当成一个"黑匣子",将研究重点放在可以观察、可以操作的人类行为上面,通过问卷调查的方式来寻找影响"黑匣子"的因素或行为(输入端),并进而观察和研究这些行为的结果(输出端)。由于输入端的因素都是观察所得的具体的人类行为,那么通过统计分析对其进行筛选,找出那些对于结果产生影响的因素,研究者便可以从政策制定的角度对管理者提出建议。

运用问卷调查得来的数据对这类"黑匣子"问题进行研究,最大的困难在于一般问卷往往包括太多的单项问题,而且单项问题之间的内在关系难以确定。在这种情况下,因素分析法(factor analysis)成为很多研究者的首选。因素分析起源于心理学研究。心理学家在从事研究时常会遇到一些不能直接进行测量的因素,例如人的智力、EQ、性格特质、个人偏好等。对于这些抽象的、内在的、不容易表达或无法测量的因素,研究者可以通过设定一些可以测量的变量,比如问卷调查中的单项问题,运用因素分析找出其背后潜在的因素,并对这些因素加以筛选和组合,在最大限度地保存原始信息的同时,归纳出少数几个关键的因素。

在我们的研究中,对与校区意识相关的 26 项问卷条目进行因素分析后,得到 7 个组合变量:① 教与学;② 住校生活的经验;③ 文化与种族社团间的交流;④ 友谊;⑤ 校史与传统;⑥ 孤独与压力;⑦ 跨文化的人际交往。当我们将这些变量与学生的个人情况、学业特点、学生活动等结合在一起进行回归分析时,对于这些自变量在校区意识这个因变量身上产生的影响突然有了新的认识。这7个自变量中有5个对学生校区意识的形成有显著的影响,这5个变量分别是:教与学、住校生活的经验、文化与种族社团间的交流、校史与传统、孤独与压力。这样的结论对于身处大学管理第一线的人们来说有着非常明确的指导意义。每所高校都面临着如何将有限的资源进行分配并取得效果最大化的问题。假如管理者面对一大堆杂乱的问题时无法分出轻重缓急,那么一定是芝麻西瓜一起抓,结果什么也没有抓好。有了这样的研究作指导,管理者起码可以在今后的学生工作中做到重点突出、目标明确,并将有限的管理资源用到刀刃上去。

案例D和前一个案例有一个共同之处,那就是英文原文[NASPA Journal: The Journal of Student Affairs Administration, Research and Practice, 41(2), 2004]中所有的统计图表在中文版中都省略了。这样做的结果虽然给阅读带来很多方便,但读者还真得对研究者有一种毫无保留的信任才能接受研究的结论。这个问题在第五章"讲演与访谈:寻求表达的方式"中还会详细讨论。此处,作者要强调的是,这个案例在表达方式上体现了一种深刻的矛盾。学术杂志和综合性书籍在读者对象上应当有所不同。学术杂志面向行业内部,读者与研究者在同一个或相近的领域里工作。因此,读者翻阅学术杂志的目的是为了了解行业内的研究动态,学习新的研究方法,或对自己有兴趣的研究结果进行验证。在这种情况下,学术杂志必须展示研究者的研究过程和数据收集的方法,使得读者有可能重复检验研究结果。然而,综合性书籍和一般学术读物的读者对研究的过程和细节就不一定像研究者那样兴致盎然了。这些读者更注重的是书的作者对于他们所研究问题的宏观思考。因此,综合性书籍的作者更需要在叙述的风格上下功夫,努力将学术杂志专业化的表达变成行业外人士也能听懂的语言。

用这个标准来衡量,案例D就显得有点"不伦不类"了。作者既想取悦一般大众,故将统计图表一一隐去,但在隐去数字后又没有改变其叙述方法,还是继续沿用学术论文的格式,从"文献综述"

到"研究目的和方法"到报告"研究结果",到最后"总结与讨论",八股腔调贯穿全文,重复叙述惹人心烦。也难怪国内学术界很多人对于遵循国际通行的实证研究格式反感至极,像我这样动不动以为是在为国内同行"启蒙"的"假洋鬼子们"其实应该负很大的责任。我们中间很多人在国内时并没有受到多少中国式的学术训练,出国去念研究生时却全盘接受了西方的学术规范。当我们"功成名就"以后回到国内,直接就以"专家"的身份出现在我们原来并不熟悉的学术圈子里。假如我们稍微谦虚一些的话,我们应当比较能够理解和欣赏这些年来国内学术界努力学习国外先进经验所取得的长足的进步。不幸的是,我们中的很多人也许是在国外当学生当久了,憋得慌,回到国内就迫不及待地想当老师,过一过教训学生的瘾。虽然用心良苦,效果却不太理想,甚至适得其反。也许,要帮助国内学界与国际接轨,在高教研究领域就意味着要提高实证研究的水平,我们急需的不是一大堆如鲁迅讽刺过的"作文作法"之类的方法论教科书,而是一些优秀的研究案例和范例。

案例C 大学生就学经验的评估[①]

在过去的二十多年里,成果评估(outcomes assessment)运动在美国高等教育界方兴未艾。对于公立大学来说,成果评估势在必行,因为他们每年必须向纳税人以及州议会交上一份成绩单,用可测量的尺度证明其所履行的职责、效用和效率。为此,很多院校已经建立起简明与可量化的绩效指标系统(Borden & Banta, 1994; Cheng & Voorhees, 1996)。私立大学,尤其是那些知名院校,虽然在《美国新闻和世界报道》根据名声与资源等方式所设立的排行榜上依然遥遥领先,而且仍在为此自我陶醉(Jacobi, Astin & Ayala, 1987),但是,他们的危机感正在逐步增加。学生及其父母、每年为其慷慨解囊的校友们都想知道,这些私立的精英院校是否兑现了

---

① 原载:程星、周川主编(2003).院校研究与美国高校管理.长沙:湖南人民出版社: 116—130.蔡伟仁译,程星校。

他们的诺言,是否为学生提供了有效的、高质量的教学与科研成果(Upcraft & Schuh,1996,p. 8)。

外在的压力促使高校行政人员们努力寻求合适的评价模式。理想的评价过程必须是一个螺旋式上升的循环过程:从设定院校使命和目标,到开发绩效指标,到最终通过使用评价结果来改进高校工作(Moxley,1999)。然而现实的情况是,由于各种各样的实际制约,很少高校能够有始有终地完成这一理想的过程。因为时间、专业知识以及测评周期的限制,要开发出有效度的、可信的、能够准确评价院校目标或使命的评估工具,对于很多高校来说几乎是做不到的。不得已而求其次,这些院校往往会采用某些商业化的调查工具,或加入某一研究协会,通过购买现成的评估工具来进行高校成果评估。

大多数外部开发的评估工具经过严格的检验并被证实是可信赖的。此外,商用评估工具或研究协会开发的调查工具由于有其他院校的参与,使用者往往可以获得运用校内自行开发工具所不能得到的"常模数据",从而使得同类院校间的比较研究成为可能。但是,使用这些工具也存在着问题,即大多数调查问卷为了使用的广泛性而削足适履,采取最普通、最常用的语汇来描述高校,这样参与院校就不能以此评估那些源于本校学生所在的特定环境中产生的、为他们所独有的经验。以这样的测量工具为基础的成果评估当然没法描述本校学生特有的就读体验。那么,评估学生在本校的就读体验,我们该从何处着手?

(一) 文献回顾

几个世纪以来,传统的自律方法一直主导着美国高校质量的监控。然而,在最近 20 年里,"出于经费的考虑,各州政府正在重新审视它们与公立高校的关系,试图驱使后者更负责任、更有效率,以及更富成效地使用公共资源"(Alexander,2000)。随之而起的是《美国新闻与世界报道》等商业机构,通过给大学排名,将高等教育的质量问题摆放到公众面前。随着政府和商业机构对高等教育的管理规范进程的介入,高校已经别无选择。他们或者"必须去检审自我,或者等着被他人检审"(Barnett,1992)。

而在被政府、商业机构或公众检审时，大学不得不将复杂的高校管理问题简单化、通俗化。玻特里尔和博顿（Bottrill & Borden，1994）编辑的绩效指标表显示，高等教育领域以外的人倾向于用可量化的、易于获取数据的、通常带有表面客观性的指标系统来评判院校。学生能力测验分数、平均成绩点数、学籍注册人数、实际在学人数、毕业率等是最常用的指标。这些指标的确可以测量出高校效能的某些方面，但其缺点是它们没法提供描述学生就读经验、学生智力发展和个体发展方面的有意义的数据。

最近几年很多人尝试着把学生通过大学就读经验而获得的行为、认知和态度方面的成果转化为成果绩效指标［美国国家教育统计中心（National Center for Education Statistics，简称 NCES），1991；美国国家教育目标专家组（National Education Goals Panel），1992；美国国家高等教育管理系统中心（National Center for Higher Education Management Systems，简称 NCHEMS），1994］。毫无疑问，在众多研究人员或研究团体开发出来的成果指标之间存在着很大的差异。但其中的一个共同的特点是，在对学生的行为、认知以及态度进行评价时，大量地采用通过问卷获得的学生自我评价。"对于某些结果，学生的自我报告也许是唯一可取的数据"（Kuh，Pace & Vesper，1997）。学院学生经验问卷（CSEQ）（Pace，1979）和学院学生调查（Higher Education Research Institute，1989）这两个使用最为频繁的调查工具就包含着学生的成就自述报告。研究表明，使用这些学生成长自述报告所得的结果和使用其他学院成就测量工具所得的结果大致一致（Anaya，1999；Pace，1985；Pike，1995）。

研究者们在开发绩效指标的同时，也对学生个性与智力发展进行了深入的理论探索。在 1987 年发表的一份高等教育报告中，有研究者（Jacobi，Astin，and Ayala，1987）提出用"才能发展"这一概念来代替名声和资源作为评价高校的标准。他们认为，"一所高质量的院校是一所能使它的学生在智力和个性上获得最大发展的机构"（p. iv）。

除了这一报告，其他还有很多在探究大学教育成果分类方面颇有影响的研究，其中包括：Astin，1973；Brown & DeCoster，1982；

Chickering & Gamson，1987；Ewell，1984，1985a，1985b，1988；Hanson，1982；Kur，Pace & Vesper，1997；Kur，Hu & Vesper，2000；Lenning，Lee，Micek，& Service，1977；Pascarella and Terenzini，1991，and Paker & Schmidt，1982。这些教育成果的分类研究使得高校管理和研究人员得以在评估学生就学经验及其成果时选择适合他们需要的方法和有用的工具。

在被频繁引用的各种分类研究中，阿斯汀（Astin，1974，1977）提供了一个三维的分类系统：成果的类别包括认知和非认知的结果；数据的类别包括心理的和行为的结果；时效的类别包括短期的和长期的结果。在很大的程度上来说，阿斯汀的分类法与其说是实际结果分类法，还不如说是一种关于结果的参照系统，而莱宁（Lenning，1977，1980）和鲍文（Bowen，1980）的分类法则落实到成果的具体项目上。莱宁的分类系统强调诸如个性发展、精神状态以及社会活动等人格特征方面的结果，而鲍文则提供了一个更为具体的实际能力方面的结果列表。此外，鲍文努力在他的成果分类和许多院校为其学生所设定的目标之间建立联系。门特考斯基和多迪（Mentkowski & Doherty，1983）的成果分类方法在这一方面走得更远。他们所用的分类法是由阿尔维诺学院（Alverno College）的教授与行政人员一同开发出来的，其目的在于评估该校的通才教育项目。按照这个分类法，学生成功完成通才教育的结果应当在下列方面有所表现：人际沟通的能力、分析和解决问题的能力、价值观念、社会交往能力、环保意识、对当代世界发展的参与能力以及艺术欣赏能力等。门特考斯基和多迪关于成果评价的方法对本研究具有很高的参考价值。他们的分类法不仅涵盖了认知和非认知的结果，同时也包括了心理的和行为的结果，集合了两方面的数据。

（二）研究的目的

本研究把上述这些成果分类方法作为评价学生就学经验的理论框架，旨在通过对一个案例的解剖，探讨使用外部开发的调查工具来建立学生就学经验评估模式的可行性。在这一案例中，研究对象是 G 大学的本科生院。该学院在表述其关于本科生教育的宗旨时将发展学生的学术、社会和职业等方面的能力作为基本原则。换言之,这所学院所追求的关于学生的最终学习成果是,让他们在智力、学术、社交、组织、领导以及对今后职业有用的实用技能等方面都得到充分的发展。

G大学是美国一个私立名牌高校协会的成员。作为这个协会成员的一项义务是参与该协会所设计的各种研究项目,从而使同类院校间有可能进行比较研究。协会设计的诸多评审工具之一是一个年度毕业生问卷调查。这个调查收集毕业生就读经验方面的数据,涉及的问题包括毕业生的未来计划、对大学经验的评价、大学教育的财政资助、学生活动及学生个人和家庭方面的背景数据等。本研究选择这一评审工具来展开对学生就学经验的评估工作,有三个原因。第一,在这一评审问卷中,有24个问题涉及学生自我体察的关于智力、社交以及实际能力方面的收获,而这些自察的收获项目和G大学本科教育的宗旨基本相符。第二,虽然字面上有些出入,但这24个自察的成就项目和莱宁(Lenning,1977,1980)、鲍文(Bowen,1980)、门特考斯基和多迪(Mentkowski & Doherty,1983)等人的结果分类法也有着许多共同点。第三,因为被研究院校已经参与这样的评审多年,所以研究者有可能利用此次调查的数据和多年来积累的那些数据检测其评估模式。

所以本次研究的目的是双重的:① 通过分析毕业生自察的就学经验和成果数据,开发出符合本校实际的学生自我体察学习成就量表,为未来评估学生就学经验提供一个可行的模式;② 检验学生自我体察学习成就量表的效用以及这个量表和学生在学校特定环境中的种种特征之间的联系。

(三) 研究的方法

本研究使用的数据来自G大学本科毕业生所参加的1997年、1998年和1999年年度问卷调查。因为该学院要求毕业生在获取毕业文凭前必须完成问卷调查,所以问卷的回复率几乎达100%。1997年、1998年和1999年三年各自的学生回复总数是1057、1104和1103份。答复者是两所本科生院的毕业生:文理学院(A&S)和工程学院(ENGR)。

研究者首先使用1997年问卷调查中24个关于学生"自我体察成就"的项目进行因素分析,采用基本成分最大方差循环分析法。因为分析的目的是用所有手头的数据来产生有意义的量表变量,而不是还原或简化数据,因此没有一个项目因为是低权重因素而被去除。基于这些因素分析的结果,我们构建了组合量表,把这三年里的数据按照相同项目分别归类。参考现有的成果分类,我们将组合量表中的归组项目根据学生自我体察的就学经验加以命名。

然后对所有的量表变量进行信度分析,来决断归组项目的合适性。结果表明,用这三年的数据开发出来的量表,其相关性与α系数均呈现高度的一致性和稳定性。在学生自我体察成就量表建成之后,再从问卷调查数据中提取两个自变量组来检验"学生自我体察成就"量表的效用。第一组变量包括学生的人口统计特征:性别、种族、公民身份、家庭收入和父母受教育的最高水平。第二组则必须用到学生学院经验的三个重要方面:平均成绩点数、他们的学位专业领域和大学经验的总体满意程度。

表C.1是五因素方案的循环因素结构。采用内容分析后,可以得到以下几组量表变量:① 智力发展;② 人格发展;③ 社交与领导能力;④ 学术能力;⑤ 外语技能。因素权重低于0.5的项目只有因素1中"不需督导地独立行使职责"和因素2中"了解自我的能力、兴趣、局限性和个性"。我们决定保留这两个项目,因为它们对于各自的量表变量有着很好的作用。

表C.1 学生自我体察成就的因素分析

问卷项目*	因素				
	1	2	3	4	5
智力发展					
独立获取新技能和知识	0.73				
有分析和有逻辑地进行思考	0.69				
产生新颖的和具有创造性的主意和方案	0.68				
良好的口头表达能力	0.60				
有效的书面表达能力	0.60				
总结与融合想法和信息的能力	0.53				
规划和实施复杂的项目	0.50				
不需督导地独立行使职责	0.36				

续表

问卷项目*	因素				
	1	2	3	4	5
人格发展					
鉴别道德与伦理问题		0.70			
从历史的、文化的、哲学的角度来考虑问题		0.70			
欣赏艺术、文学、音乐和戏剧		0.70			
对社会问题有所认识		0.69			
获取文科和科学领域中宽泛的学识		0.69			
了解自我的能力、兴趣、局限性和个性		0.47			
社交与领导能力					
作为团体的一员有效地行使职责			0.76		
领导与管理项目或他人			0.73		
与其他人种、民族和宗教的人良好相处			0.64		
发展自尊和自信			0.57		
规划行动方案来完成设定的目标			0.51		
评价不同的行动方案并作出选择			0.50		
学术能力					
使用定量工具				0.69	
理解科学技术的社会作用				0.65	
在某一领域中获取深入的学识				0.50	
外语技能					
能熟练运用外语					0.96

   * 在四点尺度上就学生对于这些问题的回答进行测量：1＝一点也不，2＝有一点，3＝相当程度地，4＝非常地

    对开发出来的学生自我体察成就量表效用的检测分为两个步骤。第一，单独考虑每一项的学生自我体察成就，用多元线形回归过程来找出自变量和每一项的学生自我体察成就之间的关系。第二，同时考虑所有的学生自我体察成就项，使用多因素方差分析过程来检审这两所学院（文理学院和工程学院）间的差别，并且把三种满意度水平作为在五项学生自我体察成就尺度上的自变量。

（四）研究的结果

    本项研究采用私立名牌高校协会设计的年度毕业生问卷调查中

24个自察的成就项目，通过因素分析得到五组量表变量：① 智力发展；② 人格发展；③ 社交与领导能力；④ 学术能力；⑤ 外语技能。分析显示，学生对于大学教育的满意水平和他们自我体察的学习成就有着密切的联系。同时学生所学专业对他们的自我体察也有着重要影响。相比之下，毕业生的自我体察成就与他们的家庭和社会经济背景间的联系较少。在连续三年的问卷调查中，学生自我体察成就量表的结果基本一致。从而我们可以得出这样的结论：由学生自述报告得出的这五个学生的自我体察成就量表，很好地代表了G大学学生对于他们就学经验的评估。

当然，本项研究的结果亦暴露出利用外部开发的测评工具对学生就学经验进行评价的缺点。涉及学术能力项目的系数的信度相对较低，清楚地表明测评工具在这一领域里并不是完全有效。因而，为了构建一个完整的就学经验评价模式，我们应当对学术成就的自述项目进行修改，并尽可能地同时收集其他类型的数据。例如，要对学生的学术成就进行深入的研究，除了依赖学生自述以外，还可以收集或选取其他现成的数据，比如平均成绩点数、研究生考试成绩、研究生院的录取情况等，以此来检查或证实学生的自述。

但是，利用同类学校协会开发的调查工具而获得的学生自我体察成就量表依然是评价学生就学经验的良好起点。这些量表提供了极有意义的测量工具，通过对学生成就的评估来检测学院教学目标的完成程度，并为今后进一步的评估工作指出了需要努力的方向。

在过去十年里，高校教学评估的标准正在发生重大变化。假如过去我们一直比较注重学院名声和学校资源的话，现在我们则开始更加注重学生在校学习和发展的实际成就（Belcher，1987）。本项研究通过学生的自述报告来阐明他们的总体就学经验，并构建评价结果的成就量表，不失为评估学生就学经验和学校教学项目的有效途径。本项研究的价值在于任何一个学院都可以按照本研究中的方法，通过选择使用学生自述来产生该院校自己的学生就学经验的成就量表。

然而，形成成就量表并不自然地意味着这个院校就找到了在高等教育领域中如何定义优秀的教学成果以及怎样去实现和评价教学成果这两个关键问题的答案。本项研究证实，对于评价学生就学经验的检测工具的寻求过程,也正是高校对自己的教学成就进行反省和再认识的过程。高校必须对自己设定的学生的培养方向和目标进行重新检视,重温或重新定义自己的使命和目标,并找出一种行之有效的方法来展示自己的教学成果。事实上,优秀的教学可以用很多不同的方式来评价,因为高等教育领域里优秀的定义可以是多种多样的。但是归根到底,成果评估的最终目的在于使用评估结果来帮助学校重新调整现有的教学目标,从而为学生的学习和成长提供一个更好的就学环境。

引 用 文 献

Alexander, F. K. (2000). The changing face of accountability: Monitoring and assessing institutional performance in higher education. *The Journal of Higher Education*, 71(4): 411—431.

Anaya, G. (1999). College impact on student learning: Comparing the use of selfreported gains, standardized test scores, and college grades. *Research in Higher Education*, 40(5): 499—526.

Astin, A. W. (1973). Measurement and determinants of the outputs of higher education. In L. Solmon & P. Taubman eds. *Does College Matter? Some Evidence on the Impacts of Higher Education*. New York: Academic Press.

Astin, A. W. (1974). Measuring the outcomes of higher education. In H. R. Bowen ed. *Evaluating Institutions for Accountability* (New Direction for Institutional Research, no. 1). San Francisco: Jossey-Bass.

Astin, A. W. (1977). *Four Critical Years: Effects of College on Beliefs, Attitudes, and Knowledge*. San Francisco: Jossey-Bass.

Barnett, R. (1992). *Improving Higher Education: Total Quality Care*. London: The Society for Research into Higher Education and The Open University.

Belcher, M. J. (1987). Value-added assessment: College education and student growth. In D. Bray, & M. J. Belcher eds. *Issues in Student Assessment* (New Direction for Community Colleges, no. 59). San Francisco: Jossey-Bass.

Borden, V. M. & Banta, T. W. (1994). *Using Performance Indicators to Guide Strategic Decision Making* (New Direction for Institutional Research, no. 82). San Francisco: Jossey-Bass.

Bottrill, K. V. & Boden, V. M. (1994). Appendix: Example from the literature. In Boden, V. M. & Banta, T. W. eds. *Using Performance Indicators to Guide*

Strategic Decision Making (New Direction for Institutional Research, no. 82). San Francisco: Jossey-Bass.

Bowen, H. R. (1980). *Investment in Learning*. San Francisco: Jossey-Bass.

Brown, R. & DeCoster, D. (1982). *Mentoring-Transcript Systems for Promoting Student Growth*. San Francisco: Jossey-Bass.

Chen, S. (1998). *Mastering Research: A Guide to the Methods of Social and Behavioral Sciences*. Chicago: Nelson-Hall.

Chen, S. & Cheng, D. X. (1999). Remedial Education and Grading: A Case Study Approach to Two Critical Issues in American Higher Education. A research report submitted to the Research Foundation of the City University of New York (PSC-CUNY Research Grant No. 669282).

Cheng, X., & Voorhees, R. (1996). Challenges in implementing core indicators of effectiveness for Colorado's community colleges. *Resources in Education*, July. JC 960 169. Los Angeles, CA: ERIC Clearinghouse for Community Colleges.

Chickering, A. W. & Gamson, Z. F. (1987). Seven principles for good practice in undergraduate education. *AAHE Bulletin*, 39(7): 3—7.

Ewell, P. (1984). *The Self-Regarding Institution: Information for Excellence*. Boulder, CO: National Center for Higher Education Management Systems.

Ewell, P. Ed. (1985a). *Assessing Education Outcomes* (New Direction for Institutional Research, no. 47). San Francisco: Jossey-Bass.

Ewell, P. (1985b). The value-added debate... continued. *American Association for Higher Education Bulletin*, 38: 12—13.

Hanson, G. Ed. (1982). *Measuring Student Development* (New Direction for Institutional Research, no. 20). San Francisco: Jossey-Bass.

Higher Education Research Institute (1989). *Follow-Up Survey*. Los Angeles: University of California.

Jacobi, M., Astin, A. W. & Ayala, F., Jr. (1987). *College Student Outcomes Assessment: A Talent Development Perspective*. ASHE-ERIC Higher Education Report No. 7. Washington, DC: Association for the Study of Higher Education.

Kuh, G. D., Pace, C. R. & Vesper, N. (1997). The development of process indicators to estimate student gains associated with good practices in undergraduate education. *Research in Higher Education*, 38(4): 435—454.

Kuh, G. D., Hu, S. & Vesper, N. (2000). "They shall be known by what they do": An activities-based typology of college students. *Journal of College Student Development*, 41(2): 228—244.

Lenning, O. T. , Lee, Y. , Micek, S. , & Service, A. (1977). *A Structure for the Outcomes of Postsecondary Education*. Boulder, CO: National Center for Higher Education Management Systems.

Lenning, O. T. (1980). Needs as a basis for academic program planning. In R. Heydinger Ed. *Academic Planning for the 1980s* (New Direction for Institutional Research, no. 28). San Francisco: Jossey-Bass.

Mentkowski, M. & Doherty, A. (1983). *Careering after college: Establishing the validity of abilities learning in college for later careering and professional performance*. Final report to NIE. ED 252 144.

Moxley, L. S. (1999). Student affairs research and evaluation: An inside view. In Malaney, G. D. ed. *Student Affairs Research, Evaluation, and Assessment: Structures and Practice in an Era of Change* (New Direction for Student Services, no. 85). San Francisco: Jossey-Bass.

National Center for Education Statistics (1991). *Education Counts: An Indicator System to Monitor the Nation's Educational Health*. Washington, DC: U. S. Government Printing Office.

National Center for Higher Education Management Systems (1994). *A Preliminary Study of the Feasibility and Utility for National Policy of Instructional "Good Practice" Indicators in Undergraduate Education*. Boulder, CO: National Center for Higher Education Management Systems.

National Education Goals Panel (1992). *The National Education Goals Report: Building a Nation of Learners*. Washington, DC: U. S. Government Printing Office.

Pace, C. R. (1979). *Measuring the Outcomes of College*. San Francisco: Jossey-Bass.

Pace, C. R. (1985). *The Credibility of Student Self-Reports*. Los Angeles: University of California, The Center for the Study of Evaluation, Graduate School of Education.

Paker, C. & Schmidt, J. (1982). Effects of college experience. In H. Mitzel ed. *Encyclopedia of Educational Research* (5th ed.). New York: Free Press.

Pascarella, E. T. & Terenzini, P. T. (1991). *How College Affects Students: Findings and Insights from Twenty Years of Research*. San Francisco: Jossey-Bass.

Pike, G. R. (1995). The relationships between self reports of college experiences and achievement test scores. *Research in Higher Education*, 36: 1—22.

Upcraft, M. L. & Schuh, J. H. (1996). *Assessment in Student Affairs: A Guide for Practitioners*. San Francisco: Jossey-Bass.

案例D 大学生校区意识研究①

校区意识是美国高校学生工作中的一个重要却又难以把握的概念。大学希望学生们能够通过参与学校的学术和社会活动，形成对学校历史、传统以及校区的认同感、自豪感，并在毕业以后还能保持对母校的忠诚。在20世纪五六十年代之前，美国高等教育还没有实现从精英教育向大众教育的转型，因而，那时的大学校园里还带有"很多关于学生、学习和校园生活的浪漫情调"（Chickering & Kytle, 1999）。然而，近半个世纪以来，随着美国高校的发展和转型，大多数人发现过去的美好时光已一去不复返。在今天这样的信息时代，大学已不再专注于良好校园氛围的营造，而更多地迎合社会上很多人对进入某些职业或获得某些工作机会的需要，致力于培训与再培训大龄生和返校生，以此来扩大生源和增加经济收入。

大学教育使命的改变和教学范围的扩大使高等教育陷入了两难境地：一方面，大学要延续其"牛津""剑桥"式的教育理想，即在校园里培养强烈的校区意识，使学生在学业和生活两方面都得到健康发展；另一方面，学校还必须满足社会对于技术人才的需求，这就使得"培养全面发展的人"这一教育理想面临挑战。这种现象直接导致"校园里学术与社会生活的分离"（Boyer, 1986），并由此衍生出许多其他问题，比如，师生交往频率下降、种族隔离或种族关系紧张、学生酗酒、逃课等。一些大学校长将这些现象产生的原因归结为"校区意识的失落"（Boyer, 1990; Spitzberg, Jr. & Thorndike, 1992）。

针对这一普遍存在的问题，卡内基教学促进基金会（Carnegie Foundation for the Advancement of Teaching）于1990年出版了题为"校园生活：找回失落的校区"〔人们通常称之为"博耶报告"（Boyer,

---

① 原载：程星、周川主编（2003）.院校研究与美国高校管理.长沙：湖南人民出版社：167—184. 」卫东译，程星校。

1990)]的专门报告,呼吁将学术与学生事务结合起来,加强校区建设,营造学生积极参与的、将学术化与社会化融于一体的教育环境。

博耶报告中找回失落校区的呼吁与 G 大学本科生院加强校区建设的意图不谋而合。G 大学是位于纽约市的一所私立名牌大学。长期以来,该院校的教师、行政人员和学生一直在为建立一个良好的校园社区而努力。但是,很多人还是感觉到某种程度的"校区意识的失落"。对于这个问题,人们将它归罪于教授缺乏社会交往能力、学生学习压力太大、行政人员过于官僚主义等,甚至还有人怪罪到纽约这座城市。没人知道问题到底在哪里,也不知道该怎么办。年复一年,在学校行政部门组织的各种问卷调查中,尽管学生对于校园生活和服务等各方面的满意度持续提高,可学生校区意识水平这一项评价一直很低。这种显而易见的矛盾,加上人们对什么是大学的"校区意识"缺乏一致的认识,对 G 大学本科生院的管理人员提出了很多重要的问题:怎样界定校区意识这个概念?学生的校区意识究竟包括哪些因素?参与各种形式的课外与社会活动是否有助于增强学生的校区意识?更重要的是,管理者应该采取何种措施来建立一个有效的校园社区?

(一) 文献综述

要对校区意识这个概念作出界定,我们有必要对大学校园这个概念的历史变迁作一个回顾。直到大约半个世纪以前,大学校园这个概念很大程度上是与精英教育的环境联系在一起的。这样的环境主要是为 18～20 岁的白人青年专门创设的(Levine & Cureton, 1998)。今天,尽管这种精英化和单一化的校园环境在美国高校中已不多见,但是很多人仍然相信,要培养出全面发展的人才,大学里的学术生活和社交生活必须并重,两者缺一不可(Toma & Kezar, 1999)。梅克尔强(Meiklejohn,1969)将大学校园看作是以学习为导向而形成的志趣相投者们交往的一个场所、一个团体、一个同志式的社区。尤其是对于十八九岁的青年来说,他们上大学的目的不仅在于接受正规的学术教育,他们还渴望形成一种对大学的归属感。而这种归属感的失落,将导致他们辍学,或更糟糕的是,完全放弃接受高等教育的机会(Brazzell, 2001)。

劳伊德-琼斯(Lloyd-Jones，1989)是校园社区建设坚定的倡导者。她认为,校园社区的形成条件是将每个个体联系起来,分享共同的目标与体验。在这样的校区里,个体在约束自身行为的同时亦扩大了自己的自由度。在完成共同目标的过程中,校区成员之间相互支持,形成集体的自豪感,并使个体的或集体的能力得以增强。

博耶在他具有里程碑意义的著作《校园生活：找回失落的校区》(Boyer,1990)中进一步指出,在界定校园社区的时候必须把握六个特征。确切地说,每一所高校都应该努力成为一个以教学为中心的社区、开放的社区、公平的社区、有纪律约束的社区、注重人道关怀的社区和具有令人骄傲的历史与传统的社区。

以博耶的六个特征作为理论框架,我们可以从现有的校区研究文献中发现关于大学校区及学生校区意识的一些共同的主题。

首先,大学校园必须以教学为中心,并通过教授、学生和行政管理人员的全面合作来保证教与学两方都得到最大限度的发展(Borden & Gentemann, 1993; Kramer & Weiner, 1994; Williams, 1992)。其次,高校中的学习是在一定的社会背景中以组织行为的形式进行的,因此,校区的成员应清醒地认识到个人对于校区所承担的义务和职责(Hirt & Muffo, 1998; Sandeen, 1989)。再次,从社会、经济和教育等角度来看今天学生团体的构成,可以说建立一个多元化的校园环境势在必行,但多元化不能以丧失对个体的尊重为代价(Kramer & Weiner, 1994; Chahin, 1993; Suzuki, 1991; Terrell, 1992)。第四,高校应该将课外活动作为学生大学经历的重要组成部分,应有目的地组织学生参加各种各样的活动以提高校园生活的质量(Barr & Upcraft, 1989; Kuh, 1991, 1994)。最后,一所大学的校史及其精神遗产必须得到保护、尊重与弘扬,校方应鼓励举行各种类型的纪念活动以继承和光大学校的传统（Magolda, 2001; Schlossberg, 1989）。

这些共同的主题为进一步研究校园社区提供了一个更为丰富全面的概念框架。

(二) 研究的目的和方法

本研究项目旨在：① 对大学生活的各个方面进行调查,分析研学生对学校的设施、服务以及其他各方面的满意程度,并从中找出有利于学生校区意识形成的因素。② 通过对与校区相关问题的内在特征的分析,帮助学生事务管理人员理解和把握学生校区意识及其形成的方式。③ 对影响学生校区意识形成的相关因素,如个人特征、学业情况、社会背景等信息进行分析。本项研究的成果将不仅有利于我们对校区意识这个概念的深入理解,同时也有助于管理者更有效地进行校区建设,并使其决策的制定有据可依。

本研究所用的数据来自 G 大学本科生院一年一度的综合问卷调查,抽样范围包括全部在校的一、二、三年级学生。被试来自两个学院:文理学院和工程学院。一、二、三年级的学生总数为 3870 人,其中 1457 名学生接受调查,回复率达 38%。

调查问卷的设计意在帮助管理层了解本校大学生生活的如下情况:学生对于本校生活的独特经历和感受、对学校提供的服务和服务方式的满意度、对与校区相关的问题的感受与态度等。问卷特别设计了一系列有关校区的问题,试图帮助管理者对校区的概念有更好的把握,并搞清楚在 G 大学这个特定的校园中校区的含义究竟是什么,以及如何才能建立更好的校园社区。我们选取了博耶的关于理想校区的六原则作为校区建设问题的基本理论框架,并选择了杰诺思克(Janosik,1991)的校区量表作为问卷设计的参考。

以博耶(1990)和杰诺思克(1991)的研究成果为依据,我们针对学生校园生活的不同方面设计了 24 个问题。调查采用一种四点量表的形式,根据学生对问题的赞同程度,每一问题后设四个选项(从很不赞同到很赞同)。学生根据自己的情况选择与自己满意程度相符合的一项。另外,还有两个问题是关于学生宿舍的条目,学生要根据自己的情况从非常不满意到非常满意四个选项中选出相应的一项。作为因变量的问题是"我个人具有很强的校区意识",被试学生要从很不赞同、不赞同、赞同、很赞同四个选项中选出认为符合自己情况的一项。下列是问卷调查中关于校区问题的 26 个项目:

- 学生之间相互关怀
- 我感到作为个体,我是被尊重的

- 我感到作为社区一员,我是被认同的
- 教授关心学生
- 学校为促进不同文化团体间的交流所作的安排是有效的
- 住校有助于我加深对学校的了解
- 学院的历史传统对我的学生生活有重要意义
- 居住在校园,我感到孤独
- 我对学校宿舍的生活经验相当满意
- 学校宿舍里与他人交往的机会令人满意
- 不同文化团体的成员相互参与各自组织的活动
- 宿舍学生助理对校区意识的建立起积极作用
- 在学校我可以自由公开地表达自己的观念、思想和信念
- 我对课外活动的种类及其安排是满意的
- 师生积极参与教学活动
- 我可以在需要的时候从老师那里获得帮助
- 学校提供了与不同背景的人交往的机会
- 宿舍活动及其安排令人满意
- 学生对校园行为规范相当了解
- 有紧急情况我会向宿舍的工作人员求助
- 我为学校的历史和文化而自豪
- 我的朋友能够分享我的爱好和价值观
- 核心课程加深了我对人类文明的理解
- 我对教育质量整体上是满意的
- 在校期间,我经常感到有很大的压力
- 我一般只和来自与我同样文化背景的人交往

对调查数据的分析遵循三个步骤。第一,就学生对校园生活各个方面的反应作一个描述性的分析,以相关系数标明每一项目与因变量,即学生校区意识之间的联系。第二,为揭示影响校区意识形成的重要的潜在因素,对与校区相关的26项条目进行因素分析,采用基本成分最大方差循环分析法。在进行这项分析时,将因素负荷量设在大于或等于0.5,删除负荷量小于0.5的项目。以文献研究的结果作为

参考框架，对与学生校区意识相关的项目进行辨析，然后形成组合变量。最后通过对所有组合变量进行信度分析，从而确定所选项目的适合程度。

除了组合变量之外，我们可从其他影响学生校区意识的关键因素中抽出三组变量：第一组变量包括学生的个人情况，如性别、种族、家庭收入等；第二组变量包括与学生的学业有关的方面，如所属学院（文理学院或工程学院）、学生的年级（一年级、二年级、三年级）、学生的总体平均成绩（grade point average，或 GPA）所能代表的学业成就、学生对学术辅导中心的满意程度等；第三组变量主要包括学生对校园内 16 种学生团体或活动参与程度的自述。这些额外的独立变量是根据丁托（Tinto，1987）和阿斯汀（Astin，1984）的校园影响模式设定的。丁托认为学生必须从学习和社会交往两方面完全融入所在大学的校园环境，其大学生涯才能取得成功。阿斯汀则强调学生参与社团或其他活动的重要性以及这种参与对其身心发展所具有的决定性作用。此外，任何关于大学成果的研究都不能忽略学生的个人情况与背景对他们行为的影响（Antonio，2001）。

最后，用多元回归的方法，结合学生的群体特征、学习和社会交往方面的特点，总结出与校区意识相关的组合变量与学生的校区意识之间的联系。四组独立变量逐一被加入多元回归方程，以此观察各组变量对因变量的影响。

（三）研究结果

调查表明，大学生有足够的机会与来自不同背景的人交往（90%），大多数学生在需要的时候能够得到老师的帮助（89%），他们喜欢学校的课外活动（84%），亦喜欢学校宿舍的生活（83%）。用博耶的话来说，一所学院就是一个开放的社区，学生对这样的环境很满意，他们可以自由开放地表达他们的思想、观点和信念（85%）。

尽管大部分学生对教学质量感到满意，但只有三分之二的答卷人对在教学过程中师生间的互动感到满意（67%），同样，也只有三分之二的人认为教授真正关心学生。虽然大多数的学生喜欢住校生活（83%），但只有 42% 的答卷人认为宿舍工作人员对校区意识的形成起积极作用,54%的人对宿舍工作人员处理紧急事件的能力持信赖的态度。

只有30%的答卷人"特别赞同"或"赞同""我个人具有很强的校区意识"这一选项。在该学院中这是一个比较突出的问题,因此,很有必要对与校园生活相关的各个方面进行探讨,进而了解这些方面与学生校区意识之间的关系。

与学生校区意识的形成呈现最高相关系数的选项是学生之间的相互关心($r=0.46$),然而,仅有55%的答卷人认为该校园中学生们之间是相互关注的。其他与校区意识的形成有很高相关系数的选项还包括教授对于学生的关心($r=0.36$)、学生对自己作为个体被他人尊重的感受($r=0.43$),以及作为校区一员被他人接受的程度($r=0.38$)。

对学校中学生校区意识形成最为不利的因素是学生的孤独感($r=-0.31$),而有关促进不同文化背景的人或团体间交流的选项都与校区意识的形成呈现较高的相关指数,这就进一步证明在大学校园中开展活动并加强种族和文化间的交流对学生校区意识的形成具有重要的促进作用。

对与校区意识相关的26个项目进行因素分析的结果形成7个组合变量:① 教与学;② 住校生活的经验;③ 文化与种族社团间的交流;④ 友谊;⑤ 校史与传统;⑥ 孤独与压力;⑦ 跨文化的人际交往。因素负荷量低于0.5的8个项目被删除,包括有些与自变量呈现较高的相关系数的项目。除去"友谊"这一项之外,其他6个组合变量的信度指数均高于0.8。

这7个组合变量所提供的信息远远超过各个单项。它们不仅印证了博耶提出的校区意识所包含的内容,而且为学生事务管理者们设计校区建设项目提供了理论上的依据。

教和学的结合是博耶强调的第一个重要因素。博耶认为教和学是高校的中心活动,如果教授和学生不能做到教学相长,那么任何关于加强校区建设的谈论都是毫无意义的(Boyer,1990)。以教育为主要目的的社区至少应该涉及教师的教学、学生对教学质量的满意程度、师生之间的关系等方面。

在博耶的校区原则中,尽管没有专门谈论宿舍生活这一项,但是创造良好的宿舍生活环境无疑将影响学生对于大学的归属感。

文化与种族社团间的交流和跨文化的人际交往,代表了博耶关于公平社区的原则。在这里多元化的问题被进一步分成两个层次:第一,学校应该设法帮助不同文化和种族背景的社团和个人进行积极的交往;第二,作为个人也要努力与不同背景的同学建立联系。

友谊这一因素与多元化问题密切相关,可以认为它是上述文化与种族交往关系的补充和延伸。

历史和传统这一因素与博耶的具有令人骄傲的历史与传统的校区原则相符合。尽管有高达84%的答卷人承认他们为学校的历史和文化积淀感到自豪,但只有38%的人说传统礼仪在 G 大学生活中起重要作用。这看起来似乎相互矛盾,但恰恰从另一方面说明传统对于大学生所具有的重要性,以及该学院在这一方面的欠缺。

孤独与压力的因素从反面证明博耶关于校区的人文关怀原则,而人文关怀的欠缺对学生的校区意识具有极大的削弱作用。

多元回归分析的模型有四组。模型1只包括学生的个人情况,如性别、种族和家庭收入等。该模型表明,学生的这些个人背景对其校区意识的形成没有太大的影响,只是亚裔学生与其他种族的学生相比校区意识更强一些。

模型2在分析之中加入了另一个维度,即学生的学业特点。与自变量存在显著相关的三个变量分别是:亚裔、一年级新生、对学术辅导中心的满意程度。G 大学本科生院设立了学术辅导中心,为每个年级的学生提供学业上的咨询。辅导员与学生保持经常的交流,这样有助于维持同年级学生之间的联系,并促进学生与学校其他部门的联系。这种显著的正相关表明学术咨询机构的建立不辱使命。

模型3将16种学生活动或者团体合并起来研究,以此探明学生参与课外活动多大程度上能促进其校区意识的形成。该模型显示,学生参与课外组织和活动对其校区意识形成的影响并不如我们想象的那么大。而参加兄弟会、姊妹会等组织还会对校区意识产生负面影响。这听来似乎违反直觉,其实研究者早已对此提出过警告。两位研究者(Spitzberg & Thorndike,1992)在为博耶报告所作的跟踪研究中指出:"兄弟会、姊妹会等组织的存在对校区质量具有潜在的影响作用。"比如，他们在研究中发现："由于学生在兄弟会、姊妹会等活动中投入的时间大多，以至于他们不能有效地参与其他学生组织和活动。"(p. 82)这最终削弱了学生的校区意识。

由于7个组合变量的介入，R平方值有了极大的改善，这说明组合变量与自变量有很大的相关。这7个变量中有5个对学生校区意识的形成有显著的影响，这5个变量分别是：教与学、住校生活的经验、文化与种族社团间的交流、校史与传统、孤独与压力。

（四）总结与讨论

多少年来，G大学学生事务管理人员们一直可以感觉到学生校区意识的淡薄，但他们却不知道在学生心目中校区意识究竟意味着什么，当然也就无法在这方面有所作为。这种情况在当今美国大学里并不罕见。本项研究则试图通过问卷调查来收集数据，并以统计分析的方法来帮助学生事务管理人员们理解校区意识这一真实却又难以琢磨的现象，为他们提供一个新的视角。本项研究的结果可以为管理人员设计学生管理模式、重新分配资源、促进大学社区建设提供决策依据。

本研究从两个不同的却相互关联的层面上探讨校区问题。一方面，研究者对学生学习和生活的具体问题进行研究，因为这些方面与学生校区意识的形成有直接关系；另一方面，研究者又不能忽视学生的校园生活中的一些大的方向性的问题，因为管理者只有在对存在问题的宏观和微观方面都有了充分的认识和了解之后，才有可能制订出有效的计划和策略。

对涉及学生生活的26个项目的研究清楚地表明：学生的大学生活至少在四个方面与学生校区意识的形成直接相关。

第一，学生校区意识的强弱与他们在学校里感受到的关怀程度直接相关。整天疲于奔命的学生事务管理人员们也许会对此感到为难，因为对每个学生都给予关怀实在让他们心有余而力不足。但是，学生毕竟要在大学里生活四年，因此，校园对他们来说是否有家的感觉实在非常重要。

第二，学生作为个人得到尊重，作为校区的一员被他人所接受，这样的感觉直接影响学生的校区意识的形成。正如博耶所说,学生不愿意仅作为"花名册上的一个数字"而存在,他们希望自己的价值观和个性特点能够得到他人的尊重与认可,他们需要一种隶属于校区的归属感。

第三,高质量的课外活动和社交生活能促进校区意识的形成。学生的校区意识不能仅仅局限于以个人兴趣为中心、以私人友谊为纽带的狭隘的朋友圈子之中。只有通过有效的组织和安排给学生更多的参与社会活动的机会,才能使他们形成校区意识。

第四,影响学生校区意识形成的负面因素是孤独感。从另一个角度来看可以发现,校区意识的失落也许正是上述三个方面问题得不到解决所产生的直接结果。换言之,假如学生在学校生活中感到缺乏关怀、缺乏尊重和缺乏社会活动,那么他们就不可能有什么校区意识。

对这些问题的研究与分析对大学学生工作有指导意义。要建立一个关怀和尊重个人、使学生有归属感、拥有丰富社交生活的大学校园,学生事务管理人员有必要致力于以下四个方面的工作。

学生事务管理人员首先必须为建设一个以教学为中心的学习环境而作出努力。在这方面,尽管学生管理人员并不能直接介入教学过程,但他们可以通过组织各种活动或提供各种服务来改善学生的学习条件、促进师生之间的交流。其次是提高学生住校生活的质量,以此影响其校区意识的形成。本项研究表明,即便 G 大学位于纽约大都市,社会和文化生活极为丰富,学生依然需要在校园里建立一个同学之间能够进行文化、智力和社会性交往的生活环境。再次,在今天学生背景多元化的校园,校区意识并不仅仅意味着诸多学生团体简单的相安共存。学生事务管理人员必须有意识地组织各种活动,增进不同种族和文化背景的学生团体之间的交流与合作,以丰富大学的多元文化氛围。最后,大学的历史和文化传统对校区意识的形成至关重要。大学不仅要继承已有的历史文化传统,更重要的是,要设法创造新文化,并使良好的传统在更大的范围内发扬光大。

除了考虑与校区意识相关的组合变量之外,我们还应该考虑回归模型所揭示的其他因素的影响。比如大学新生的校区意识比高年级学生要强,这说明学校在促进新生积极参与学校生活方面所采取的措施是有效的,然而,研究同样表明随着年级的增高,学生的校区意识呈减弱趋势。因此,高年级学生管理者在校区建设的策划过程中对此应该予以更多的注意。

最后还有一个问题,就是学生参与各种形式的课外活动是不是一定就能形成校区意识呢? 回归模型 3 表明,除了参加校际体育比赛和一些社会组织活动之外,参加其他大多数学生团体和学生活动并不能帮助学生形成校区意识。更有甚者,参加兄弟会、姊妹会等组织还会对校区意识形成产生负面影响。要给学生活动与其校区意识形成之间的关系一个合理的解释,已经超出了本项研究的范围,但是进行这方面的研究无疑是很有必要的。

引 用 文 献

Antonio, A. L. (2001). The role of interracial interaction in the development of leadership skills and cultural knowledge and understanding. *Research in Higher Education*, 42(5), pp. 593—617.

Astin, A. (1985). *Achieving Educational Excellence: A Critical Assessment of Priorities and Practices in Higher Education*. San Francisco: Jossey-Bass.

Barr, M. J. & Upcraft, M. L. eds. (1989). *Designing Campus Activities to Foster a Sense of Community*. (New Direction for Student Services, no. 48). San Francisco: Jossey-Bass.

Borden, V. M. H. & Gentemann, K. (1993). Campus community and student priorities at a metropolitan university. Paper presented at the 33rd Annual Forum of the Association for Institutional Research, Chicago, IL. ERIC No. ED360920.

Boyer, E. (1987). *College: The Undergraduate Experience in America*. New York: Harper & Row.

Boyer, E. (1990). *Campus Life: In Search of Community*. A Special Report of The Carnegie Foundation for the Advancement of Teaching. Princeton, NJ: Princeton University Press.

Brazzell, J. C. (2001). A sense of belonging. *About Campus*, January-February, 31—32.

Brown, C. E., Brown, J. M., & Littleton, R. A. (2002). A lab without walls: A team approach to creating community. In W. M. McDonald and Associates ed.. *Creating Campus Community: In Search of Ernest Boyer's Legacy*. San Francisco: Jossey-Bass.

Chahin, J. (1993). Leadership, diversity and campus community. Paper presented at "Reinventing Community: Sustaining Improvement during Hard Times," National Conference of the American Association for Higher Education, Washington, DC, ERIC No. ED371690.

Chickering, A. W. & Kytle, J. (1999). The collegiate ideal in the twenty-first century. In Toma J. D. & Kezar, A. J. eds. *Reconceptualizing the Collegial Ideal*. (New Direction for Higher Education, no. 105). San Francisco: Jossey-Bass.

Hirt, J. B. & Muffo, J. A. (1998). Graduate students: Institutional climate and disciplinary cultures. In Bauer, K. ed. *Campus Climate: Understanding the critical Components of Today's Colleges and Universities*. (New Direction for Institutional Research, no. 98). San Francisco: Jossey-Bass.

Janosik, S. (1991). *The Campus Community Scale*. Blacksburg, VA: Virginia Tech.

Kramer, M. & Weiner, S. S. (1994). *Dialogues for Diversity: Community and Ethnicity on Campus*. The Project on Campus Community and Diversity of the Accrediting Commission for Senior Colleges and Universities of the Western Association of Schools and Colleges. Phoenix, AZ: Oryx Press.

Kuh, G. (1991). *Involving Colleges: Successful Approaches to Fostering Student Learning and Development outside Classroom*. San Francisco: Jossey-Bass.

Kuh, G. (1994). *Student Learning outside the Classroom: Transcending Artificial Boundaries*. ASHE-ERIC Higher Education Report No. 8. Washington, D. C.: ERIC Clearinghouse on Higher Education.

Levine, A. & Cureton, J. (1998). Collegiate life: An obituary. Change. *The Magazine of Higher Learning*, 30(3), pp. 12—17.

Lloyd-Jones, E. (1989). Forward. In M. J. Barr & M. L. Upcraft eds. *Designing Campus Activities to Foster a Sense of Community*. (New Direction for Student Services, no. 48). San Francisco: Jossey-Bass.

McDonald, W. M. and Associates. (2002). *Creating Campus Community: In Search of Ernest Boyer's Legacy*. San Francisco: Jossey-Bass.

Magolda, P. M. (2001). What our rituals tell us about community on campus: A look at the campus tour. *About Campus*, January-February, pp. 2—8.

Matthews, A. (1997). *Bright College Years: Inside the American Campus Today*. New York: Simon & Schuster.

Meiklejohn, A. (1969). *The liberal college. American Education: Its Men, Ideas and Institutions*. New York: Arno Press (Originally published in 1920).

Philpott, J. L. & Strange, C. (2003). "On the road to Cambridge": A case study of faculty and student affairs in collaboration. *The Journal of Higher Education*, 74 (1), pp. 77—95.

Sandeen, A. (1989). Freedom and control in campus activities: Who's in charge. In M. J. Barr & M. L. Upcraft eds. *Designing Campus Activities to Foster a Sense of Community*. (New Direction for Student Services, no. 48). San Francisco: Jossey-Bass.

Schlossberg, N. (1989). Marginality and mattering: Key issues in building community. In M. J. Barr & M. L. Upcraft eds. *Designing Campus Activities to Foster a Sense of Community*. (New Direction for Student Services, no. 48). San Francisco: Jossey-Bass.

Spitzberg, Jr. I. & Thorndike, V. V. (1992). *Creating Community on College Campuses*. Albany: State University of New York Press.

Suzuki, B. H. (1991). Unity with diversity: Easier said than done. *Liberal Education*, 77(1), pp. 30—34.

Terrell, M. C. ed. (1992). *Diversity, Disunity, and Campus Community*. Washington, DC: National Association of Student Personnel Administrators.

Tinto, V. (1987). *Leaving College: Rethinking the Causes and Cures of Student Attrition*. Chicago: University of Chicago Press.

Toma J. D. & Kezar, A. J. (1999). *Reconceptualizing the Collegial Ideal*. (New Direction for Higher Education, no. 105). San Francisco: Jossey-Bass.

Wiley, L. (2002). Review of Creating Campus Community: In Search of Ernest Boyer's Legacy by McDonald and Associates. *Teachers College Record*, 105(4).

Williams, S. S. (1992). The faculty response to campus climate issues. In Terrell, M. C. ed. *Diversity, Disunity, and Campus Community*. Washington, DC: National Association of Student Personnel Administrators.

第四章 自然状态下的研究
——质的研究

第一节 概 述

写下这个章节的题目后,犹豫良久,不知道将质的研究叫作自然状态下的研究是否合适。假如我们在进行质的研究时方才回归自然状态,那么量的研究岂不是一种非自然状态的研究?其实我还真不是这个意思。

如前所述,定量研究是对于简约化或曰数码化的追求。在定量研究中,我们将原来自然、自成一体的事物分解成为数不多的元素,然后把这些元素按照统计或数学的方法或规律进行重组,并在电脑里以另一种更加简约的方式构建这一事物。定量研究者收集用数量表示的资料或信息,对其进行数码化的处理、检验和分析,以极高的效率将研究转化为有意义的信息或结论。

正如任何其他事物一样,定量研究在以效率取胜的同时,也不可避免地牺牲了一些很重要的东西,那就是,信息的质量和对事物认识的深度。比如说,一个学校负责后勤的领导希望知道学生对学校食堂工作的意见和看法,并以此为据采取相应的改进措施。在这种情况下,最通常的方法就是进行问卷调查。在设计问卷时,研究者一般将学校食堂工作的"七宝楼台"拆成几个"碎片":饭堂开放的时间、服务人员的态度、饭菜的质量等等。回答问卷的人在一个李克特量表(Likert Scale)的五到七个选项中对所调查的项目加以评价。问卷收回后研究人员对各项指标进行统计分析,算出平均值。

问题在于,当研究人员给后勤部门的领导进行汇报时,他们手中掌握的各项平均值并没有给他们太多加以阐释的余地。在一个从"很不满意"到"很满意"的五项李克特量表上,服务态度3.5的平均值意味着什么呢?学生究竟是满意还是不满意呢?校方是否有必要采取任何改进措施呢?显然,研究者无法根据他们运用定量研究得到的数据来回答这些领导们最关心的问题。这时,他们需要而且必须做的一件事就是运用质的研究方法对定量研究结果加以跟踪研究。

质的研究是研究者在自然情境下,通过对研究对象进行观察或访谈,收集非定量性质的数据,对研究现象进行深入的了解,从而对其行为及其意义获得一种深刻、感性的理解。

还是以学校食堂为例。假如研究人员在对问卷分析后发现,对于食堂的饭菜质量这一选项,学生在从"很不满意"到"很满意"的五项李克特量表上打了4.6的平均分,那么食堂领导应当可以比较放心地认为,他们的饭菜质量大概没有什么问题,学生是非常满意的。但是,对于服务态度3.5的平均值,研究人员就有必要做进一步研究了。他们应当运用质的研究方法,设计个别访谈或小组访谈方案,通过对学生进行访谈,了解他们究竟对食堂工作人员有些什么看法,或是哪一方面的服务让他们感到不舒服。换言之,他们的研究在这一阶段的任务是寻求定量研究结果背后所包含的意义。

其实,关于定量研究和质的研究孰优孰劣的问题虽然在研究圈子里难以形成定论,但我们只要将这个争论放到日常的管理和生活实际中,就不难看出两者实在是缺一不可。当然,社会科学研究中有很多项目是不含功利目的的,研究者的唯一目的是获取一种知识或建构一种理论。但是,在高等教育管理研究中,研究者不能不带着问题进行研究,其主要目的是用研究成果来指导管理实践或解决管理中的问题。在从事这样的研究时,研究者既需要具有宏观视角,又不能离开微观观察。获取宏观视角的最佳方式是定量研究,而进行微观观察的有效途径是质的研究。一般说来,在定量研究和质的研究之间进行取舍时,研究者首先需要关注的是研究的目的,而研究手段是为研究目的服务的。质的研究当然可以独立地成为一项研究的唯一方法,但在高等教育管理研究中,假如研究者能够将质的研究与定量研究结合使用,我相信其一定可以得到更好的研究效果。

不可否认,质的研究作为一种研究方法常常受到人们的诟病,其结果的科学性亦不断受到质疑。原因之一是研究者与研究对象之间的近距离接触。在定量研究中,运用问卷调查收集数据时研究者无须与被研究者有任何接触,因而也不会对后者的答卷产生任何影响。质的研究就不同了。虽然非接触性的观察也是一种收集数据的方法,但在高教研究中这样的方法几乎很难实行。即使研究者到课堂上进行完全不参与式的观察,但他们的在场本身就会对被观察者产生影响,从而改变后者的行为。在个别或小组访谈时,访谈者的身份、谈吐、着装、修养、遣词造句等,无时不在对被访谈者产生作用。颇具讽刺性的是,质的研究本来是以"自然"情景下的研究为招牌的,但由于研究者和被研究者之间的近距离接触,他们之间的关系反而变得最不自然。

这里就涉及质的研究者本身的素质和技巧了。正如定量研究者必须具有深厚的统计学基础,质的研究者必须懂得如何设计研究场景,使得被研究者能畅所欲言,不至于因其他人的在场而受到影响。而场景设计还必须根据研究的目的和需要来定。假如研究的题目具有一定的隐私性,研究者就一定不能作小组访谈,而必须采取个别访谈的形式。但是,假如研究者对被访谈者所陈述的事件需要加以核实,那么小组访谈则是一种比较有利的形式,因为有他人在场,被访谈者当面撒谎的可能性就大大降低,而且小组成员之间相互佐证亦成为可能。

然而,小组成员之间的互动其实是一把双刃之剑。它虽能防止伪证,但亦能造成小组观点一边倒的现象。这时研究者的技巧便成为保证数据质量的关键所在。

记得学校招生办公室曾邀请我作一个小组访谈,参与者是大学新生的家长们。访谈举行时距离他们的孩子入学已经快两个月了,所以家长们来到学校参加访谈时都带着很多从他们的孩子那里得到的关于学校各方面情况的信息。我的小组访谈的目的是了解家长们对大学招生过程的看法。但是,我的引言尚未结束,一位家长就迫不及待地发言了。她的女儿入学伊始的经历显然不太顺利,主要是因为她想选的课程已经满员。这种出师不利的感觉,再加上对于大学新环境的不适应,使得这对母女之间两个月来的电话交流中充满了对学校的怨气。因此,有了这么一个发泄的机会,爱女心切的母亲当然不会放弃。她的发言与我的招生主题毫不相干,而且由于她发言时那烈火碰到干柴般的表情,使得我的访谈大有就此搁浅的可能。最糟糕的是,由于她带有情绪的发言,在座的其他家长也受到了感染,于是他们对学校的所有负面情绪都被点燃了。这时的访谈已经变成了对学校各方面工作的大批判,似乎无人能在这样的时候力挽狂澜。

这时,我几次干预话题的企图已经以失败告终。于是我将注意力转向一位一直没有插话的父亲,他成了我的最后一根救命稻草。在我眼光的鼓励下,他终于站起来,清咳一声后发问道:"你们在座的各位能不能想一想,你们的孩子在入学后的两个月里,到底过得怎样?很好,还好,还是很不好?很好的请举手。"群情激奋的家长们突然安静下来。大家相视良久,终于有一位家长举起了手,其他家长在犹豫了一下后也纷纷举手。最后,那位率先发难的母亲居然也有点不情愿地举起了手。看到大家举手,这位父亲又问道:"既然我们的孩子都过得很好,那么我们作为父母为什么这么不高兴呢?"一言既出,所有在场的人都恍然大悟似的直点头。有一位家长跟进道:"其实我也不是不高兴。我只是没有想到大家会有那么多的意见,让我怀疑起来,生怕我的孩子报喜不报忧。"至此我才终于得以将话题扭回到招生上,其后的讨论再也没有被任何一边倒的情绪所淹没。

事后想来,我不由得有点后怕。假如没有那位理智的父亲,我的小组访谈将如何收场？事实上,质的研究和定量研究的项目一样,有时会因为数据的质量问题而夭折。在统计分析中,假如研究者不能得到那个小于 0.05 的 p 值,在小组访谈中,假如研究者遭遇偏题以至跑题,这两种情况的出现都只有一个结果,即研究宣告失败。只是质的研究失败的概率会更高一些,因为研究者在事前做再多的功课都可能无法应对像我碰到的那类突发事件。研究者除了其本人具有的素质和技巧以外,他还需要一点运气。

假如质的研究在收集数据时需要一点运气的话,那么在分析数据时则需要很多的耐心。目前市面上有不少电脑软件(比如,NVivo,Atlas.ti,SPSS Text Analysis for Surveys,等等)可以帮助研究者对定性数据进行分析。分析的过程在不同的软件包中各不相同,但其背后的原理大致可以概括成下列几个步骤：

- 研究者首先必须对访谈记录或其他定性数据进行认真的研读,并对其中重要的、反复呈现的主题进行编码。这是一个任何机器都无法取代的过程。
- 研究者在确定了重要主题及其编码后,利用分析软件的搜索功能对主题和编码进行收集和编排。
- 研究者在利用机器对主题及与此相关的编码进行处理之后,对于数据进行再思考,以求从中找到某些带有规律性的东西。[①]

由此可见,利用电脑软件进行定性数据分析,其实是"人→机器→人"这样一个过程,而人,即研究者,在这个过程中的决定性作用不言而喻。但是,在习惯了定量研究客观、中立的科学研究方法之后,在习惯了将人的参与降到最低限度的实验室式的环境后,特别是在数码化的表达方式早已为社会普遍接受之后,人们会对质的研究中研究者所扮演的角色感到很不舒服。假如研究者的个人因

---

① Cheng, D. X. (2004). The focus group method. In Chen, S. Research Methods: Step by Step. Dubuque, IA: Kendall/Hunt Publishing Company.

素起到如此巨大的作用,那么其研究产品的"科学性"又有谁来监督、保证呢?

这种心理因素也影响到那些制作、推销定性分析软件的商家,使得后者在介绍和营销他们的产品时常常不自觉地夸张这些软件自动处理数据的功能,似乎研究者可以像使用 SPSS 统计软件那样,在将数据读进电脑后便完全放手让机器来"客观"地处理文字数据。事实上,这种为促销而进行的宣传其效果适得其反。除了个别急于求成的研究生和忙于发表研究成果的助理教授们以外,真正的质的研究专家们无不对此感到紧张:难道他们通过"劳力密集"的方式辛辛苦苦得到的数据,能够轻易地在电脑键盘上经过几个回合的操作就魔术般地变成"科研成果"?更糟糕的是,这种来自专家的对于机器的不信任感,一不小心就演变成对于质的研究方法的不信任。

在实际的质的研究中,对定性数据的处理更为通常的做法其实还是"整体性分析"(holistic analysis),即研究人员借助电脑软件对文字数据进行一定程度的整理和归类,但将更多的时间花在对数据背后的意义进行消化和阐释上面。这种数据处理方法的优点在于"有理有据",既有理性思考,又有数据支撑。缺点是,作者的诚信水平容易受到挑战,特别是在当前这个诚信意识常常受到质疑的社会环境下。

在此我忍不住想插几句题外话。上述对于定性数据的两种不同处理方式——机械性的和整体性的——的描述让我联想到我所经历过的美国大学的两种招生方式。起初我在美国一所非常优秀的公立大学工作。在美国,公立大学虽然也追求学术上的辉煌,但因为它们的办学经费来自州政府,所以它们有义务为本州的纳税人服务。因此,州立大学在招生时除了以各种方式吸引最优秀的高中生以外,还必须完成州里的任务,即录取州内应届高中毕业生中一定百分比的学生。我的工作之一便是将这些有意于入读本校的学生按高考和高中平均成绩进行排列,录取上面最好的,剔除下面最差的,然后将中间可上可下的一批学生名单送到招生办,让他们根据申请材料进行挑选。这是在电脑辅助下进行的招生录取。后来我去了另一所私立的名牌高校,还是常常要和招生办打交道,但是原来公立高校的那一套做法行不通了。私立大学不受任何政府机构的限制,因此他们可以自立招生标准。在这里,招生办必须对每一份考生的材料进行"整体性"阅读,而且招生人员对考生的录取不一定非要以高考或平时成绩为依据。这样的招生方法使得学校不必因为一个学生的成绩而决定录取或不录取,而是可以从申请材料中筛选那些有特点、有特殊才能的学生。但问题在于,由于没有"客观"的电脑程序作为辩护,我们每年发榜后都会遭遇很多的抱怨和质疑,往往是那些成绩很好的学生及其家长问我们为什么孩子同班的那位成绩较差的学生反而被我们录取了。不难想象,我们关于"整体性"阅读和录取的解释对于那些火气冲天的家长和学生们基本没有什么效果。

招生方法和定性数据分析之间的类似之处不言而喻:机械 vs 整体;客观 vs 主观。孰优孰劣,却难以一言蔽之。当然,不必将小小的学术问题和建设诚信社会这样的大事相提并论,但是,偶尔大题小做,不也是一种有益的换位思考?

第二节 案例点评

质的研究种类繁多。一般教科书将质的研究分为两大类:一类是以理解和阐释为目的的研究,包括民族志学的(ethnographic)、现象学的(phenomenological)、扎根理论的(grounded theory)、诠释学的(hermeneutics)等诸多不同的质的研究方法;另一类是以批评理论为依据对社会现存权力进行理解和批评的研究,包括女权主义的(feminist)、马克思主义的(Marxist)、解构主义的(deconstruction)、后现代主义的(postmodernism)等各种研究角度。第一类质的研究使用较多的数据收集方法是观察、访谈、文献分析等,而后者使用较多的是通过对大众文化传媒的检视或公众行为的记录来取得对社会力量的评判。从目前国内对于质的研究的介绍和运用来看,大多数质的研究被界定在一个比较狭窄的范围之内,即运用观察、访谈等手段收集非数量化的数据,并运用民族志学等传统的方法进行阐释性的分析。这种比较狭窄的质的研究定义虽然在国外社会科学领域里也是运用最为广泛的,但我们千万不能只认这样的研究为质的研究,而忽略了还有很多其他研究也属于质的研究的范畴,尤其是那些层出不穷、标新立异的女权主义等等的质的研究。

还需要将新闻报道和历史研究与质的研究之间的关系略作梳理。新闻报道和质的研究有时难以区分,因为二者都以记录事件为目的,而且作者都以客观公正作为职业守则。但是,与从事质的研究的社会科学研究者相比,新闻工作者往往重描述而轻分析、重事实而轻理论、赶时间而欠核实。特别是对于"新闻性"(newsworthiness)和"及时性"的追求,使得记者不可能花很多工夫对一个事件作全方位的调查和分析。

很多教科书不将历史研究纳入质的研究,实在有欠公允。和一般质的研究一样,历史研究也强调事件的"上下文"(context)并研究人类经验或经历的"整体性";历史研究也是在自然的而不是实验的或理论的条件下对现象进行研究。二者的区别在于,质的研究并不都是历史的,尽管历史的研究往往有赖于质的研究方法。

案例 E 的数据收集方法是从事质的研究的人最常用的所谓焦点小组访谈法或小组访谈法(focus group)。这种方法起源于精神病医生所用的群体疗法,其主要特点是研究者借助小组参与者之间的互动来引导、刺激对某一个问题的思考,并发表看法和意见。一般小组由 8~12 人组成,在一名主持人的引导下就其事先准备好的问题对某一主题或观念进行充分和详尽的讨论。与个别访谈相比,焦点小组中每一个人的发言都会对其他人的想法及其发言产生影响,而这种相互作用会比同样数量的人作单独陈述产生更多的信息。但群体访谈的缺点在于,被访谈者不容易在小组面前透露任何带有私密性的信息,参与者也不太会过于坚持自己的观点。

这个案例的起因是一位学生会主席的抱怨,他说学校给家境贫寒的学生资助不足,使得后者不得不在学校勤工俭学,这不仅影响他们对课外活动的参与,而且让他们在同学中感到低人一等。这样的情况也许换了任何其他学校都不会引起大惊小怪,因为这类牢骚在我们和学生的日常接触中司空见惯,而且其真实性几乎毋庸置疑。但是,这次这通牢骚出现的时间和背景却不同寻常。当时美国的私立名牌大学因其学费飞涨正在受到社会的质疑,人们纷纷指责这些学校在贵族化的道路上越走越远,而贫困却有才华的学生越来越上不起名牌大学。为了应对社会的批评,普林斯顿首先宣布将低收入家庭学生资助项目中的"自助"部分(包括贷款)完全由学校提供的助学金来取代。这项措施的发布给其他大学带来巨大的压力,因为大多数学校尽管很想资助贫困生,但财政状况决定了他们实在是爱莫能助。但是,涉世不深的学生们却无法理解学校的困境,特别是那些需要通过勤工俭学来维持学业的学生,更容易把怨气发到学校管理人员身上,认为他们缺乏同情心。

但是有趣的是,几乎所有的学校行政办公室都有一些勤工俭学的学生,他们的工作报酬其实就是学生自助项目中的一部分。好奇的学生事务管理人员在听到学生会主席的抱怨之后便向那些在自己办公室工作的学生们作了非正式的调查,结果恰恰相反。很多有工作的学生不仅没有怨言,而且还非常感激学校给他们工作的机会,因为在工作中他们学到了平时在课堂上难以学到的很多技能,还为他们今后迈入职场作了一些基本的准备。

面对这两种截然不同的意见,学校领导陷入两难:今后的学生资助政策究竟应该跟着普林斯顿走,减少甚至取消学生的"自助"项目呢,还是坚持让贫困生通过打工来"自助"?分管学生事务的院长希望我能够运用比较"科学"的方法来对学生的勤工俭学经验做些调查,并在研究中尽可能减少情绪化的因素。于是便有了这个案例。

既然要求研究具有"科学"性,那么为什么我没有设计一个定量研究,通过问卷来收集数据呢?这里有一个考虑。我的研究对象是家境相对贫寒的学生。贫寒的家境对于有些学生来说也许是一种骄傲,因为他们通过自身的努力进入了他们那些出身富家的同学都未必能考取的大学,但是,更多来自贫寒家庭的学生并不希望别人知道他们家里的境况。假如我们做抽样调查,收到问卷的必然是家境贫寒的学生,其他同学很快就会知道被调查人收到问卷的原因。而焦点小组访谈却不存在这样的问题。研究者可以有针对性地找他们想找的对象(informant)并私下个别邀请,这样既能保护被邀请人的隐私,又能根据自己掌握的情况找到能发言、有代表性的对象。

行文至此,诸位看官也许会觉得我是否有点自作多情。其实,在质的研究中,由于研究者与研究对象之间直接、私密的关系,研究者怎么多虑都不会过分。假如您觉得我在这里未免有点想得太多的话,那么我还做过学校同性恋学生的小组访谈,试想,即使你有一个非常"科学"的问卷,你如何能够进行抽样,将问卷送到被调查者手中?

还需要提醒一句的是,进行小组访谈的研究者最怕碰到的就是那些接受邀请参加会议却只是笑眯眯地坐着听别人说话的人。这样的人占了访谈小组宝贵的席位却不能对访谈有所贡献,这对于研究者来说是资源上极大的浪费。所以,如果定量研究需要研究者与被研究者保持距离的话,那么质的研究有时还需要研究者对被研究者有所了解,才能保证研究的成功。

在我所做过的学生事务研究中,这是我给自己打分较高的一个案例。首先我的选题非常独到。大学生勤工俭学在古今中外并不鲜见,但大多数的研究将这一现象看作是学生为改善其经济状况所作的努力,很少有人将勤工俭学作为大学生就学经验的一个组成部分来加以考察。其次,大多数对勤工俭学的研究在做减法,即将工作时间从学生的学习和课外活动中减去,而不是做加法,即将学生的工作经验加到其学业和社会交往等其他方面的收获中去。最有意义的是,上述两点在我开始这项研究时根本就不在我的思考范围之内。因为我的研究的起因是为应对学生管理过程中出现的问题,因此,项目"开工"时我作为研究者完全不带任何先入之见,在研究设计上也选择了通过开放式的访谈收集定性数据这一方法。面对这样的情形,选择扎根理论的方法作为研究框架是再合适不过的了,因为这个方法特别适用于那些新兴的、尚未成熟的研究领域内尚未得到深入研究的课题,或是即使有研究也还没有发展到理论高度的课题。

这个研究的另一个精彩之处是作者有新的、意外的发现。在日常学生事务管理中,虽然我们时时都在研究学生的思想、行为和大学经验对学生成长的影响,但真正的尤里卡时刻(Eureka!:我发现了!)并不多见。这样的发现是可遇而不可求的。在大多数研究中,研究者更多的是通过研究来求证他们一些早先的猜想。但是,我关于勤工俭学的小组访谈居然给了我这样一个难得的尤里卡时刻。小组访谈从学生勤工俭学的经验开始,话题却逐渐转向这些经验背后的意义。如果研究者事前通过文献检索已经对勤工俭学的意义有所发现,那么在访谈过程中将话题朝这个方向引导还是可能的。然而,我们在文献检索时根本就没有发现其他学者在这个方面做过任何阐述,而且话题的转变完全是由访谈的参与者们自己完成的,这就让研究者在分析数据时得到这样意外的收获变得更加激动人心。

关于勤工俭学在学生大学生涯中的意义的寻求,我在案例中作了详细的描述,在此就不再赘述了。需要加以补充的是寻求这种意义的意义。当前高等教育领域中一个世界性的问题是大学毕业生的就业问题。这个问题有许多不同的层次。在较浅的层面上,我们面对的是在全球性经济衰退形势下大学生就业难的问题;在较深的一个层面上,我们面对的是大学的专业设置、大学生专业对口等技术性问题;但在更深的一个层面上,我们需要深刻反省的是,我们的大学究竟想要培养什么样的人才?如何培养?我们想给学生一些技能呢,还是一些修养,或是什么更加高深莫测的东西?对于这些问题的思索导致了近年来美国大学研究界对于整体大学经验(college experience)的重视和研究。比如乔治·库(George Kuh)在他的研究中就已经开始将学生大学期间从事的各种活动,包括非学术性的课外活动,当成学生成长过程中的重要经验来对待。他在一篇文章中甚至提到勤工俭学也是课外活动的一个组成部分,[①]尽管他在此问题上没有作过任何实证性的搜证,因而这个命题在他

---

① Kuh, G. D., Schuh, J. H., Whitt, E. J., Andreas, R. E., Lyons, J. W., Strange, C. C., Krehbiel, L. E. & MacKay, K. A. (1991). *Involving Colleges: Encouraging Student Learning and Personal Development through Out-of-Class Experiences*. San Francisco: Jossey-Bass.

那里只是一个天才的猜想。而我的这项研究应当是对这个命题不多见的实证证明之一。

　　回过头来谈勤工俭学的意义，我们可以看到，假如勤工俭学对于学生发展的意义可以从理论上得到证实，那么它对我们大学本科教育及政策制定就具有了指导性的意义。我们过去之所以努力地在教学质量方面下功夫、在学生的课外活动方面下功夫，那是因为我们相信这些功夫值得下，它们直接导致大学生的学术和社会活动能力的提高。但是，假如大学除了培养学生学术和社会活动能力以外，还肩负着为学生就业打开大门的任务的话，那么，我们在大学生活设计上就再也不能忽视勤工俭学的作用了。我在这项研究中收集的质的数据至少从学生的角度证明了勤工俭学在提高大学生的职场意识、竞争意识、交际能力、就业准备以及未来生涯规划等方面都具有积极作用，而这些意识和技能恰恰是目前一般大学的学术课程和课外活动所难以提供的。未来的高等教育政策是否应当向职场教育倾斜，如何倾斜，倾斜到一个什么地步，这一系列的问题实在需要高教管理和政策研究人员花大力气去做进一步的调查研究。从这个角度看，我的这个案例的价值的确不算太小。

　　案例 F 是作者运用历史研究方法对当今大学面临的另一个重要问题所做的探索。20 世纪 90 年代初，国内许多大学开始反思中国大学高度专业化的倾向以及由此带来的学生知识面过窄的问题。于是乎，关于通识教育、博雅教育、素质教育、文理教育等的讨论或介绍如雨后春笋般出现在教育研究杂志上，并逐渐漫溢到各种大众媒体。讨论的焦点不外乎是大学生是否应当扩大知识面、如何扩大知识面，以及国外大学如何进行专业教育之外的非专业教育等。经过十年的介绍和讨论，今天的大学管理者们似乎已经达成某种共识，大学的确不能光是教学生一门专业技能，因为那样的教育高职高专类的大学不但能够担当，而且较之综合性大学做得一点不差甚至更好。这就对许多综合性大学的管理者提出了一个严峻的问题：大学究竟应当实行什么样的通识教育？

　　说来有趣，近年来我常常应邀到国内一些大学去做讲座，因而老有机会和大学的院校级领导共进晚餐，并且还鲜有买单的机会。

可能是在国外待久了,吃了别人的饭总觉得有点愧疚,于是乎就带着自己的那本小书《细读美国大学》送给主人,好歹买个心安。有一回一个名牌大学的校级领导请客,拿着我的小书认认真真地对我说:"程老师啊,我还真不想和你客气。要说对美国大学的了解,我应当比你深得多。"我还从来没有碰到过这么直率的性情中人,不由得兴趣大涨,连忙答道,当然当然,愿闻其详。他随之将近年来在国外、特别是美国大学学习考察的旅程表给我细细道来。真是不问不知道,一问吓一跳:近年来随着国内经济的发展,大学的资源也丰富起来。我在国外大学工作多年,还从来没有听说过学校掏钱让管理人员专门出国考察这等好事,可这位仁兄光是一个访美的行程就把东西海岸最著名的大学一网打尽,而且这样的行程他个人就已经有过不下五六次。我在美国由于工作关系也算去过不少大学,但他去过的大学名单上绝大多数之于我只是"如雷贯耳"而已。我问他:"哪一所大学待得最久?大概多久?"答曰:"最多三天吧。"在接下来的两个多小时内,宾主尽欢,特别是主人将他从国外大学学到的东西如何在本校贯彻执行的故事讲了不少,让客方大开眼界,直呼过瘾。

过完瘾后,我不由得有点惶恐。且不说国外大学是否这么值得学习,即使值得的话,那么容易学吗?回到通识教育的话题,姑且不论国外大学文理学院的传统有多么源远流长,光是通识教育,以哥伦比亚大学的核心课程为滥觞,就快一百年了。本人在哥大的本科生院待了十年,都不敢对人宣称已经悟出个中三昧,何况那些匆匆而过的访客?访了,回国发几篇文章谈谈感想,也就得了。身为领导,大权在握,要根据自己的"亲身经历"来"身体力行",难道不让人捏把冷汗?

当然了,没有哪个领导会仅凭道听途说就在本校实行那么大的改革的。实际上,近年来国内有一大批学者致力于追踪、介绍美国大学管理的最新成果。可以这样说,美国关于大学管理的任何一本新书问世,不到三个月国内就有中文译本,所以国内学界对于美国大学的新动向可以说是了如指掌。光是通识教育,所谓的"哈佛模式"和"斯坦福模式",起码对于大学管理圈子里的人来说是耳熟能详的。但是不知为什么,也许国内对于通识教育的讨论是从扩大知识面开始的,所以后来大家的关注点也一直没有离开过这个问题。结果是,人们在设计中国大学的通识教育课程时将很大的精力放到了学什么的问题上,而居然将如何学的问题丢到了脑后。

于是在写作这个案例时,我选择了历史研究的方法。我的考虑是,人们对通识教育这个问题已经谈了很多,而且国内大学早就动手开始做这件事,并且积累了不少的经验,在这种情况下,我再横插一杠子,偏说别人不对,会显得很滑稽。再说了,我哪怕有再好的观点,又能给第一线的大学管理者们提供什么帮助呢?他们只有两个选择:或者觉得我说得有道理,但责问我为什么不早说;或者觉得我完全不明白中国的国情,挟洋自重。而历史研究的好处在于,对于那些希望根据自己的实际情况来设计通识教育的管理者来说,没有什么比将事情的来龙去脉给他讲清楚更重要的了。于是我选择了哥大的通识教育作为看点,不仅因为这是美国最早的通识教育项目,而且因为至今它仍是美国大学通识教育中最为严谨的。运用历史研究的方法,研究者可以在选择历史材料和数据的时候,尽可能地躲在幕后,不在展示史料时随意掺进自己的偏见,而是努力帮助现代人理解某一历史事件形成的大背景(context)以及在今天重造这段历史的可能性与局限性。其实,作为质的研究方法,历史研究还是给研究者留下了一定的个人空间的,即研究者在客观呈现了历史原貌之后,可以将现实与历史进行比较,使得今天的决策者在制定新的政策时有可能保持一种历史的纵深感。

在这个案例中,这种纵深感就是在对哥大模式和哈佛、斯坦福模式的比较中得来的。其实哥大的核心课程在几十年的演变过程中亦不可能离开那个最为关键的问题,即学什么的问题。但是,哥大核心课程的小班讨论形式却在年深日久、不知不觉之中成为其通识教育的品牌。这种品牌的形成虽然对学生思考和参与能力的提高非常有效,但随着高等教育从精英化向大众化的演变,坚持这一品牌的代价也变得十分昂贵,非一般大学所能承受。在这里,历史研究的结论与其说是在帮助决策者如何行事,不如说是给他们决策时增加了一层担忧,使得他们的决策变得更加不轻松。据我所知,哥大每年不知要接待多少来自国内的教育代表团,因为到了纽约不到哥大校园一游几乎有点到了北京而不游故宫的感觉,但我不知道对于哥大名牌背后的某些教育问题作如此深层的考究,有多少人能在三天以内的访问中做到。这是题外话。

回到今天国内大学通识教育项目的设计上。我们应该向美国大学学习什么?首先,中国大学之所以在20世纪90年代突然掀起一股通识教育热,其动因原是对多少年来中国大学追随苏联专业学院道路的一种反动。这种动机和1919年哥大开始推行核心课程其实异曲同工。当时的美国奉行孤立主义的外交政策多年,以至大众对世界上的事情知之甚少。直到美军进入欧洲参加第一次世界大战,他们才开始意识到自己的无知及其后果。因此,哥大教授在为美军开设"战争问题"的课程时,带着一种责任感,即帮助大学生了解当代文明的冲突及其历史背景。反观中国,在闭关锁国多年之后终于打开国门面向世界。恢复高考后的头十年,大学忙于拨乱反正,但到了20世纪90年代初,随着最初的毕业生逐渐进入社会,他们知识结构中的先天不足开始暴露出来。从这个角度来看,通识教育首先需要解决的问题是学什么或教什么的问题,而从美国大学多年来围绕这个问题展开的争论中我们几乎可以肯定,这样的争论在中国还刚刚开始,未来要走的路还长得很。

其次,这个案例还给我们那些热衷于介绍、翻译或阐释美国通识教育经验的人们提了一个醒:通识教育教什么的问题固然重要,但怎么教的问题也许更加难以对付,连美国的大学自己都常常在这个问题上犯迷糊。而这个问题的重要性在今天的后工业化或信息化的时代尤其突出。

最近为了准备一个发言我搜索了几个网站,发现一些很有意思的数据。比如说,今天的知识更新速度之快是怎样一个概念呢?一个星期的《纽约时报》所包含的信息量已经远远超过18世纪一个人在一生中所能够接触到的信息。再如,今天这个世界上每天有3000本书出版。再如,在今天的高科技时代,新的科技信息层出不穷,按照现在的速度,每两年翻一番。我这番搜索的结果说明什么问题呢?今天的大学,规模巨大,耗资无数。但是,无论老师教得多么辛苦,学生学得多么辛苦,结果如何呢?今年入学的学生所学的专业知识,到毕业的时候可能已经过时。想来令人心寒。但是另一方面的问题是,我们掌管这么大的一份产业,知识更新速度又这么快,我们的大学究竟需要培养一些什么样的人才呢?这些问题非常现实地摆在我们面前,不讨论已经不行了。古人云,温故而知新。历史研究的重要性,无须赘言。

案例E　勤工俭学对大学就学经历的影响①

大学生在校期间勤工俭学是否会对他们的大学就学经验产生负面影响?这个问题一直困扰着美国大学的管理人员。有研究表明,"学生花在工作上的时间越多,他们参与学术和社交的时间就越少"(Fjortoft,1995)。特别是近年来随着大学生参加勤工俭学的比例日增,这样的研究结果尤其使人感到不安。统计显示,从1959年到1986年,美国在校大学生工作的比例已经从45%上升到56%(Stern & Nakata,1991)。洛杉矶加州大学主持的全国新生问卷调查问刚入学的新生是否打算在校期间勤工俭学,肯定回答的比例多年来一直在50%上下徘徊。甚至在顶尖的私立名校中每年都有近40%的新生说他们必须靠工作所得来帮助支付昂贵的学费(Sax,Lindholm,Astin,Korn,& Mahoney,2001)。过去20年间美国高校问责制的实施,加深了公众对大学教育成效的重视,而勤工俭学是否影响学生的大学生活自然让人倍加关切。

以往对大学生勤工俭学所做的研究大多集中在一些可量化的学术指标上,比如比较工作和不工作这两组学生之间在平均积分点、持续注册率、毕业率等指标上是否存在统计上的重要差别。一位研究者在对3所大学408名一年级药学专业学生的研究中发现,工作和不工作的两组学生在学习成绩上完全没有差别,并由此得出结论说:"在校期间勤工俭学对学生的学业不存在任何负面影响。"(Fjortoft,1995,8)哈佛大学的莱特教授花了10年时间在全

---

① 原载:程星、周川主编(2008).美国院校研究案例.苏州:苏州大学出版社:365—380.

国范围内对本科学生进行访谈,在勤工俭学这个问题上得到类似的结论:"在校期间从事很多工作、从事一些工作以及完全不工作的学生在学习成绩方面基本相同。"(Light,2001,p. 27)然而,也有研究表明,从事适量的、非专业工作的学生在学业上的收获高于他们过量工作或完全不工作的同学(Hood,Craig,and Ferguson,1992)。另一项运用全国性数据所做的跟踪比较研究的结果却恰恰相反。研究者在对大学生认知发展进行研究时发现,勤工俭学学生的写作测试成绩略低于其他学生,而且与不工作的学生相比,他们进入大学荣誉科目或称快班(honors programs)的概率亦相对较低(Terenzini,Yaeger,Pascarella,& Nora,1996)。

大学生勤工俭学的利弊得失受到许多不同变量的影响,比如工时的长短和工作的地点。有一项研究显示,每周 30 小时的工作对于学生学习进度会产生负面影响(Furr & Elling,2000),而且这项研究的结果与另一项研究互为补充:平均工作 1~15 小时的学生平均积分点达到 3.5 的概率大大高于那些工作时间超过 15 小时的学生(Horn & Maw,1994)。在考虑到工作地点这一变量之后,研究者发现,尽管校外工作占用学生的学习时间,但这似乎并没有对大学新生的认知发展产生什么不良影响;倒是校内工作每周超过 10 小时的学生在阅读理解的测试中成绩相对较差(Pascarella,Bohr,Nora,Desler,& Zusman,1994)。总的说来,研究者们比较一致的看法是,校内工作的最大好处是让勤工俭学的学生不至于脱离其他师生并能够有效地融入学校社区(Pascarella,Bohr,Nora,Desler,& Zusman,1994),而从事校外工作的学生由于远离学校社团,其大学就学经验中非学术的社会生活经验必然受到影响(Astin,Sax,Korn,& Mahoney,1996;Lundberg,2004)。

即便研究者们在勤工俭学对学生学术和社会能力的发展问题上有一定的共识,他们关注的重点仍然在于工作是否会导致学生辍学或者影响学生按时完成本科学业(e. g.,Ehrenberg & Sherman,1987;Kohen,Nestel,& Karmas,1978;Fjortorft,1995)。这种研究的取向完全是由当今高校所面临的外在压力所决定的。纳税人、学生家长、政府、私立大学的捐赠者等,都要求学校展示其所谓的效益或教育成果,而对于教育的圈外人来说,学生毕业率几乎是他们能够想到或看懂的唯一标准。这种外在压力促使学者们在研究学生大学经验的各种自变量,包括学生在校期间的工作量时,往往将因变量设为在校学生的持续注册率或毕业率,而通过对问卷调查数据进行多变量回归分析便构成目前勤工俭学对大学就学经验影响研究的主体。

这类对勤工俭学的研究虽然事出有因,但对于我们进一步认识勤工俭学和大学就学经验之间的关系似乎帮助并不太大。只有少数学者在研究学生就学经验和成果的同时,将勤工俭学作为学生就学经验的一个有机组成部分来加以研究。在对学生课外学习与人格成长的研究中,乔治·库(Kuh,1995)对149名大学四年级学生进行了访谈,其中32%的学生认为他们在校期间的工作经验对于他们领导能力的培养和人格成长具有关键的影响。爱普(Aper,1994)通过对一个全国性数据库"大学生就学经验调查"的分析发现,与从事一般勤工俭学的学生相比,那些在校园里担当与学术或专业有关的工作职责的学生往往和教授接触更为频繁,参加与学习有关的课外活动亦更为踊跃。另有研究表明,勤工俭学使那些刚刚从父母身边独立出来的学生变得较为严谨,他们的大学生活亦因承担工作的职责变得更加有条不紊(Curtis & Nimmer,1991)。因为工作必须占用很多课余时间,大多数勤工俭学的学生不得不减少原本用来社交和娱乐的时间而不是学习的时间(Fjortoft,1995)。隆博格(Lundberg,2004)的研究通过对一个全国性数据库的分析显示,勤工俭学不可避免地会减少学生对校园生活的参与,但对他们的学业却并无太大的负面影响。她承认,其研究对于数据的定量分析无法解释为什么大学生能够做到学习工作两不误以及大学生究竟如何弥补由于工作而失去的学习时间。

(一) 研究的方法论依据

有研究者指出,"对于大约40%的大学生来说,自食其力念完大学本身(DIY)就是他们大学就学经验中最重要的一部分"(Moffatt,1988)。既然当今美国大学中有将近一半的本科学生在校期间从事校内或校外各种工作,那么勤工俭学就不应该仅仅是一个对他们的持续注册率或毕业率产生影响的自变量。研究者们必须将勤工俭学作为一种就学经验,在大学生课外生活的大前提下对其进行深入研究。

文献检索显示,勤工俭学作为一种就学经验至今尚未得到研究者的充分重视,更未见有人从理论的高度对其进行深入阐述。对这样一个课题运用定性方法中的扎根理论来研究是再恰当不过的了。与其他研究方法的不同之处在于,运用扎根理论方法的研究人员不必将自己的研究建基于现有的理论或研究文献之上,亦无须通过问卷调查来收集定量的数据并对某种假设进行统计检验。他们在研究开始时完全没有任何预设的假定或先入之见。他们通过开放式的访谈收集大量的定性数据,并在研究过程中注意搜寻任何能够帮助他们建立理论或假说的观点或视角(Glaser & Strauss,1967)。在具体操作上,理论建构的过程包括从概念到范畴,最后上升到假说或理论(Corbin & Strauss,1990,p. 7)。扎根理论的方法最佳的用武之地在新兴的、尚未成熟的研究领域内那些几乎还没有人深入研究过的课题,或是即使有研究也还没有发展到理论高度的课题,亦可是那些应用性特别强、其结果可用来指导实践的课题(Cranton & Carusetta,2004,p. 9)。

我们的研究数据来自美国一所私立研究型大学里的本科生院。这所大学位于大都市,生活费用高昂,所以几乎所有的本科学生都选择住校。由于该校录取条件极高,学生素质自然不同一般,因而其他一般高校所孜孜以求的那些成果指标,比如学生持续注册率、按时毕业率等,在此均不适用。除了个别学生由于身体原因休学或退学以外,无故辍学在该校几乎没有。与美国一般高校50%左右的毕业率相比,该校学生的毕业率高达90%以上。该校所具有的这些非同一般的特点使得研究人员有可能暂时地将那些外在的、功利性的研究目的放在一边,而集中精力考察一下勤工俭学作为一种就学经验究如何影响学生的学习和成长过程。换言之,本研究将学生对自己勤工俭学的经历及切身感受的描述作为原始定性数据,运用扎根理论方法加以分析研究,希望能够从理论的高度将勤工俭学作为一种就学经验来进行总结。假如说目前大多数高教研究的关注点在于最终结果,即学生取得了什么学位并花费多少时间,我们的研究则试图描述大学生为达到这些结果所作出的努力,包括其经验和感受。

研究数据收集的方式是小组访谈。这种方式最大的优点在于它提供一个机会,让被调查者能够详细描述自己的经验或经历,充分表达感想,并通过和其他参与者的交流进一步补充和调整自己对某一问题的看法。这样的方法在很大程度上弥补了通过问卷调查得出的研究结论所存在的不足之处,比如勤工俭学学生所从事的各种不同的工作、勤工俭学的动机、工作时间和地点对大学生活的影响、边学习边工作的利弊得失,以及最重要的一点:当工作成为课外生活的一大组成部分时,这些学生的认识和感受如何。在小组访谈过程中,研究人员鼓励参与者对他们的工作及就学经验进行反思、探讨、交换看法。预先准备的提问从三个方面进行:① 请学生具体描述他们所做的工作;② 请学生具体描述他们工作的动机、期望以及个人感受;③ 请学生具体描述勤工俭学对大学学业和课外生活的影响。

(二) 数据收集与分析

2003 年春季,我们在上述本科生院举行年度在校学生问卷调查。发出 5354 份问卷,回收 2638 份,回收率为 49%。当问卷问及学生是否从事任何形式的勤工俭学时,38% 的学生报告在 2002 年秋季干过至少一项得到酬金的工作。这些自报工作的学生被设为本研究调查对象的总体。对此总体进行随机抽样,结果有 14 名学生表示愿意参加两个小组访谈。按照预期,我们安排了更多的小组并希望有更多的学生参与访谈,但因为学期临近结束,学生已经开始准备考试,所以研究样本比原来的设计要少很多。这样不尽理想的抽样调查取得的结果所具有的代表性或普遍性可能会受到影响(Lincoln & Guba, 1985)。

在得到参与者的同意后,研究者对小组访谈的全过程进行录音。在研究者主持讨论的同时,他的助手在场作了详细的笔记。研究者严格遵循小组访谈的规范,按照事先设计好的问题进行提问,从而保证不同访谈小组之间的一致性。访谈主持人鼓励参与者畅所欲言,并一再保证讨论内容的绝对保密性。

研究者及其助手事后将两个小组访谈的录音逐字逐句整理成文。经过对录音记录和现场笔录进行对比和补充后,研究者及其助手分别对同一份文字资料进行研读,并运用 NVivo 定性数据分析软件对此加以归类和分析。在这个过程中,研究者将重点放在对重复出现的主题及主题之间关系的搜寻上,并以上述相关研究文献为基础,对类同和不同的观点进行主题甄别,以求发现新的范式。最后两人将分别提取的主题和类目相互妥协并合而为一。

经过处理的定性数据清楚地显示出两大主题:① 学生对其勤工俭学经验的描述以及他们工作的动机和感受;② 勤工俭学对大学生活的影响。

(三) 研究结果

1. 勤工俭学的经验、动机和感受

小组访谈开始时,研究者首先要求参与的学生介绍他们最近一份工作的具体情况。工作种类可以说是五花八门,从在图书馆插书上架、各种办公室的接待和文秘、教授的研究助理一直到校内外各种社区服务。

除了个别学生同时干两份工作以外,一般学生在学期中间每周工作大约 13 小时。尽管大多数学生都承认在学习和工作之间保持平衡实属不易,但只要可能他们仍然会毫不犹豫地增加工作时间。访谈主持人要他们进一步说明为什么愿意增加工作时间,后者指出,一项工作必须具有足够的时间去干才能变得完整而有意义。比如说,他们在当地社区辅导中小学生,时间太少的话他们无法真正从根本上影响被辅导的学生,更来不及检验他们工作的具体成效。

主持人要求参加访谈的学生对校内和校外的工作经验作一比较,结果是大多数学生因为方便起见更喜欢校内的工作机会。这从另一角度证实了先前诸多定量研究所显示的校外工作对就学经验的负面影响(e.g. Astin, Sax, Korn, & Mahoney, 1996; Lundberg,2004)。

学生们又被问及他们的同学如何看待他们必须靠打工来完成学业这一事实。部分学生承认他们在某些社交场合有时由于经济原因受到周围同学的误解以及区别对待。有一名学生说,她从来没有和同学一起去看过百老汇演出,不是由于消费太高(一场百老汇演出的票加上演出前后去饭馆与酒吧大致要花一百美元)就是因为与工作时间有冲突。

然而,没有学生认为自己由于勤工俭学而遭到任何形式的歧视。相反,至少有两个原因使得这些必须通过工作来维持学业的学生感到自豪:其一,他们在学校的社交生活因为打工所得而变得更加丰富;其二,很多学生因为工作而受到周围同学的羡慕,能够找到工作,特别是通过竞争找到一份好工作,这本身就是他们个人能力的显示,他们也因而在同学面前变得更加自信。

当然了,学生们这种自我实现的感觉往往因工作性质而异。那些从事不太具有挑战性工作的学生,特别是刚开始工作的新生,常常在工作中感到无聊乏味。比如说那些在学生宿舍看门或在学校办公室当接待员或文秘的学生常利用工作时间来完成课外作业。这些学生一般在稍微得到一些工作经验之后就开始找机会跳槽。

学生工作的动机可以分为几个方面。大多数学生勤工俭学的原始动机是为了维持学业及生活开销。然而,一旦开始工作,他们就体会到勤工俭学的其他好处了。工作为学生打开了通往校门外面那个精彩世界的大门,为他们提供了学习书本以外知识技能的机会,也扩大了他们的交往面。学期中的工作往往使他们能够得到更好的暑期实习以至毕业后就业的机会。所以,绝大多数参加访谈的学生认为,勤工俭学不仅有助于丰富阅历而且能增加收入,对于他们的校园学习生活是一种重要的、不可或缺的补充。

2. 勤工俭学对大学生活的影响

主持人要参加访谈的学生谈谈他们的大学生活和其他不工作的同学是否有很大的不同。学生们承认,很多工作是在通常的上班时间,往往和他们的上课时间有所冲突。结果是他们常常不得不面对是工作还是上课这个抉择。多数学生在功课压力太大的情况下选择减少工作时间或完全停止工作。

没有学生承认工作对他们的学习成绩产生负面影响。这一点与许多定量研究结果相左;后者发现勤工俭学的学生平均积分点要比不工作的学生低一些(e.g. Horn and Maw,1994)。

学生们感到,勤工俭学能够帮助他们发现并发展自己的学术兴趣,有利于未来的职业选择。一位在工程学教授的实验室担任研究助理的学生认为,他整个大学生活中最充实、最宝贵的经验是在工作中得到的。另一位学生在一个辅导中心做了两年社区服务工作后深有体会地说:

> 我在工作中了解到纽约市教育总监克莱因为了在纽约公立学校里贯彻[联邦政府]"不让一个学生掉队"的法令所作的巨大努力。要不是工作,我根本不可能有机会接触到这些情况。作为一个大学生,了解这些政策问题至关重要,这关系到我们社会的未来。

学生们认为,工作使他们比其他同学多了一重优势,他们因此更早地了解职场的内幕,取得实际的工作经验,并得以亲身体验他们所选行业的酸甜苦辣。

尽管此前的研究在勤工俭学对大学生活的影响上众说纷纭,但参加访谈的学生对此问题的看法却非常一致:对于他们来说,工作最大的代价是减少了空余时间、睡觉时间和社交生活。当被问及假如不工作他们会用省下的时间干什么时,他们的回答是:睡觉、社交、多选课、参加学生社团,以及接受与他们学业有关的低酬或无酬见习和实习的机会。

需要说明的是,没有一个学生将上述为勤工俭学所做的牺牲视为负面经验。正如一名学生所言,工作为她繁忙的日常生活注入了一种秩序。虽然工作占用社交时间,但紧张的日程安排迫使他们学会驾驭时间,从而使他们的生活更加重点突出、结构分明。

更重要的是,工作经验帮助学生提高与人交往的自信。一位学生说,他在系办公室工作时学会了怎样和系里的大牌教授打交道。另一个学生坐地铁去政府档案馆工作,居然和上班族、打工族们交上了朋友,与他们产生了休戚与共的感觉。那些当研究助理的学生在和他们的教授一起参加学术研讨会并和与会者分享学术成果时,其成就感和自信心是不工作的学生所无法体会到的。

其实,对于大多数学生来说,学校社交生活的质量并不取决于一个人有多少时间与朋友分享,更关键的是他是否能够参加得起那些花销不菲的活动。工作不仅使得和同学一起去看百老汇演出成为可能,而且让他们得到一种经济独立的快感。一位学生每到向父母要钱时就觉得难以启齿,但工作以后的感觉就大不一样了:"工作是多好的一件事啊!这是一项报酬丰厚的课外活动!"

(四)论点综述

此前对于勤工俭学的研究大多重在确认学生工作对其辍学率或毕业率等学业指标的影响。本研究将探讨重点转向勤工俭学和就学经验的关系。以扎根理论为方法论依据并通过小组访谈收集定性数据,本研究得以从一个全新的角度来审视勤工俭学,并对一些问卷调查难以触及的问题进行深入的探讨。总的来说,参加访谈的学生对于勤工俭学的看法可以归纳为下列几个方面。

(1)学生通过勤工俭学增加了收入,并一定程度上获得经济上的独立自主;

(2)学生学到了求职技巧,并对就业市场有了实际、感性的了解;

(3)勤工俭学为学生打开了通往校门外世界的大门,并帮助他们提高在工作环境中与人交往的能力;

(4)学生通过工作学会了如何管理时间、安排日程;

(5)勤工俭学帮助学生发现并发展自己的学术兴趣,有利于未来的职业选择;

(6)勤工俭学的经历大大提高了学生的自信心。

然而,从访谈中我们也清楚地看到,勤工俭学的经验因人而异,收获亦各有不同。不同的工作使得有人在学业上受益,有人在经济上受益,有人两者兼得,也有人感受更多的是无聊和乏味。此前的研究大多重在发现工作的时间、地点及其他变量对与学业相关的因变量的影响,而本研究则完全不带成见地让学生自己来确认与勤工俭学相关的所有利弊得失。对于参加访谈的这些学生来说,如果将勤工俭学当成课外生活的一个组成部分的话,那么工作的时间和地点根本不应当是关注的焦点。如果一份工作对丰富大学的就学经验有所裨益,学生们愿意在上面花更多的时间;而校外工作之所以不太受到欢迎,其根本原因在于它和校园的学习与社交活动相冲突。

对于勤工俭学的另一个较为普遍的成见是学生为此牺牲了社交时间,少数参加访谈的学生对此也所见略同。只有少数学者(Kuh,1995)对此持有异议,他们将勤工俭学纳入大学课外活动这个大范畴来加以研究。从这个角度来看,只要研究者将学生社交能力和自信心的提高作为衡量大学课外生活质量的标准,而不光是从学生花在从事课外活动或社交上的时间角度来考量的话,那么学生从勤工俭学中得到的收获也许比参加其他类型的课外活动要多得多。勤工俭学作为一种课外活动,"对于学生的个性和社交能力都是一个挑战;它迫使学生在个性、学业以及其他方面发展出更为深刻成熟的观点和视角"(Kuh,1995,p. 146)。

如前所述,本研究以扎根理论为方法论依据的主要目的是想在勤工俭学这个重要课题的研究上开始一些初步的理论建构工作,因为扎根理论的方法具有不带成见的、开放式的、对定性数据进行归纳式处理的特点。基于上述对小组访谈结果的总结,我在此不揣冒昧,提出关于大学生勤工俭学的两个论点,希望能够起到抛砖引玉的作用,以求得更多的实证研究者对此进行量化的测定。

我的第一个论点是:对于今天的大学生来说,勤工俭学不再仅限于满足经济需求,而是他们将自己的大学生活变得更加充满意义的一种手段。在此,大学生活的意义表现为学生在学业和未来职业的发展上变得更加主动、更具有目的性,在课外生活上则更加注重实际生活能力和社交能力的培养。事实上,通过对勤工俭学学生的大学经验进行深入考察,我们不难看到这样一个普遍现象:学生一旦开始勤工俭学,便会不断地在自己的工作中寻找"意义",并且不断地寻求下一个更有"意义"的工作。一开始,他们接受的工作往往不需要多少工作经验、知识或技能,而且工作的目的一般限于满足经济需求。很快,他们就感受到工作的价值,并开始寻找新的机会以求在满足经济需求的同时也能满足学术、社交以至未来职业方面的兴趣。这就是为什么学生们一方面抱怨工作导致睡眠不足、影响学习,另一方面又希望能够延长工作时间。莱特教授(Light,2001,p. 28)在他的研究中提到,学生似乎每周工作时间越长,对自己勤工俭学的经验越满意,但他并没有对此提供任何能够自圆其说的解释。而我们通过小组访谈才恍然大悟:只有当学生从工作中发现"意义"或找到有"意义"的工作时,他们才开始真正欣赏勤工俭学的价值,才能将此看作他们大学就学经验的一个有机组成部分。

我的第二个论点是从第一个衍生出来的。这个论点描述了从工作中寻求"意义"的三种方式。其一,学生申请工作的过程本身赋予勤工俭学以"意义",这个过程让找工作者体验到竞争的快感以及找到工作后自我实现的满足感。在访谈中,学生们谈到"骑马找马"时对下一个工作志在必得的那种兴奋,以及被没有工作经验的同学羡慕的感觉。其二,有"意义"的工作为学生打开了通往校门外面世界的大门,使他们看到学校所学与毕业后所用这两者之间的关联。对于那些有幸能找到与他们学业相关的工作的学生来说,勤工俭学更是成为学业中不可分割的一个组成部分。其三,不管是否能找到有"意义"的工作,勤工俭学对于学生来说都是大学就学经验中一个有意义的部分,它为工作的学生繁忙的日程中注入了一种有益的秩序,教他们学会忙而不乱。

(五)研究的实际意义

毋庸置疑,大学教育的总体经验远远大于课堂教学的经验。这就是为什么高校,特别是招收全日制高中毕业生的本科生院要在组织和指导学生开展课外活动,培养学生的组织能力、社交能力和领导才能方面投入大量人力物力,希望他们的毕业生成为既有专业知识、又有实际工作领导能力的全才的原因。但是,至今很少有大学将勤工俭学纳入有计划、有组织的课外活动的范畴。勤工俭学能帮助学生在通过工作得到经济来源的同时在其他方面亦有所收获。在今天的大学里,近半学生从事各种形式的勤工俭学,这个问题显得尤为突出。我的研究显示,勤工俭学事实上已经成为当今大学校园生活的一个重要组成部分,因此高校必须采取相应的措施来帮助勤工俭学的学生修好这极为重要的一门课。

当然,学生最终还得自己出去寻找工作机会,而且机械乏味的简单工作仍然会是勤工俭学的主要工种。但是,高校管理层却必须改变目前组织学生课外活动的模式,将勤工俭学纳入其中,使之成为一种自觉的、有组织的课外教育过程。学生事务办公室和就业指导中心应当携手设计课外活动项目,为勤工俭学的学生创造有意义的工作机会。

我们通过小组访谈发现,大多数学生认为给教授担任研究助理或在有关实验室工作最有"意义"。这样的工作有助于学生发展自己的学术兴趣、提高科研技能,并对未来的研究生学习和职业选择帮助极大。学生事务和教学事务办公室应当展开合作,与教授联手为本科生创造更多的研究助理职位。值得一提的是,研究界早已发现,学生和教授在课外的交往对提高本科教育的质量至关重要(Kuh & Hu, 2001),但至今本科生研究助理的工作在大多数高校仍然可遇而不可求。所以,高校必须采取措施鼓励和帮助教授在设计科研项目时考虑安排本科生见习和工作的机会,从而将教学的目标与学生课外勤工俭学尽可能地融为一体。

引 用 文 献

Aper, J. P. (1994). An investigation of the relationship between student work experience and student outcomes. Paper presented at the Annual Meeting of the American Educational Research Association, New Orleans, LA (ERIC Document Reproduction Service No. ED375750).

Astin, A., Sax, L., Korn, W. and Mahoney, K. (1996). *The American Freshmen: National Norms for fall 1996*. Los Angeles, CA: Higher Education Research Institute, UCLA.

Cranton, P. and Carusetta, E. (2004). Perspectives on Authenticity in Teaching.

Adult Education Quarterly, 55: 5—22.

Corbin, J. and Strauss, A. (1990). Grounded theory research: Procedures, canons, and evaluative criteria. *Qualitative Sociology*, 13: 3—21.

Curtis, G. and Nimmer, C. E. (1991). To work or not to work: That is the question. *Journal of Student Financial Aid*, 21(3): 16—26.

Ehrenberg, R. and Sherman, D. (1987). Employment while in college, academic achievement, and post-college outcomes: A summary of results. *Journal of Human Resources*, 22: 1—23.

Fjortoft, N. F. (1995). College student employment: Opportunity or deterrent? Paper presented at the annual meeting of the American Educational Research Association, San Francisco, CA (ERIC Document Reproduction Service No. ED 386079).

Furr, S. and Elling, T. W. (2000). The influence of work on college student development. *NASPA Journal*, 37(2): 454—470.

Glaser, B. and Strauss, A. (1967). *The Discovery of Grounded Theory*. Chicago: Aldine.

Hood, A. B., Craig, A. F., and Ferguson, B. W. (1992). The impact of athletics, part-time employment, and other activities on academic achievement. *Journal of College Student Development*, 33: 447—453.

Horn, L. and Maw, C. (1994). *Undergraduates Who Work While Enrolled in Postsecondary Education: 1989—1990*, Contractor Report. National Center for Education Statistics, Washington, DC (ERIC Document Reproduction Service No. ED419461).

Kohen, A., Nestel, G., and Karmas, C. (1978). Factors affecting individual persistence rates in undergraduate college programs. *American Educational Research Journal*, 15: 233—252.

Kuh, G. D. (1995). The other curriculum: Out-of-class experiences associated with student learning and personal development. *Journal of Higher Education*, 66(2): 123—155.

Kuh, G. D. and Hu, S. (2001). The effects of student-faculty interaction in the 1990s. *Review of Higher Education*, 24: 309—332.

Light, R. J. (2001). *Making the Most of College: Students Speak Their Minds*. Cambridge, MA: Harvard University Press.

Lincoln, Y. and Guba, E. G. (1985). *Naturalistic Inquiry*. Beverly Hills, CA: Sage.

Lundberg, C. A. (2004). Working and learning: The role of involvement for employed students. *NASPA Journal*, 41(2): 201—215.

Moffatt, M. (1988). *Coming of Age in New Jersey: College and American Culture*. New Brunswick, NJ: Rutgers University Press.

Pascarella, E. T., Bohr, L., Nora, A., Desler, M., and Zusman, B. (1994). Impacts of on-campus and off-campus work on first-year cognitive outcomes. *Journal of College Student Development*, 35: 364—370.

Palomba, C. A. and Banta, T. W. (1999). *Assessment Essentials: Planning, Implementing, and Improving Assessment in Higher Education*. San Francisco, CA: Jossey-Bass.

Sax, L. J., Lindholm, J. A., Astin, A. W., Korn, W. S., and Mahoney, K. M. (2001). *The American Freshman: National Norms for Fall 2001*. Los Angeles, CA: Cooperative Institutional Research Program/American Council on Education.

Stern, D. and Nakata, Y. (1991). Paid employment among U. S. college students: Trends, effects, and possible causes. *The Journal of Higher Education*, 62(1): 25—43.

Terenzini, P. T., Yaeger, P. M., Pascarella, E. T., and Nora, A. (1996). Work-study program influences on college students' cognitive development. Paper presented at the meeting of the Association for Institutional Research, Albuquerque, NM (ERIC Document Reproduction Service No. ED405781).

Tinto, V. (1987). *Leaving College*. Chicago: University of Chicago Press.

案例 F 通识教育的"哥伦比亚模式"[①]

(一) 引子

莎士比亚名剧《威尼斯商人》中夏洛克的形象在西方妇孺皆知,但受到当年英文系教授的影响,我一直认为威尼斯商人的吝啬与贪婪原是莎翁信笔所作的艺术夸张。可多少年以后,却在游威尼斯时亲身体验到了威尼斯商人的精明,事后不得不赞叹莎翁四百多

---

① 原载:王定华主编(2008).透视美国教育.北京:北京大学出版社:229—240.

年前的描述入木三分。

话说我们一家三口在威尼斯童话般的小河窄巷中穿梭，行至中午只觉饥肠辘辘，于是见到一个靠河的小餐馆便不假思索地走了进去。餐馆老板是个慈眉善目的老太太，满面春风，看到我们就像见到失散多年的亲人一般招呼我们坐下，并捧上两本厚厚的菜单。至此我们在意大利已经旅行了一个多星期，对于意式餐的基本格式大致了解：意式菜的 First Course 相当于中餐的冷盘或开胃菜，Second Course 才是正餐。我们当时已经饿得饥不择食，再加上又是中饭，就想直奔主题，每人要一份 Second Course 中的 Pasta（意大利面条），快快吃完好继续"赶路"。谁知老太太居然不懂我的英文，手舞足蹈地应答了一通意大利文，并将菜单翻到首页，让我们认真研究后再说。待老太太转回来，我们又让家里的"小洋鬼子"用纯正的英文来向她"要饭"吃，可她还是不懂，又将菜单翻到前面。这下我们傻了眼。眼前有饭吃不得，只因未点开胃菜？我们的"哥德巴赫猜想"终于得到证实：邻座的一位英国游客见我们进退两难，向我们挤挤眼，说："She understands English only when she wants to."（她只是在她想懂英文的时候才懂英文。）又指指自己桌上的开胃菜。我们恍然大悟。这顿中饭我们从 First Course 吃到 Dessert（甜点），直到口袋里的一百欧元易主才得以脱身。

花了钱，总得有点收获吧。除了回味一下莎士比亚，还能得到一点更有意义的启发。我由此想到眼下大学本科教育中的一个热门话题：通识教育。20世纪90年代之前的中国大学教育是直奔主题，学生在四年大学生涯中除了专业大餐以外别无选择（解决温饱问题，却不得意式大餐的真谛）。以原国家教委1995年在华中理工大学召开"文化素质教育试点工作会议"为起点，大学在"通识教育"或"素质教育"这个领域里开始做各种实验，意在于专业大餐之外增加一些"开胃菜"（通识教育）以至"甜点"（高级选修课程），拓宽学生视野，提高其文明素质。（这样一想，那威尼斯商人的精明之中竟然透出一份优雅与文化？）

问题在于，不是所有食客都需要吃出优雅，大多数还是重在充饥。即使有意体验饮食文化，还要讲究方式、场合与目的。大学本科教育的设计似也应遵循同样的道理。从国内对美国大学通识教育的借鉴来看,一般学校都有意于在加强专业学习的同时提高本科学生的人文素养和科学常识。但是,就中国目前大学本科教育的状况来看,我的杞人之忧是,一旦哪天教育部宣布通识教育实验成功,要求所有本科生都必须在人文科学、社会科学以及自然科学等领域修满一定学分才能毕业,那么我们的大学岂不又成了精明过头的"威尼斯商人"?特别是从国内关于通识教育的讨论中可以看到"哈佛模式""芝加哥模式""斯坦福模式"等美国通识教育模式对中国大学的影响,而这些模式的一个共同特点是在"学什么"这个问题上要求面面俱到。相比之下,另一个不太流行的所谓"哥伦比亚模式"似乎在学习方式上有更严格的基本要求,即更加强调"怎么学"的问题。对这个模式略作介绍,也许能为实验中的中国大学通识教育提供一条新的思路。

需要说明的是,号称通识教育开山始祖的"哥伦比亚模式"即便在美国亦备受冷落。个中缘由,容我慢慢道来。

(二)通识教育的滥觞

1987年美国卡内基教育促进基金会对美国各大学主管教学的院长进行问卷调查,要他们列举其心目中堪称通识教育典范的大学。结果名列前茅的是:哈佛大学、芝加哥大学、埃尔维诺学院、圣约瑟夫学院,以及布鲁克林学院(Boyer,1987)。这个结果中居然没有包括一直自认为通识教育开山始祖的哥伦比亚大学,使得哥大人至今愤愤不平。

而且最具嘲讽意味的是,哥伦比亚大学的本科生院哥伦比亚学院在20世纪初开始酝酿、开发核心课程,原是对由哈佛校长艾略特所倡导并在当时美国大学风行一时的选修课程运动的一种反动。艾略特所推行的选修课程虽然打破了当时大学本科教育中校方主宰课程选择的局面,给学生以一定程度的主动权,但在当时"全国学哈佛"的热潮中,许多大学不分青红皂白,将课程选择的权力完全下放给了刚刚踏进大学校门的高中生。因此,虽然今天已经鲜为人知,但是哥伦比亚学院开发核心课程的初衷其实是反哈佛、反选修(McCaughey,2003)。

哥大教授在第一次世界大战期间曾经为当时的美军学员开设过一门"战争问题"课程,介绍当代文明的冲突及其历史背景。战后的1919年,哥大的几位教授开始策划另一门"和平问题"课程,意在为所有哥伦比亚学院的本科新生提供一个基本的、广泛的历史文化知识背景,而不是放任地由他们在大学伊始便自由选修。经过一个教授委员会的精心策划,这门被称为"现代文明"(Contemporary Civilization,简称CC)的新课于1919年秋季正式开张,近一个世纪以来,从未中断过。

另一个让哥大人难以接受的事实是,今人论及核心课程,言必称哈佛的"红皮书"(Redbook)。其实至1945年第二次世界大战结束,哥伦比亚学院的核心课程从内容设计到教学方式几经修订,教授和学院管理人员为打造这个名牌已经精耕细作26年。其间一直实施选修课程的哈佛,终于意识到其本科教育体制下所培养的人才与战后美国在世界事务中所处的地位极不相称,因而大学必须在学生个人的兴趣和整个社会的需求之间找到新的平衡点。在这样一种新的思路指导下,哈佛的科南特(James B. Conant)校长任命了一个教授委员会并推出题为"自由社会中的通识教育"的报告,即后来名噪一时的所谓"红皮书"。尽管这份报告在哥大师生的眼里是老生常谈,但由于哈佛在美国高等教育界的地位及其报告问世的历史时机,"红皮书"成为战后美国大学本科通识教育的一面旗帜。与此同时,经过近30年的磨合,哥伦比亚学院的"现代文明"课终于成为一门相对成熟的核心课程,其标志是1946年发表的《西方现代文明入门手册》(*Introduction to Contemporary Civilization in the West: A Source Book*)。有趣的是,这两卷本堪称经典的著作在1960年发行第三版时因其红色的、富丽堂皇的封面也被称为"红皮书"。哈佛"红皮书"所设计的针对本科生在人文学科、社会科学以及自然科学方面的必修课程从来没有得到严格的实施,学生只需在这三个领域里选修一定的课程便可过关。相比之下,哥大的"红皮书"原是为哥伦比亚学院的学生上课方便所编的一本教材,发表后却被美国两百多所学院竞相选用。

至于芝加哥大学,另一个核心课程的重镇,20世纪30年代在哈钦斯(Robert Hutchins)校长亲自指导下开始通识教育的实验。在芝大教授的一片反对声中,哈钦斯从哥伦比亚调去两员大将,艾德勒(Mortimer Adler)和麦科恩(Richard McKeon),全力推行由哥大教授发明的"名著选读"(Great Books)课程。值得一提的是,由艾德勒发起的"西方世界伟大名著项目"后来成为美国大学通识教育的"芝加哥模式",而麦科恩则成为芝加哥大学本科生院的院长,直接负责推行核心课程。

当然了,在这场关于通识教育谁为龙头的争论中,哥大人的理解远大于怨愤。值得哥大人欣慰的是,哈佛与哥伦比亚在关于通识教育的理念上殊途同归,达成了难得的共识,从而为美国大学本科教育在理论上与实践上奠定了坚实的基础。从哥大"现代文明"课的策划,到芝加哥大学的"西方世界伟大名著项目",到哈佛"红皮书"的发表,一直到20世纪末关于核心课程与多元文化的争论,通识教育的确是美国大学教育中"既经典又最具活力的部分"(蔡达峰,2006)。这里隐含的问题其实是所有高等教育的理论家和实践者们都必须应对和回答的,那就是:面对日趋多元的学生群体、专业分工日渐细密的社会,大学究竟应当如何帮助学生克服狭隘的专业取向,培养怀疑和探索精神,建立广博的人文、社会和自然学科背景,从而发展完整的人格?

(三) 核心课程的两大支柱:"现代文明"和"文学人文"

当今学界关于通识教育的讨论主要集中在学生的知识结构问题上,即如何在课程设计上做到文理交融。但20世纪初哥大教授在开始设计"现代文明"课程时,他们关注的焦点却是现代公民社会(civil society)的建设。通识教育的开山始祖们认为,大学义不容辞的责任是让新一代的大学生对现代生活及其所存在的问题具有基本的认识和判断能力。哥大核心课程的第一位主任约翰·考斯(John Coss)教授认为,要让学生认识当代挥之不去的诸多问题,必须使他们熟知这些问题产生的背景,即自然的原因、人类的本性以及最近的历史。在这个思想指导下,20世纪20年代初的"现代文明"课最初的两个星期完全用来学习自然地理和一些主要国家的物质资源。接下来的几个星期介绍分析人类的行为、原始本能、习惯和思维。然后，课程转而探讨西方文明的历史背景，这是"现代文明"课的重心所在。1925年"现代文明"课的倡导者之一卡门（Harry J. Carman）教授列举了当时社会所面临的几大问题：帝国主义、民族主义、工业化、生活水准的提高、政治控制，以及教育。在他看来，这些才是核心课程所必须正视的问题。

有趣的是，"现代文明"课其实并不怎么"现代"。20世纪20年代初的"现代文明"课虽然将教学重点放在近百年的历史和哲学方面，但到30年代已经放宽到1300年。最初的课程大纲也不像今天的一样只是短短几页的课务要求加上每周日程，当时"现代文明"的两位任课老师亲自撰写了长达几百页的详细的讲课提纲，并交由哥伦比亚大学出版社出版。在此后的若干年内，这两本教材一版再版，每次都伴随着新的想法和思路。与此同时，两大传统逐渐形成：一是强调学生阅读经典原著和历史文献；二是注重古代西方的政治文化传统，而不是直接对当代事件进行解说。

这两个传统的形成不但使"现代文明"的课程内容变得越来越不"现代"，而且在教学方式上亦逐渐地从教授的"传授"向学生的"汲取"转移。八十多年来，"现代文明"的模式基本形成：以欧美从《圣经》和其他古典思想传统发展而来的论述为重点，要求学生精读各种西方经典著作的原文。学生在精读原文的基础上建构自成一体的观点，并以口头与书面的形式加以表达。教授在挑选必读书目时注重作者的历史地位、作品思想的持久重要性，以及作品引发思考与争论的能力。今天"现代文明"课的必读书目包括《圣经》《古兰经》及柏拉图、亚里士多德、奥古斯丁、马基亚维利、笛卡儿、霍布斯、洛克、卢梭、亚当·斯密、康德、马克思、达尔文、尼采、杜勃伊斯、弗洛伊德等人的著作。

就在历史和社会科学的教授们精心打造"核心课程"的第一块名牌"现代文明"的同时，人文学科的教授们开始酝酿日后美国高等教育史上的另一块丰碑："名著选读"（Great Books）。英文系教授厄尔斯金（John Erskine）早在1915年就提出开设"名著选读"课的想法,但一直和者甚寡。直到1920年秋哥伦比亚学院才批准他给高年级学生开设一门"通识荣誉"(General Honor)课程,每周三晚上两小时,以讨论班的方式进行,每班不超过20个学生。学生每周必须在课前念完一部指定的名著,才能参加讨论。这门新课出乎意料的成功,使得选修此课成为20世纪20年代中期哥伦比亚最优秀学生的标志。该课的成功亦吸引了一批英文系和哲学系的教授,其中包括后来转到芝加哥大学并将"名著选读"发扬光大的艾德勒教授。

厄尔斯金对于通识教育的热情引起很多更加强调专业与学科知识的同事的反感。1929年厄尔斯金辞去哥大教授的职务并成为朱丽亚音乐学院的院长,"通识荣誉"课随之中断。1932年秋季,后来成为学界巨匠的两位英文系教授巴赞(Jacques Barzun)和特里林(Lionel Trilling)继续厄尔斯金留下的事业,共同开设了一门他们称之为"重要经典研讨会"的课程。从1934年开始,哥伦比亚学院的教授们终于开始认识到由厄尔斯金、巴赞和特里林开创的阅读西方思想史上"经典名著"的传统对于提高新生人文素养的意义。经过好几年的讨论和酝酿,一门新的核心课程逐渐形成。新课的设计者无意恢复厄尔斯金的"通识荣誉"课,也不想另搞一套"名著选读"课。他们设计了一个新的"人文经典"系列,要求新生必修"人文A",以小班的方式攻读和研讨重要的西方文学名著;要求二年级的学生必修"人文B",通过大课的形式学习音乐和美术。这个格式基本沿用至今,被哥伦比亚学院的学生简称为"文学人文"(Lit Hum)、"音乐人文"(Music Hum)和"艺术人文"(Art Hum)。假如"现代文明"意在在西方历史、哲学和政治思想等领域为学生打下扎实的基础,"文学人文"则将学生推向西方文学的巅峰,让他们年轻的灵魂在文学的经典中得到难得的洗礼。荷马、埃斯库罗斯、索福克勒斯、欧里庇德斯、希罗多德、修昔底德、阿里斯多芬、柏拉图、维吉尔、奥古斯丁、但丁、薄伽丘、蒙田、莎士比亚、奥斯汀、陀思妥耶夫斯基、伍尔芙等的作品,以及《圣经》旧约与新约——这张书目单半个多世纪以来没有太大的变化。

第二次世界大战以后的美国义不容辞地担当起重建欧洲以至

重振西方文化的重任。但是,富有远见的哥大教授们却清醒地意识到,继续用欧洲中心论来解释"当代挥之不去的诸多问题"已变得非常困难。作为未来社会的领袖,哥伦比亚的大学毕业生需要更加广阔的视野、更加深厚的学识背景。基于这样的思路,从1947年开始到整个50年代,哥伦比亚学院在其核心课程中逐渐开发出一整套非西方的通识教育课,从最初的"东方文明"(Oriental Civilization)、"东方人文"(Oriental Humanities),到后来的"主要文化必修课"(Major Cultures)。这些非西方的核心课程作为"现代文明"和"文学人文"的补充,在帮助学生认识各文化与文明之间区别的同时,更注重展示各文化间的相互联系、交互影响和平行发展。核心课程承认世界各地区的文化与文明在很长一段时期内自行发展,形成各自独立的传统和历史,由此形成的思想、言论和作品纷繁复杂,各不相同,对人类行为方式的影响至今不衰。基于这样的认识,开设"主要文化必修课"的目的就在于鼓励学生学习并思考文明与传统的多样性及其对当代世界的影响。

应当指出的是,哥伦比亚学院的教授们在核心课程八十多年的演化过程中也进行过许多实验,试图建立一整套科学课程并以此形成"核心课程"的第三大支柱。这些努力的结果是每个新生在第二年决定所修专业之前必须修满至少9个学分的科学课程才算完成核心课程的要求。最近的一次实验是在2002—2003学年开始开设的"科学前沿"(Frontiers of Science)课,由哥大声名卓著的自然科学教授给大学新生讲授当代世界最新的科学发展。科学课程的加入使得哥伦比亚学院的通识教育变得系统、完整。但引人深思的是,至今无人敢于声称这些科学课程已经成为哥大核心课程的第三大支柱。虽然哥大人对自己在美国大学通识教育发展中的地位当仁不让,但在开发和改进每一门课程时仍然像刚迈进大学校门的新生一样:战战兢兢、诚惶诚恐。

(四)核心课程的教学方式

哥伦比亚学院在科学课程开发方面异乎寻常的低调并不仅仅出于哥大人的谦逊。其实他们的难言之隐在于,科学课程无法采用小班讨论的形式，而后者才是哥伦比亚核心课程品牌后面的"商业秘诀"。

在准备这篇文章的时候，我浏览了许多近年来国内学者对于大学本科通识教育、素质教育、核心课程等方面的研究以及对国外通识教育的介绍。在对国外通识教育不同模式的论述和引进方面，最受追捧的包括所谓的"哈佛模式""芝加哥模式""斯坦福模式"等。在这些通识教育模式的影响下，国内很多大学在设计自己的通识教育方案时几乎将所有的精力都放在了课程内容的安排方面。当然，这些努力不仅无可厚非，而且中国大学教育由于多年来受到苏联大学体制学科专业化的影响，文理偏科的现象十分严重，因此通过通识教育课程的开发来纠正这种倾向不失为一种有效的手段。

问题在于，美国大学与中国大学在通识教育方面所面临的问题毕竟有所不同。以所谓的"斯坦福模式"为例。1988年斯坦福大学教授协会经过激烈的辩论通过决定，以新课"多元文化、思想和价值"（Cultures, Ideas and Values，简称CIV）来取代原来核心课程中的"西方文化"课。斯坦福大学对于核心课程的这种改革和调整反映了美国当代社会所面临的一个最为严峻的挑战：随着20世纪60年代以来移民政策的变化和世界经济的全球化趋势，大学课程如何才能适应新的、以多元文化为特征的未来社会？中国大学虽然迟早也会面对这个问题，但据我所知，起码当前国内大学的通识教育所面临的却是另外两个极其不同的问题：一是如何克服文理偏科，帮助本科新生打下广博的知识基础；二是如何在"授之以鱼"的同时"授之以渔"，帮助学生在知识更新速度不断加快的现代社会掌握主动学习与研究的方法。借鉴"哈佛模式"或"斯坦福模式"应当可以帮助国内大学较好地解决第一个问题，但在国内教育研究文献中仍较少见到如何通过通识教育解决第二个问题的方案。

对此，"哥伦比亚模式"值得借鉴。早在草创时期，哥伦比亚的核心课程就受到哥大师范学院杜威（John Dewey）教授的影响。作为20世纪实用主义哲学的一代宗师，杜威虽然没有亲自参加"核心课程"的设计，但核心课程的第一位主任考斯教授是他的好友，而且考斯曾就"现代文明"课的设计向杜威作过咨询。《哥伦比亚学院核心课程》一书的作者克罗斯(Timothy P. Cross)认为,杜威将学习的过程与结果看得同样重要,因此学生必须积极参与学习过程才能真正学到东西。换言之,大学在将知识传授给学生的同时,必须让他们掌握学习的方法,而后者才能让他们受益终身。正是在这一点上,杜威对核心课程的教学方式,而不是教学内容,产生了深远的影响。

哥伦比亚学院核心课程的设计者们很早就将小班讨论的形式作为核心课程的"核心"确定下来。1968年由狄百瑞(Wm. Theodore de Bary)教授领导的一个核心课程委员会在其研究报告中指出:"我们认为,[核心课程的]教学方式应当得到最优先的关注;除非经过深思熟虑,否则我们不应当对教学方式作出任何随意的改变。"八十多年来,核心课程的内容几经变迁,必读书目有增有减,唯一不变的是小班讨论的方式。事实上,对于哥伦比亚学院的毕业生来说,核心课程不只是一些曾经选过的课,更是他们人生中一段共同的经历。若干年以后,他们也许不再记得《伊利亚特》或《奥德赛》的内容,但他们不会忘记教授如何在核心课程上引导他们阅读并激发他们讨论和思辨。这种阅读的过程有时会非常痛苦。但比(Denby,1997)在《名著选读》一书中详细描述了哥伦比亚学院的学生在"文学人文"课上阅读讨论《圣经》旧约时所经历的极其矛盾的心理过程。对于来自东方国家的学生来说,把《圣经》当作历史来念简直不可思议,但对于从犹太或新教家庭成长起来的学生来说,对于《圣经》的任何偏离他们信仰的解释都无异于一种亵渎或是离经叛道。但在"文学人文"课上,教授既不对任何一种理解表示同意或反对,也不从文学或历史的角度来讲解《圣经》。他像一名导游,带着学生一起在人类思想的密林中跋涉,让他们通过对文本的仔细阅读来体验思辨的痛苦与快乐。但比认为,在今天崇尚专家和专业的社会里,人们已经不再有机会认认真真地读一些书,特别是经典文献,文学、哲学和历史已经成为研究生院里教授和研究生们谋生的手段。"读书人:这才是本科教育所必须产生的结果!"只有在核心课程里,学生才能不带任何功利地阅读这些人类文明发展过程中留下的经典,从而培养一种阅读的兴趣、一种思考的习惯。

事实上,哥伦比亚学院在核心课程上数十年如一日坚持让学生阅读原著,而不是以通史的形式教授文学、哲学以及人类文明发展史,其中艰辛,外人难以体会。试想,学校那么多的大牌教授,个个学贯中西,让他们潇潇洒洒地开一些文学史和哲学通史课,岂不是要比让他们和刚刚离开中学的毛头小伙子、小姑娘们一点一点地从头开始念荷马或莎士比亚来得痛快?但是,任何通史都是经过他人咀嚼过的经典,带着史家的唾液,有时还含病菌。在一般大学里,青年学生从踏进学校门槛那天起就被告知,任何作品的产生都有其历史或文化背景,所以在阅读经典著作之前必须先了解"上下文"(context)。更多时候,大学索性以上下文取代文本(text),用通史代替经典。结果是,阅读者习惯了阅读的捷径,让他人的阐释代替自己的阅读和思考。哥伦比亚学院的教授们对于人类的惰性和大学的弱点似乎早已参透。这就是为什么每次有人提出要改变核心课程的阅读书目时,他们能大度地通融,但要他们改变小班讨论的教学方式,简直比登天还难。

(五)"哥伦比亚模式"的启示

既然通识教育的"哥伦比亚模式"以小班讨论的教学方式为特点,那么借鉴或实施这个模式是否可行呢?首先应当承认,这是一个代价极其高昂的模式。为了让每个学生都有参与的机会,讨论班只能限制在25人以下。结果是,原来一两百学生同时上一门大课,只要一个教授、一个阶梯教室就能解决的课程,现在却需要五倍以上的教师、无数会议室式的教室,再加上人手一册的若干经典原著而非一本通史教科书。对于任何没有小班讨论传统的大学来说,这不仅是一种教学观念或方法的转变,而且是一笔巨大的投资。

其次,随着当今高校问责制的兴起,"哥伦比亚模式"对于教学效果的评估也形成巨大的挑战。在大课教学中,学生从老师那里得到的"知识"只要通过一张考卷就能一览无余,而通过小班讨论,学生学到的是读书的习惯、独立思考的能力以及表达思想的方法。后者的教学效果是很难通过考试来检验的。

行文至此,我们多少可以猜测到哥伦比亚学院的核心课程在美国高校里备受冷落的一些原因了。我们生活在一个"快餐"时代，一个讲究短平快的社会里。我们的大学虽然表面看来是由教授专家治校，但很多时候其实受到市场需求的左右。我们在设计课程的时候，除了顾及教学目的和学科特点以外，还要考虑如何展示教学成果，就像华尔街的投资人需要用图表来显示股价的起落一样。基于这样的考虑，我们更愿意在教学内容方面下功夫。比如说，女权运动和民权运动的倡导者们指责核心课程让学生只读早已死去的白人和男性作家的作品，那么学校就在书单里加上弗吉尼亚·伍尔芙（Virginia Woolf）和托妮·莫里森（Toni Morrison）的作品。这样的改革在多元文化流行的今天，顺天命、得人心。与此相比，"哥伦比亚模式"坚持小班讨论的方式，逆潮流，认死理，而且劳民伤财。

但是，当通识教育作为大学本科教育的一个组成部分已经被当今社会所普遍接受时，又有多少人能够或者愿意回过头去重新思考一下通识教育的目的？假如通识教育的目的仅仅是为了给学生增加一些他们专业以外的文理学科知识，那么我们为什么不索性开一大串选修课，就像餐馆开列长长的菜单，让顾客各取所需？为了有利于学生知识结构的平衡，顶多将菜单分门别类，要求学生一定要在冷盘、热炒和甜点各项之间都选够一定的项目。

显然，这种以知识传授为目的的所谓"通识教育"和我们所理解的以素质培养为目的的"通识教育"相距甚远。依笔者愚见，以原国家教委1995年在华中理工大学召开"文化素质教育试点工作会议"为起点，国内大学所推动的"大学本科通识教育"似乎更应接近后者，即重在培养完整的人、塑造未来社会的公民和领袖。基于此，在借鉴国外大学通识教育的时候，即使"哥伦比亚模式"与其他模式相比更难实施，亦更不容易见到成效，但这样的通识教育至少在三个方面更加符合我们推行大学本科通识教育的初衷。

其一，"哥伦比亚模式"的实施将有效地打破中国教育"老师讲、学生听"的传统，帮助学生养成一种主动参与学习过程的习惯。而在大学生涯的开始就对学生进行这种新的学习方法的训练，不仅会对学生整个大学和研究生生涯产生积极影响，而且会使他们终身受益。

其二,在学习内容方面,"哥伦比亚模式"不就事论事,不刻意追求时尚,而是让学生踏踏实实地从一种文化和思想形成的历史经典中去寻根溯源。青年学生从大学伊始就树立这样的学风,将来走向社会以后遇事随波逐流的可能性大概会低一些。

其三,"哥伦比亚模式"对于很多大学现行的教学方法更是一种挑战。今天的大学教授本身大多从小在"填鸭式"的教学方式下成长起来,让他们变一下思路、换一种教法实在不是一件轻而易举的事。从这个意义上说,通识教育之于中国大学应当不仅仅是学生学什么、怎样学的问题,而且是关于教师教什么、如何教的问题。

实施"哥伦比亚模式"的通识教育,最大的难点在于师资。甘阳(2006)提出建立助教制度,充分利用现有的研究生资源,确是一个一举两得、切实可行的方案。但是,从哥伦比亚学院八十多年的经验来看,研究生最大的弱点是本身缺少深厚的文史根底。就像一名导游初次带团,虽然熟知景点,却无法带领游客进入景点所包含的历史文化底蕴。加上中国大学的研究生在自己受教育的过程中缺乏参与意识,让他们上好小班讨论课实属不易。有鉴于此,国内大学通识教育方案的设计实在需要在两条战线上同时展开。

在考虑本科通识教育的内容与教学方式的同时,还必须对研究生,特别是博士生教育的科目设置作出相应的调整。在国外,硕士教育的科目还包括一些应用型的学科,但博士教育基本上是以从事学术研究和当大学教师作为培养目标的。假如中国的大学博士点能够将这一点说明在先,那么近年来不管对教学科研是否有兴趣就盲目考研的现象也许会得到一些纠正。明乎此,大学就能名正言顺地将教学法列入研究生特别是博士生的必修课程。这样,研究生在进行专业学习和研究的同时,也接受与学科有关的教学法培训。顺利通过培训的研究生,可以让他们开始教本科的通识教育课程,既给他们提供实践教学的机会,也让他们得到一定的经济上的补贴。

与此同时,每一位资深教授必须承担一定的通识课程。可以这样说,假如一所大学的本科通识课程没有全职、资深教授的参与,那么这个学校的通识教育一定是失败的。事情有时候就是这么简单。

引 用 文 献

蔡达峰(2006).我们的通识教育:关心人与社会的发展.读书,4:12—19.

甘阳(2006).大学通识教育的两个中心环节.读书,4:3—12.

Boyer, E. (1987). *College: The Undergraduate Experience in America*. New York: Harper and Row.

Cross, T. P. (1995). *An Oasis of Order: The Core Curriculum at Columbia College*. New York: The Office of the Dean, Columbia College.

Denby, D. (1997). *Great Books*. New York: Simon & Schuster; Reprint edition.

McCaughey, R. A. (2003). *Stand, Columbia: A History of Columbia University in the City of New York, 1754—2004*. New York: Columbia University Press.

第五章　寻求表达的方式
——讲演与访谈

第一节　概　　述

中国传统对于文化人的期待历来是行事低调、多做少说,于是便有了一大堆诸如"君子欲讷于言而敏于行""大音希声""大爱拙于言"之类的说辞。连老外都似乎受到这种"陈规"(stereotype)的影响。有一次,我的美国同事招聘研究助理,一位刚从研究院毕业的中国留学生来应聘。同事与这位老弟面谈后找我征求意见,说:"我怎么老觉得他不像中国人呢?"我一头雾水,不知这对中国人是恭维还是批评。原来这位应聘者属于那种快嘴快舌的人,整个面谈过程中我的同事光是听他吹嘘自己的光荣历史,连插嘴的余地都没有,而这位同事心目中的中国人形象原是谦虚、低调、能干活、不爱出头露面等等。

也许这位年轻的应聘者代表着近年来崛起的、充满自信的中国及其文化人?其实,我以前也曾为之纳闷,孔老夫子一辈子"述而不作,信而好古,窃比我于老彭",也就是说自己写《春秋》,只是讲述史实而已,不发表看法,这样的谆谆教诲影响了中国一代又一代的文化人。可问题是,老夫子两千多年前就开始光是复述前人,那

第五章 寻求表达的方式——讲演与访谈

前人又复述谁呢?难道中国人三千年前就将人间的真理思考透彻、表述殆尽,以致后人只有复述的份?于是我对那位老美同事半开玩笑地说:"你别用老眼光看中国人了,他们多少年来一直憋得不行,现在终于开始表达了!"

话虽这么说,我心中还是有点不踏实:咱中国人到了西方人面前,到底应该保持我们谦虚低调的传统形象呢,还是应该学会张扬表达自己的个性?"说还是不说,这是一个问题。"(To be or not to be, that is the question.)

在今天中国的知识界、学术界,学者们对于学术问题的表达空间已经大为改观。问题在于,当表达成为可能时,表达的结果是否尽如人意呢?当那位快嘴快舌的应聘者沉浸在表达的欢愉之中时,他是否已经将表达的目的忘得一干二净了?这样看来,当表达成为可能时,表达的方式便成为"革命的首要问题"。

记得有一年我参加美国院校研究协会年会,要在会上宣讲一篇技术性非常强的论文,通篇由统计数据构成。这个年会一般开三天,第三天中午有一个全体与会者的午餐会,会后大多数人就离开了。我自己多年来也一直是在午餐之后就赶飞机走了,这样才能在当天回到家。不巧的是,这一年组织者将我的论文安排在第三天下午,即午餐会之后。接到会议日程我就懵了,心想,今年大概只能给自己作报告了,谁还会在午餐会之后来听技术性这么强的一个报告?准备报告的PPT时,我心灰意懒,居然一张数据表格都没有做,也没有像往常那样画任何图表,只是将文章的主要论点简单列出。

和往常一样,我提早五分钟到场。可是一踏进会场,我被眼前的景象惊呆了:会场里已经没有空位,连两旁走道都站满了人。想到手中只有几个主要论点的PPT,我不由得感到有点紧张。为了给自己壮胆,我调侃地对大家说:"你们一定是吃完中饭没地方去,到这里来消消食的,是吗?"场上响起善意的笑声。我接着宣布:"大家开了三天会,脑子里一定塞满了数字和图表。我今天向大家保证:假如我在接下来的报告中提到一个数字或展示一张图表,那么随你们怎么罚我都行!"全场哄然大笑。接下来的40分钟,我居然一点儿卡壳都没有,将一个技术性很强的研究用最通俗的语言娓娓道来。会后有人告诉我,与会者中很多人都说这是他们三天会议中听到的最好的报告。这话连我自己都同意:这是我所做过的最好的报告。

这个报告怎么会取得这种效果呢?我事后总结了这么几条。第一,这个报告的成功纯属偶然,因为它并不反映我的真实水平。真正的我讲话比这要乏味得多,因为我既没有克林顿那样的口才,也没有用功到会把讲演稿背熟。我唯一敢保证的是,这个研究自始至终是我亲手做的,因此其内容烂熟于心。第二,我在做PPT时没有准备图表,也就没有了任何退路,除了将自己知道的东西全盘倒出,我无法在忘了台词的时候装模作样地给听众讲解数据的来龙去脉,而后者恰恰是很多报告让人厌烦的主要原因。第三,我的报告不幸的时段恰是我幸运的起点,因为三天来几乎所有的报告都充斥着统计数据,大家的确累了。一般人听报告,需要"科学性"的保证,但他们并不总是需要科学的证据。我的报告可说是正中下怀。换言之,在科学或社会科学研究中,人们要求所得到的结论具有"科学性"或经过科学的论证,但是,大多数人其实并不总想将科学证明的过程重走一遍。那样的话,实在太累人。

对于上述第三点的一个旁证是,人们愿意听专家或名家讲演。为什么?除了有名人效应外,更重要的是,专家或名家的资格已经由其他人经过其他途径得到证实,因此听众觉得自己大可不必对专家所报告的结论有任何质疑,更不需要对专家的"科学"证明过程进行重复验证。人的惰性,竟是如此不可救药。

明白了这个道理,再回过头来讲学术的表达问题就比较容易了。当学者作专业报告时,他们所讲的内容往往是自己花了很长时间、下了很大的功夫研究过的问题。有的学者对自己研究的问题甚至在感情上都投入甚多,尽管科学常常排斥感情。用"敝帚自珍"来形容学者未免刻薄,但个中缘由不难理解。一般学术成果的展示或学者思想的表达有两种途径:一是专业论坛,包括学术研讨会和学术杂志,二是普及性的论坛和杂志。前者面对同行,后者面对大众。前者需要在陈述学术成果的同时将所运用的研究方法细细道来，因为同行需要这样的信息来验证学术成果的"科学性"。但在面对大众时，情况就有所不同了。如前所述，大众并无意，亦无力重复或验证研究过程，因此他们对于结论及其表达方式有着更高的要求。

这一点对于我们从事教育研究特别是教育管理研究的同行们十分重要。试想，大学的管理者一般是来自某一个学术领域的专家。但是，行业A的专家到了行业B就成了大众，这点往往为很多教育研究者所忽略。比如说，我们运用定量的方法做了某项研究后，在报告成果时恨不得将统计分析公式都一一列出，以此显示研究的科学含量。这样的报告如果发表在教育研究杂志上当然无可厚非，但如果我们跑到院长或系主任面前去宣讲的话，就得当心了。我们不能假设院长们也会和我们一样对此感到兴味盎然。连数学家或统计学家出身的院长都不一定会对一个充斥数据的管理研究报告有兴趣，不是因为他们听不懂，而是因为他们的关注点是如何解决政策问题，而不是如何进行政策研究。我自己，在给校长、院长们作过无数次报告之后，终于学会了如何做高深的研究但作浅显的报告。

当然了，常在河边走，哪能不湿鞋？我也碰到过自己的"滑铁卢"。有一次，我主持一项问卷调查，在数据回收后作了详尽的统计分析，并得到一些非常重要的结论。和往常一样，我为院长们准备了一份报告，并做了非技术性的PPT供开会时展示。由于涉及教学问题，所以院长没有事先通知我就将工程学院的一位名教授请来参加会议。我这厢还是按照平时给院长们作报告的方式进行，把统计数据一一隐去，着重分析统计研究的结果和对今后政策的影响。谁知报告刚结束，这位名教授就迫不及待地发言了："我想对你提个建议，你先给我们学院的××教授打个电话，他是统计专家。问问他怎样分析问卷数据。下次带着数据来见我们。"接着他开始给我开讲"大学统计101"，什么是样本、如何计算误差，等等。

事后我的同事们都为我抱不平，大骂这位名教授傲慢无礼（arrogant），可我却从中得到一些另类的启发。其实每一个人在工作中、生活中都时时在为自己定位,也就是说我们必须找到自己在一个事件或团体中的相对位置,然后才会自在地表达自己对某个问题的看法。这位教授在他的专业领域里享有盛名,早已习惯了在与他人对话时执掌话语大权,这次会议亦不例外。但是,正如每一场对话都有发言者和听众,每一场学术性的报告也应当是发言者和听众之间的对话,而且发言者和听众之间必须具有某种可以沟通、可以理解的先设条件。这就是为什么文学家不会去参加数学专业的年会,而数学家也不会去参加莎士比亚研讨会,尽管数学家有可能念过不少莎翁的剧作,并对此兴味盎然。行业内部的沟通有赖于合适的表达方式,而且每个行业的表达方式都具有一定的排外性。

教育管理专家们在他们自己的行业内发表学术见解时也有其行业术语,因而也具有排外性。但是,由于他们的研究所具有的高度的实用性,他们的研究成果常常需要被翻译成教育管理者们能够理解的语言方才有效。从这个意义上说,诸如"教育研究杂志上发表的文章是研究者写给自己看的"之类的抱怨其实并不完全公道。教育研究者发表的文章的确是写给自己的同行看的,其目的是增加学科的知识库存。管理者如果能够直接阅读并理解这些研究成果当然最好,这样他们不用通过别人的翻译就能直接将科学的研究成果运用于实践。但对于绝大多数的管理者来说,"隔行如隔山"的道理同样适用,而且他们也无法在日理万机的同时自学成教育研究方面的专家。因此,他们既没有必要假装能够读懂教育研究论文,更不必把宝贵的时间花在那些统计图表上面。他们需要一批能干的院校研究者来为他们做原始研究或对现有的研究成果进行"翻译"工作。

这样看来,我和那位傲慢的名教授实在应该各挨五十大板。他应邀参加他专业之外的管理会议,却不知道自己是谁,还以为是被请来检查我的统计作业的。我呢,也有责任,事前没有做足功课,不仅表达的方式不适合于表达的对象,而且在表达的对象提出疑问时没有尽快地转换表达方式,把恺撒的还给恺撒,即撤回"翻译",把统计的原文还给通晓统计的人。

真正的教育研究专家其实并不怕别人检查作业,但据我观察,绝大多数的教育研究者们,特别是初出茅庐的研究者们却经常把握不了表达方式的合适尺度。原因在于,其中有人太将自己当回事了,以为教育研究和物理科学一样是一门纯粹的科学。更多的人是缺乏对于听众的了解,没有将与听众的互动当成一件大事来看待。不管什么原因,结果只有一个:正确的研究结论、错误的表达方式。

第二节　案例点评

　　近年来有机会参加一些国内的学术讨论会,每次都觉得受益匪浅、不虚此行。国内学者对于国外特别是美国高等教育的发展及其研究成果之熟悉,实在让人惊叹。好几次我帮助国内同行邀请海外专家到国内讲学,事先一再提醒被邀的老美到中国讲学千万不要从 ABC 讲起,因为我知道国内同行有多用功。包括那些还在"读博"的学生,几乎还不能称之为"知识分子",但"知道分子"的头衔早就当之无愧了。不可思议的是,我还是一而再、再而三地碰上那些非得从头说起的主儿,不但搞得听众兴味索然,连我都脱不了轻侮国内同行智力水平之嫌。

　　也有特别善解人意的朋友们,为了不让我太难堪,对老美的讲座作如是评述:他们的内容虽然浅了一点,但他们的表达方式比较生动有趣,值得我们学习。其实这样的评价还是让我觉得别扭,好像我给他们请来的不是学术大家,而是一帮表演艺术家。而我自己,从在大学上"矛盾论"课开始,学习上就有困难,老师让我们用"两分法"对生活中的例子进行分析,我却怎么也没法完成作业。生活之于我,内容和形式似乎难解难分。我没法接受别人将内心丑陋无比的人称为帅哥美女,也断然不能欣赏一个花样百出却内容空洞的讲座。在我看来,学者对于表达方式的寻求过程本身就是一个对于新的知识的追求过程。至于最后的表达结果或效果是否尽如人意,难免见仁见智,但这种求知者的热情一定会以某种方式呈现出来,而后者正是木讷的智人也能为聪敏的听众所欣赏的原因所在。

既然我将表达的问题如此上纲上线,那么我自己又做得如何呢?在给学生讲研究方法论时常有学生问我:"老师,你讲了半天在做研究时应该做这个、不应该做那个,那你一定自己做得很好。能不能把你写的文章发给我们,做个示范?"我那个尴尬,就别提了。后来学生学精明了,索性不问我要了,自己到文献库中去找。有时我讲个什么问题,他们立即举手问我,你自己发表在某某杂志上的文章为什么没有这么做呢?几次下来,我也开始学精明了,还没等别人先问,自己先拿自己的作品开刀。这样一下子就把别人的嘴给堵住了。所以,在本章所收录的两个案例中,我再次给大家玩一下这个小把戏。省得那些听过我讲座的朋友看到我对表达方法的高论后这样对我说:"哎哟,您就省点劲儿吧。您那讲座我听过,比我给孩子唱的催眠曲有效多了!"

案例G是我在中山大学所作的一个讲演的记录稿。诸位看官在念这篇关于大学如何才能实现可持续发展的文字之前,不妨先翻到本书后面的附录二——《大学筹资,重在参与——哥伦比亚大学筹资案例分析》,念一下我在此之前就这个问题运用质的研究方法中的案例分析法所做的一项研究。作为一种研究方法,案例分析在心理学、社会学、商业管理以及其他许多社会科学研究领域中得到广泛运用。我在进行这个研究时之所以采用案例分析的方法,出于以下几点考虑。

其一,运用案例方法,研究者得以保存和展示整个事件发展的前因后果,而这一点在结合了历史研究的方法之后变得非常有效。我们在这样的案例中能够将一个事件同时作纵向和横向的描述,使之具有时间上的跨度和空间上的视野。在此案例中,我不仅将哥大筹资的历史作了简要的描述,而且对今天哥大不同部门之间在筹资问题上的合作与对策作了探讨。这样的研究运用其他方法都难以奏效。比如说,仅用历史研究的方法,我的研究必将局限于哥大在筹资问题方面的历史演变,至多只能从中演绎出一些历史的教训。运用定量的研究方法，我起码要找到上百所大学并说服他们参加我的问卷调查。哥大一例根本无法说明问题。

其二，由于我自己在哥大工作，对于哥大筹资的现状及其历史根源有着外人所难以触及的理解和感受，但我又不是直接在筹资部门工作，因而在研究中能够保持一定的距离感和客观性。顺便一提，很多质的研究方法，特别是案例分析法，不仅不排斥研究者的直接参与，而且还鼓励这种近距离的观察。比如人类学的田野工作就需要研究者直接参与。

其三，一般案例研究可分为描述型和探讨型两大类型，而我在运用这个方法时比较自觉地向探讨型倾斜。这和我的研究所具有的功利性是分不开的。和历史学家的着眼点不同，我的关注点不在于如何忠实地陈述历史，而是如何从历史的发展和现实的状况中为当今大学的政策和管理寻求依据和指导。这个研究目的决定了任何纯客观的历史或现实案例描述都不可能有所作为。只有从管理者的需求出发，对不同的史实和事实进行辨析，才能从中找到一些规律性的东西。

上述这些方法论上的考究虽然对于研究者们来说至关重要，但对于一般的管理者以及参加我的讲演会的听众却毫无意义。换言之，当我面对的是教育研究领域外面的一般听众时，我必须将严肃的研究课题通过大众可以接受的方式表达出来。这就是为什么当你比较我的研究文章和这篇讲演稿时会发现，我在讲演时几乎没有提到任何历史细节，却将全部的努力放在"讲故事"上了。

讲故事还得有技巧，而这种技巧往往为多数研究者所不屑。因为这是一个面向大学一般师生员工的讲演，而不是在教育研究行业内部的学术报告，我不得不努力地把这个严肃的题目讲得轻松一些，有趣一些。因此我在报告中穿插了不少似乎和主题无关的话题（在英文里这样的话题叫作 small talks）。但是，对于讲演效果的追求绝不能以牺牲质量为代价，这就是为什么我在答应以任何严肃的高教管理课题作讲演之前，一定已经对此课题作过研究或者会就此先做一番认真的研究。我在中美两国都参加过不少学术或非学术的讨论会或讲演会。在这样的会上主持人往往会请一些名人来作主题讲演。按照经济学供求关系的基本原理,在今天这个各种论坛遍地开花的社会上,名人一定是求大于供,所以他们的忙碌程度可想而知。但是,每一个人对于讲演的态度却大相径庭。有人名气再大,但一踏上讲台还是如履薄冰,一开口就可以听出他们事先有所准备;更多的人却是信口开河、随兴之至,他们的讲演也可能会妙趣横生,但听完以后脑子里一点痕迹也留不下来。

顺便一提,在美国文化里,small talks可一点也不small(小),美国人将这当成一个大题目来做,特别是天天和人打交道的那些人,更是费尽心机地在日常生活中积累small talks,以求能够天衣无缝地在社交场合将small talks运用自如。美国人还特别重视讲演开头的那个small talk,因为这将为他的整个讲演定下基调。如果开头没有开好,你讲的笑话没有引起听众的共鸣,那么在接下来正式的讲演中你就会感到别扭,或者无法把握听众的情绪。当这种情况发生时,你不得不在平时积累的small talks仓库中寻找新的武器,从头再来,力求尽快地和听众建立起沟通。在这里,讲演大家和平庸的讲演者开始分道扬镳。

然而,small talks的目的虽然是活跃气氛,和听众沟通,但真正高明的small talks同时又能和讲演的主题连在一起。这就要求讲演者small talks的库存不仅充足而且多样,这样才能见机行事,有的放矢。我关于在纽约接待中国代表团的small talk也许不能算是最合适的,我在此主要想和听众共同关注中国高等教育,而这种关注也许能够让他们知道我今天的讲演虽然是拿美国说事,关注的却是中国的问题。

我在这个讲演里试图说明两个问题。一是随着高等教育大众化在中国的发展,大学完全依靠政府拨款的日子已经屈指可数了。如果大学不从现在开始开拓自主筹款的途径,其未来的发展很快就会遇到资金不足的瓶颈。其二,大学筹款并不是简单地向校友要钱,校友再有钱也不一定非得捐给母校。捐助母校是校友对母校感情的一种表达方式,而感情是从学生进校的那天起就开始培养起来的。假如母校到了需要钱的时候才想起校友,他们一定要不到。这样,大学未来发展的问题其实是一个迫在眉睫的现实问题,大学需要考虑的是如何从今天开始在本科教育方面下足功夫。

中国有句老话："十年树木,百年树人。"因为教育是一个百年大计,而一届校长、学院院长顶多只能当十年(像哈佛的艾略特校长一当40年的先例在今天几乎不可重复),因此,让他们考虑十年以后的事已经不太容易,何况50年、100年以后？唯一能把这个问题讲清楚的办法是运用历史研究的方法,通过高教史上大学的成败得失来影射当代中国的问题。幸运的是,寻找这样的事例我根本不用走得太远,我自己工作的哥伦比亚大学就是一个现成的例证。这个经过250多年历史考验的学校,能够存在下来并成为世界一流大学,它的故事所具有的借鉴意义不言自明。

其实在历史与现实之间,我最关注的还是后者。近年来在国内访问了一些大学城,一方面为国内大学办学条件的改善而兴奋不已,另一方面却为大学城对本科生教育的负面影响而担忧。大学城将老师和学生完全隔离开,老师每天坐着校车来学校"上班",一下课就"下班"了。大学城之于学生不再是一个"校园",而是一个超级大宾馆。这样的大学经验,怎能培养学生对母校的感情呢？我不知道别人,至少我自己,虽然在全世界各国旅行住过很多豪华的宾馆,但回想起来,最让人留恋的不是四、五星级宾馆那些富丽堂皇的大厅,而是一些小旅馆宾至如归的服务。

同样道理,大学要想让自己的校友在离校多年以后还能充满温馨的回忆,并愿意解囊捐赠母校,光靠改进教学和生活设施是远远不够的。国内的大学代表团来哥大参观,很多人对哥大的倒金字塔形结构(5000多名本科生、12000多名研究生)羡慕不已,以为这样的大学才算研究型大学。其实,哥大形成今天的结构有其历史的原因,三言两语说不清。但是,哥大在今天美国大学中的地位却在很大程度上是由其本科教育奠定的,这点不仅国内同行有所不知,就连美国很多常春藤大学圈子外面的人都难以想象。所以我在这篇讲演中试图把这一点告诉国内的同行。成功与否,各位看官在念了这个案例之后自然会得出自己的结论。

我在这篇讲演中还试图将两个不同部门的工作放在一起考察：学生事务和大学发展。随着当今大学管理的专业化,不同行业之间的交流变得越来越困难。比如说,学生事务部门在招聘时一般要求应聘者具有学生管理方面的经验,而大学发展部门则要求应聘者具有筹款方面的经验。特别是近年来美国大学教育学院开始培养学生事务专业的硕士,另外筹款专业在美国大学里早已成为继 MBA 之后的又一热门专业。大学培养出来的这些专业化的应用性人才无疑为美国大学管理水平的提高立下了汗马功劳。但是,应用行业专门化也会不可避免地造成行业之间的隔阂。这种情况在美国大学的管理中屡见不鲜。哥大是较早意识到这个问题的学校之一。早在十多年前,哥大发展部门就开始制订一份名为"参与计划"的行动纲领,将新生收到录取通知书一直到他毕业后10周年的回校活动这个总共14年的过程放在一起来进行规划,自觉地将做好学生在校期间的工作与他们今后对母校的回馈联系在一起,将学校为学生服务作为毕业生将来为母校服务的一个前提。他们不仅在学生事务管理部门设立专职人员负责在校生和校友的联系工作,而且还将多年从事招生工作的一位主管人员任命为学校分管校友和发展部门工作的副校长。这一系列管理措施的背后所包含的理念是国内刚刚起步的大学发展部门应当思考和借鉴的。

  案例 H 是北京师范大学教育管理学院苏红博士和章建石博士在哥伦比亚大学教育学院学习期间对我进行的一个访谈。事先苏博士已经告诉我她希望将访谈整理后送交教育研究杂志发表,因此这是一个以教育研究和管理专家为听众的访谈。和我在中山大学的讲演不同,我在这里没有任何 small talks,也不必努力地通过"讲故事"来和读者沟通。我潜在的读者是行业内的人。但是,这样的访谈和自己坐下来写学术文章还是有所区别的。在访谈之前,苏红和章建石两位博士对于国内大学认证的理念、方法、体制、现状以及未来的方案设计作了深入的研究,拟出了一个非常具体而又有针对性的访谈提纲。因此在访谈中我感觉还挺顺利,谈话的逻辑思路也清楚。可是等拿到苏红的初稿后,我在为她所做的认真、细致的整理编辑工作感慨不已的同时,还是为自己言谈的拖沓、冗长所震惊,就像第一次在录音机里听到自己的声音那样难以忍受。我简直不敢相信自己的谈话记录下来竟是如此不堪卒读。此后虽

第五章 寻求表达的方式——讲演与访谈

然几经修改,但是文章的大样已经形成,无法改变了,我只得给急切的杂志编辑放行。

通过访谈来表达学术问题其实非常不易。试想,假如是作报告或讲课,你还可以准备讲稿并带到现场,忘词时你可以偷看笔记或装模作样地解释 PPT 或作其他展示。但访谈时你必须应对访谈者的问题,顺着她的思路往下走。即使你做了充分准备,写了很多的笔记,你也无法在第一时间从一大堆材料中找到你所忘记的词,因为你是跟着别人的思路走,所以你自己写文章时的那种潇洒和自如在这里毫无用武之地。有时你急切地希望将自己一些非常漂亮的想法和说辞表达出来,可别人偏偏不往那个方向去;有时你知道自己对某个问题研究不够,心中没底,暗中祈祷对方不要问这方面的问题,可后者却哪一壶不开偏提哪一壶。所以,做访谈就像很多电影导演常常抱怨的那样,项目完成后总有一种木已成舟的遗憾。

然而,正因为访谈具有这样的挑战性,好的访谈所能产生的学术和应用价值亦为其他的表达方式所难以企及。首先,被访谈者不仅必须是研究主题方面的专家,而且还须达到某种他人尚未达到的境界,能够想他人尚未想,道他人之所未道。换言之,通过访谈讨论学术问题时被访谈者早已进入了一个融会贯通的境界,他在此传达一种经过深思熟虑的理念,展示一种屡试不爽的有效方法,分享自己艰苦探索的历程,宣示经由实证分析得出的结论。听众或读者通过访谈不仅了解到研究者所运用的方法和证据,而且能感受研究者人格的魅力,分享其精神活动的欢愉,体验科学研究的过程,沐浴思想者智慧的光芒。当然,这是绝大多数的访谈努力达到却又难以达到的境地,但访谈的方式为研究者表达其思想提供了这样的可能性。

访谈的另一个优点是,研究者对研究主题的表达不再是独白,恰到好处的访谈能够擦出新的思想火花,使得研究者对于主题更加深入的探讨成为可能,其研究过程也不再局限于闭门造车。

当然,案例 H 距离我所说的学术表达的理想境界相距甚远,而且访谈主题也不完全是学术问题。访谈的起因纯属偶然。苏红和章建石两位博士来纽约访学，我们闲聊之间谈到我过去十多年来在美国大学认证机构担任评估员的经历。正好他们二人在北京读博期间亦参与了教育部为建立认证和评估体系所做的调研工作。

我多年在美国从事评估工作，对美国高校的认证体系涉足不浅，但我不了解国内在建设新的认证体系时所遇到的困难和问题。在网上看到大学校长亲自给认证小组秘书献花的照片，乐过之后竟没有多加思考。因此，当章博士希望我能就自己在这个领域做过的工作给国内学术杂志写点文章时，我竟无法答应。另一方面，苏、章两位博士对国内评估认证的问题做过深入研究，也研读过很多关于美国大学评估认证的文献，但毕竟没有亲自做过评估工作。他们知道国内在这方面的问题，也曾试图从美国吸取经验教训，但他们接触到的书本知识和美国认证机构的实际操作相距甚远。在这种情况下，两位博士提出对我进行访谈可谓对症下药，双方一拍即合。

为了准备访谈提纲，两位博士不仅花时间重温了大量评估认证方面的文献，而且从国内的同行中征集了很多相关问题。我也对自己多年来所做的评估研究和认证案例进行了整理，试图将美国的经验放到中国的环境中进行检验测试，看看哪些他山之石可以攻中国高等教育之玉。从这次经验中我更加坚定了自己以前的信念，即学术表达并不是一个简单的表达问题，表达本身就是一个研究和再创造的过程。

我自己多年从事评估方面的研究和管理工作，所以讲评估和认证方面的问题可以说是驾轻就熟。近年来和国内同行就评估认证问题进行过多次交流，还为国内的院校研究协会筹办过一届国际年会。通过这些频繁的接触，我发现国内同行对于评估的研究其实已经非常深入，而且他们对于国外在这方面的理论和实践也很熟悉。但是，知和行的矛盾在国内认证体制的设计上非常突出，原因是多方面的。除了认知方面的差异以外，文化上的差异也是一个重要原因。比如说，美国文化从来就是君子之交淡如水，所以评估团队考察学校时在遵守各种"反腐败"（其实是防腐败）规定上并没有太大的困难。甚至在商业界，千里迢迢飞到客户那里去开会,会后一口水不喝就转身上机场的情况都极为普遍。但是,中国的文化却无法接受这样的"冷遇"。我们连开奥运会都忘不了将"有朋自远方来,不亦乐乎!"当成文化的精华向世界宣示。因此,国内的大学认证体制设计与其说是一个学术问题,不如说是一个文化问题。

但是,认证中的"防腐败问题"虽然在美国比较容易解决,却并不是不存在的。事实上,多年来参加美国大学的认证,我深深体会到这样一个道理,即人同此心,心同此理。人都是趋利避害的,假如有机会,美国的大学领导也不会放弃任何机会为自己挣个好的评分。比如说,美国大学认证机构明确规定,被认证大学不得以任何方式向认证团体赠送礼品。但是,每次进到学校为认证团队成员订好的饭店房间时,我都会为主人极具创造性的送礼方式而惊叹不已。不是说不许送礼吗?送点水果总可以吧?但房间里的水果可不是一般的散装水果,而是水果礼品篮,价值起码三四十美元。也有大学以天气预报有雨为名,给每人送一把带有学校 logo 的雨伞,学校礼品店里标示的价格是二三十美元。而且,除了进校的第一天校长在他的官邸为认证团接风以外,剩下的每一顿晚餐学校都会为认证团在当地最贵的饭店订餐。诸如此类的小花招也许会让国内习惯于大手笔的同行们感到好笑,但是,花招背后的意思难道不是一样的吗?而且"意思"不分大小,表达到了就行。

不过参加了这么多次的认证,我不得不承认,被认证大学虽然努力取悦认证团,但后者在认证过程中却很少为之所动。可以举一个反证。有一次我去一家大学认证,下了机场居然找不到接我的人或车,于是我只好自己叫了一辆出租车。到了以后才知道,其他团员也是同样遭遇。学校负责接待的人不但不承认招待不周,反而说我们忘了提前给他打电话。在接下来的几天内,校方在住和行两方面都给认证团带来很多不便,以至于我们一位做了二十多年认证的同事都摇头说从来没见过这么不会做事的学校。尽管如此,该校各方面的工作还的确做得不错,特别是他们对学生的在校生活可以说是关怀备至。最后,认证团不仅给学校认证一次通过,而且还对该校各方面的工作给予了高度评价。

美国的大学认证制度之所以没有政府参与却享有极高的信誉,这和它背后所包含的哲学理念有关。因此,为这个案例作访谈时,我主动提出先谈美国大学认证的理念。美国的大学认证制度的设计和世界上大多数的国家都有所不同。由于大学认证是民间的,是大学为了摆脱政府控制所采取的一种自律行为,因而其设计本着一种自己对自己负责的精神。有了这个背景,我们才能理解这个制度设计的原理,也才能解释许多难以解释的问题,并在借鉴美国经验时不至于生搬硬套。比如说,美国认证团队的成员是不取报酬的。这一点在中国实行得了吗?不取报酬的好处显而易见:认证专家和被认证学校之间没有任何的利益关系。但是,美国大学认证专家们之所以愿意义务劳动,那是因为美国高校的自律理念和传统。参加评估是专家个人对高等教育行业的一种奉献,也是专家所属高校对整个行业的贡献。在自律的框架下,认证可以视为一种公民行为。高等教育之所以能够不受政府的管制,而且能够维持下去,就是靠每一所大学的每一个人都具有某种行业自助的精神。这种制度能否在其他国家复制,就值得研究了。如果我们没有看到制度后面的理念,而只是盲目地拷贝其方法,那么结果难以想象。但假如我们借鉴其方法,并根据国情加以改造,在如何付费、付给谁、怎样监督等其他方面进行可行性研究,那么我相信我们一定能够设计出一种既符合国情、又能杜绝腐败的大学认证制度。

由此可见,通过访谈表达学术思想,和闭门写作大不一样。被访谈者学问再深、见识再广、谈吐再幽默,也无法单独产生好的访谈。访谈这种表达方式要求访谈双方高度配合,事前做足功课,事后在文字和内容两方面精益求精。在这里,苏、章两位博士虽然为我搭建了一个很高的平台,但由于我能力有限,完成的"产品"其实并不尽如人意。

案例 G　一流大学的可持续发展战略：大题目，小故事①

我今天感到非常荣幸，能有机会在中山大学与大家一起交流，不敢说是学术交流，因为今天的话题不是谈严肃的学术问题。作为中山大学院校研究的开题报告，我想把非常严肃的学术问题变得轻松一点，讲点有趣的事情。我想根据自己这些年在纽约哥伦比亚大学工作的经历和体会，跟大家谈谈作为一所一流大学怎么才能够保持辉煌，不是十年，不是二十年，也不是五十年，而是一百年、两百年，甚至一千年。

为什么想起这个题目呢？我来哥伦比亚大学工作之前在美国好些地方都工作过。一开始在美国南部待了一些年，然后在中部科罗拉多、西部加州也待了一些年，最后到了纽约，发现这是个很好的地方，就待下来了。这么多年来我一直都是在美国的大学里从事管理和教学方面的工作，没有太多机会和国内的高等教育界接触，因为我的工作职责和国内的高等教育没有太大关系。我不太喜欢说自己身在曹营心在汉，因为在美国如果身在曹营心在汉，那么这个饭碗是保不住的，我确实是身在曹营心在曹营，但还是常常想起国内的高等教育，总希望能做点事。来到纽约之前没有机会，但是来纽约后机会突然来了，而且来得我连挡都挡不住。

这些年来，国内有很多高等教育代表团出国访问，很多大学校长、院长和教授们随团访问美国。人大概都有一种"到此一游"的心理吧，到了某个地方，如果没去那个地方最有名的观光点就等于白跑了。所以高等教育代表团到纽约以后都要去哥伦比亚大学。哥伦比亚大学在曼哈顿，占地很小。不像中山大学，我刚刚才知道你们中山大学有四个校区！中大的南校区，今天早上转了一圈已经把我转晕了。四个校区把我们哥大人要羡慕死了，我们在曼哈顿一共才多大点儿地方啊！因此，我们学校领导一天到晚接到纽约总领馆教育组的电话，希望他们接待中国来的教育代表团。后来哥大受

---

① 本文根据作者 2008 年 10 月 21 日在广州中山大学的讲演整理而成。

不了了,就跟他们说:你们还是稍微有所选择地带来吧。长此以往领馆也受不了了,国内来的每个团都是有点来头的,他们也不能挡。后来想了个办法,有时中国来的代表团哥大不能接待的话,代表团的联系人就给我打电话,说你就代表哥大,给他们介绍介绍吧。这样我就有机会在过去十年中接触了很多国内高校的代表团,使我有可能对国内这些年来的高等教育发展有一个了解。一开始跟他们接触时,我以为大家只是来旅游旅游的,第一次来纽约总想看看哥大漂亮的校园。但是后来我发现他们不是,很多代表团确确实实是想到哥大来取点经,看看辉煌了二百五十年到今天还在辉煌的大学背后究竟有什么秘密。一开始我跟他们唱反调,说:"中国的大学我知道,都是从国家那里拿钱。你们到美国来不应该看哥大,应该看美国的州立大学。像加州大学这样的公立大学和国内大学至少有些相似之处。"但是他们说不行,我们中国的改革开放有一个原则,就是我们要么不引进,要引进就要引进最先进的。这个原则近年来我回国多次逐渐体会到了。比如地铁,要是在纽约坐过地铁然后跑到国内来坐,会觉得纽约的地铁简直一塌糊涂,又脏又差又乱。国内地铁很新,什么都是新的。因为中国引进的是国际最新的地铁技术,而纽约的地铁则是一百多年前的技术了。后来我明白了,这个理念贯彻到高等教育领域也是如此。但是这个想法运用到高等教育领域里就不那么简单了。多少年以来,我一直想不清楚,在美国像哈佛、哥伦比亚、普林斯顿这样的学校,为什么能够两三百年来一直保持辉煌?中国的大学虽然从表面上看来确实更像美国的州立大学,但是他们把眼光集中在像哥大、哈佛这样的学校,自有他们的道理。作为东道主,我总得告诉他们一些东西,要不然就太对不起远道而来的客人了。我带大家转了半天,除了告诉他们哪幢房子是干什么用的,我没有给他们太多贡献。所以这么多年来我自己做了些研究,并且一直在思考这么一个问题。

我今天这个题目是非常容易被误解的。我偷了"可持续发展"这个词,因为我想了半天也想不出一个更合适的词,可以用来表述多少年来保持发展并且持续辉煌这么一个意思。后来我想起现在有一个很时髦的词叫"可持续发展",但是不巧的是,"可持续发展"

这个词从来没有人用到教育上。大家知道"可持续发展"这个词，一开始是在1987年世界环境发展委员会发表的一个报告中提出来的，但是这个概念一直是用在自然、环境、社会等方面的发展上。我查了很多文献，至今没有发现有人用"可持续发展"这个概念来谈高等教育的问题。我看了"可持续发展"的定义，"可持续发展是指既满足现代人的需求又不损害后代人满足需求的能力"（1987年世界环境发展委员会的报告），那么高校发展是不是也有这个问题？我们国内高校在过去十到十五年之间的发展，从几千人的学校一下子变成了几万人的学校，在发展的时候我们是不是也要想一想我们究竟能持续发展多久？

从我个人来说，隔岸观火体会是很不一样的。我跟陈春声副校长碰了两次面。第一次碰面的时候晚上一起喝茶，喝了一个小时的茶，他有半个小时在打电话。今天的大学管理非常紧张、非常复杂，作为校领导必须时刻面对并处理高速发展过程中暴露出来的各种问题。我很同情他，他的工作要是给我做，我也许不会接受，给再多钱也不干，因为他的工作非常非常辛苦。但是在辛苦之后，我们这些旁观的人也好、我们的领导也好、我们的学校也好、我们的教师也好，是不是也需要想一想我们今天所做的事情对学校未来的发展有什么影响？从这个角度来说，"可持续发展"这个概念特别适合作为一个框架来考虑我们高等教育的发展问题。美国有个"可持续发展研究院"对可持续发展下的定义更加具体，他们认为可持续发展的目的是发掘复杂系统中导致不可持续性的行为，以达到重整系统的目的，并将人类的心态调整到有助于人类社会的可持续发展。把这句话中的"人类社会"用高等学校或大学替换就再恰当不过了！今天我希望能够用一些小故事、我个人的一些体会把我借来的这个概念讲清楚，看是不是有一些值得我们思考的问题。

首先，我想用这个借来的概念说清楚大学的可持续发展是怎么一回事。有一次我到美国一所一流的大学作评估，晚餐时校长跟我们一起聊天。校长当时刚上任不久，做了一些事情，受到很多人的批评，特别是社会上的人的批评。当时校长讲着讲着就激动起来了,他把桌子一拍,说:"都是胡扯,我们大学是干得最好的!你们告诉我,那《财富》杂志评出的五百强公司,有哪个公司历史比我们学校还长?有哪个公司能够持续像我们大学这么长的时间?"的确,五百强当中最长的也就150年。前不久雷曼垮台了,雷曼也是150年,消失了!你有没有听说过哪一所大学动不动就从地球上消失了?没有这样的事情!那些大公司要钱有钱、要什么有什么,但它们为什么没有我们这些大学这么有生命力?我听了以后觉得也有道理。那些大公司、超大公司三天两头就倒了,最近一个月内倒了多少大公司啊!华尔街投资银行曾经是不可一世的,一下子就倒了。为什么?特别是看看欧洲那些大学,如牛津大学从1096年创立到现在已经近一千年了,说明大学的发展有自己的规律。很多事情习以为常以后就不觉得了。所以老百姓发起火来就会骂:大学花了我们纳税人这么多钱,结果大学生却培养得不成样子,一塌糊涂,等等。但他们骂人时从来没想过:为什么从来没人去骂那些大公司?其实那些大公司的运作很简单,它们挣钱,而且挣的钱只要在华尔街股票市场上不往下掉,就没问题。大学就没有那么简单了。

所以,大学的发展和社会上其他机构的发展确实不一样,但不一样究竟在什么地方呢?这事我很长时间想不清楚,后来我就考虑这样一个问题——什么东西是现代大学的立校之本?昨天我跟黄达人校长聊天,受宠若惊,因为黄校长说他把我写的一篇文章——《教授就是大学》——作为他好几次讲演的题目。黄校长说屡次引用我的这篇文章,我觉得很不好意思。据有人告诉我说,《教授就是大学》这篇文章在国内的影响特别大。为什么呢?可能是教授们非常高兴,因为终于有人站出来给他们说话了。这些年我在国内大学还挺受欢迎的,可能和我为教授们说过话有关系。可这话说完以后,近年来感觉有点不对。我觉得有很多人把我的原意给曲解了。曾任清华大学校长的梅贻琦有句话说"大学者,非大楼也,大师之谓也"。这话和我说的"教授就是大学"听起来是同一个意思,就是强调大学的立校之本是教授、是大师。一个好的大学要有大师,有了大师就意味着有科研经费,有了科研经费意味着可以招很多的研究生,能够招很多研究生就意味着该校的学术地位提高了,学术地位提高了接下来很多好事情就来了,排名也上去了,皆大欢喜。但这一连串的因果关系里是否存在什么问题呢?我当时写那篇文章针对的是大学的行政体制,因为多少年来中国的大学一直是行政主导,教授始终是在中国的行政系统这个官本位体制下面生存的,所以强调教授在大学里的地位时,我的原意是和行政相对立的。但是,我觉得很多教授听了我这话后,把教授和学生对立起来了。于是他说:对啊,教授就是大学啊,我们教授说了算,学生算什么啊?学生在这儿待四年就走路了!学生上大学,特别是上名牌大学,就是冲着我们这牌子来的。我爱给他些什么就给些什么,我爱上课就上课,明天外面有挣钱的机会了,有地方拿科研经费了,我拔腿就走。学生有什么关系啊?没什么关系!所以我现在到国内大学讲演再也不敢提"教授就是大学"了。相反,我几乎想说"学生就是大学"了。这话有没有道理呢?我到现在还是觉得"教授就是大学"是我们应当坚持的口号。在官本位主导的行政体制下,我们必须强调教授才是一个大学的灵魂,大师才是一个学校的灵魂,但是在今天教授的地位大大提高了之后,我们需要回过头来想一想还有谁是大学?我觉得还有"学生就是大学"。

我想在提出新的口号之前,先做一些历史回顾,以哥大的历史和故事来说明为什么"学生就是大学",学生究竟重要到什么程度。

教育史家们笔下的高等教育史很复杂,但现代大学的发展模式其实并不复杂。一开始,在英国以牛津、剑桥大学为代表的大学模式是住宿学院(residential college),这个模式被叫作 Oxbridge,专指牛津、剑桥式的大学本科教育模式。大家如果有机会去牛津和剑桥转转,会发现这两所大学都是以学院为基础的。你们会看到一个个的小院子,里面就是一栋学生的宿舍楼,而学生的宿舍其实就是学院,其功能相对于大学是独立的。比如你进了牛津大学,那里的学生一般不说自己是牛津大学的学生,而是说自己是某个学院的学生。住宿学院是本科生教育的基地,它们不仅是学术单位,而且也是社交和生活单位,学习和生活糅合在一起。本科教育的课程大多以学院为单位来进行。

这样一种大学模式发展到 19 世纪后期被德国的研究型大学（research university）模式取代了。德国的大学，特别是洪堡大学，开创了一个先例，就是大学要搞科研。搞科研就要找大师，所以教授和科研一下子被推到了前沿。其实，在德国的研究型大学开始发展的时候，美国大学的模式仍然是以英国式的住宿学院为主。虽然美国当时的住宿学院不完全像英国的牛津和剑桥，但是他们的重点还是放在本科生教育上的。后来到了德国模式开始推广的时候，美国的大学就开始往研究型大学的方向发展了，最典型的就是霍普金斯大学，它是美国最早的研究型大学。后来哈佛开设研究生院，也受到了霍普金斯大学的影响。同时芝加哥大学也开始探索，带领美国大学往这个方向逐渐发展。

进入 20 世纪以后，美国大学特别是私立大学发展的最大的一个特点就是他们并没有抛弃住宿学院的传统，而是在保持了住宿学院传统的同时又吸收了德国研究型大学的传统。最后美国的大学是什么模式呢？我记得加州大学前校长克拉克·克尔（Clark Kerr）写了本书，里面造了一个新词，后来是大家都非常接受的，即复合型大学（multiversity），意思是说美国的大学是一个综合体，它接受了以教学为主的英国模式和以研究为主的德国模式，但美国人又加入了新的东西叫"服务"（service）。Service 的概念比较复杂，包含很多东西。从教授的责任来说，除了教学和科研以外还要参与学校管理和社会工作。比如说一个生物系教授，除了教生物课、研究生物课题以外，每年还要有相当一部分的时间要参加学校的行政管理，如招生委员会等都有教授参与。复合型大学还有个意思就是多元的大学，多校园、多学科、多方面综合发展。这样一个模式至少到目前为止证明是非常成功的。成功在哪里？只要去看一看世界上公认的一些大学排名（虽然我从来不相信大学排名，但它是社会大众对于大学学术水平的一种共识），美国大学一定是占前几位的。事实证明美国大学的这种模式还是相当成功的。还有一个模式就是苏联模式，高度专业化大学（specialized university）。中国的大学一直到 20 世纪 90 年代末都可以纳入这种模式。

最近十几年来，合并与调整导致了中国的大学逐渐脱离苏联模式而向美国的模式发展。这究竟是好事还是坏事另当别论,我在这里不评价国内的大学合并问题,我只想指出一点,就是我们确实都在向美国的这个模式发展。学习美国模式的同时也带来很多问题。就像我们刚才说的,现在大学越来越大,陈春声副校长头上的白发要比他做教授的时候要多出很多倍。问题是,现在大学变得越来越复杂,而复杂并不代表变得越来越好。国内大学在介绍和学习美国大学的时候,往往只谈其中的"德国因素",即大师和科研的问题,而忽略了美国大学的"英国因素",即本科教育和住宿学院的问题。每一年不说别的,到了 10 月份,国内报纸就有铺天盖地的关于中国为什么得不到诺贝尔奖的讨论。每一年到了这个时候我都感觉不太舒服。英文中有一个词叫作 sick,我觉得非常 sick。这不是生理上的,而是感情上的。我觉得这种讨论让人觉得非常不舒服,有一点阿 Q,又有一点酸葡萄心理。这种心理非常复杂。

  我们需要找一找根源。获诺贝尔奖不是三天两天就能突击出来的,大学的成功也不是以是否出了诺贝尔奖得主来决定的。美国成功的大学背后究竟有什么秘密呢?我总结了一下,大家讨论得很多的原因包括美国大学的学术自由、科研能力、名师、生源等,这些都是因素,但是我觉得到目前为止国内大学还没有真正花功夫去研究的,是美国大学非常特殊的一些机制。特别是美国一些私立大学得以成功,有一些其他大学难以复制的机制。那么这些机制究竟是什么呢?我想从本科学生教育的角度来谈一谈。

  首先讲竞争机制。美国大学的竞争机制是怎么设置的呢?比如大学招生,国内是谁分数高谁进一流的大学,然后一流下来是二流的,二流下来是三流的,依次向下排。高考制度究竟好不好,我们已经讨论了很多年了。我是 77 级的大学生,当年恢复高考后是第一届,到今年正好是 30 年。很多人写文章纪念恢复高考 30 年,我看了非常感慨。30 年来,在还没找到更好的体制之前,高考还是最不好的体制当中最好的体制,所以我并不赞成取消高考。但是高考最大的一个问题,就是把大学的竞争机制变成了一种非常机械的、按照分数来排名的机制。美国大学高考的竞争机制是如何运作的呢?他们首先通过考试让学生知道自己的学术水平,知道自己应当报考哪些和自己水平相应的学校。然后政府把钱发放到学生手里,让大学在挑选学生的同时学生也能挑选大学。这一点非常有效。比如说,你的高考成绩够得上申请某一类的大学,那么你申请的学校就会要你填一个经济情况调查的表格,这张表格填妥交上去以后,就知道你想上的那些大学需要花多少钱。比如考上你想上的那所大学,一年要花10000块钱,而你父母亲只能负担5000块,还剩5000块怎么办?联邦政府和州政府就会一起把这5000块放到你手里。这个时候你就是老大了。假如有10所大学录取了你,是他们先挑选了你。但最后你决定到哪所大学去读书由你来挑,而不只是大学来挑你,因为联邦政府的钱在你的手里。对于这10所大学来说,他们需要通过努力来吸引你到他的大学去,使你觉得把钱花在他那里才能物有所值。要证明这点不容易。上美国的大学和在中国一样要填很多志愿,但是美国学生有一个最大的权利,即挑选的权利。这个权利逼着美国的大学向学生证明自己的学术与服务的优秀,证明自己的大学值得上。这样的事如果放到中山大学,而你是这个学校的校长或这个学校的教授,你敢怠慢学生吗?你要是怠慢了学生,到明年这些学生跟他们中学的学弟学妹们说,别去中山大学了,中山大学一塌糊涂啊,我去年去了真是后悔啦!中山大学明年这个时候还招得到好学生吗?竞争机制就是这样形成的。

其次,是精心设计的本科教育模式。我在后面会稍微花点时间讲一讲为什么本科教育那么重要,这里暂不详谈。

再者,就是教育经费的筹集方式。我今天早上问了一下中山大学究竟在多大程度上是靠政府资助的,因为我听说中山大学靠近香港,得到很多香港的捐赠,好些大楼就是靠捐赠建造的。但现在中山大学绝大多数教育经费还是靠政府拨款。政府拨款有什么好处呢?至少陈春声副校长的头发变白,不会是因为操心钱的问题。美国的私立大学却没有这么幸运。最近自从华尔街崩溃之后,美国私立大学紧张得不得了,因为它们的运作要靠校务基金。每年学校在校务基金的利润中只能抽4%~5%作为运作资金,其余就要靠学费来补。如果华尔街一崩溃,那么原来每年能拿1亿的话现在就只能拿5000

万了。这是很大的事情，所以校长需要操心钱的问题。

　　需要操心钱，和我们居家过日子的体验相似。如果有两个人，一个是富家子弟，一个是穷人家孩子，我们排除其他因素，这个富家子弟的成长和穷人家孩子的成长一个最大的区别是这个富家子弟不用时时操心钱，但穷人家的孩子总在想：我妈妈今天给我十块钱，这十块钱我要怎么花？我是去外面买冰棍吃呢，还是去买本书呢，还是去买别的什么？他面临很多的选择，他必须随时作出选择。所以穷人家的孩子，从懂事那天起，因为手里的钱有限，他就得做很多很多的选择，选择多了人就聪明了。当然，我不是说国内的大学都是富家子弟，但起码对金钱的感觉和美国大学，特别是美国私立大学的感觉是完全不一样的。没钱怎么办？得去外面要钱。要钱可是一门学问。而富家子弟往往什么事都能干，但要钱的事绝不干。我到美国后有一件事干不了，就是募捐。从小缺少这方面的训练。我女儿就不一样，她在美国学校里参加各种活动，学校动不动就组织他们到外面去募捐，募捐够了再参加学校组织的活动。她一开始说这还不容易，我爸妈有钱，找我爸妈拿钱就是了，但学校说不行，这钱得是你募捐来的。所以美国的小孩就到外面去募捐，有的小孩在火车站卖巧克力棒，他卖的巧克力棒一块钱一根，其实成本只有五毛钱，那剩下的五毛钱就是他筹得的款项，他筹到钱以后才能跟学校去春游。这是美国小孩的想法，可国内的小孩没有这种想法。美国人从小就知道如何去要钱，也知道怎么要。还有一个更重要的问题是，你老觉得人家向你要钱应该不是一件很好的事情，所以你被别人要钱时也不会觉得很高兴。其实人类的心理恰恰相反，有时候别人不向你要钱你还觉得挺寂寞的。这事你们没有经历过，因为在国内不大有这种事情，所以你一般不太会去想。在美国我常常在坐火车回家时看到有孩子在火车站要钱。我们那个小镇上也住了很多国内去的新移民，他们在国内的环境下长大。很多中国人不太愿意掏钱买小孩子的巧克力棒，觉得小孩子就应该让他回去念书，在这要钱浪费时间！孩子的爸妈就不能给他一点钱吗？所以中国人一般是不掏钱的。那些孩子很聪明，他今天一天募捐回来，就会想今天捐钱的都是些什么人，而向中国人要钱他们一般不会给,所以就不去问他们要了。我有时从孩子们身边走过,他们不问我要钱,我会觉得特别失落。给学校捐款也是一样的心理。我从美国大学毕业以后,学校发展部门每年给我寄信、打电话,说学校今年捐款的时间又到了,你准备捐多少钱?我就习惯性地给一些钱。但是有时候学校不打电话来,我就会感到奇怪。怎么没给我打电话要钱呢?有时还会觉得挺失落的。对于一个大学来说,要来的钱和政府给的钱区别何在呢?要来的钱一是用起来非常仔细,不会浪费;二是随时得向给钱人报告钱的用处,以保证下一次还能要到钱。

下面我要讲哥伦比亚大学的故事。哥大是1754年建校的,建校以后搬过两次家,有过三个校址。哥大在1754年刚建校的时候就在今天曼哈顿下城的华尔街一带,到了19世纪中期,房子不够用了,就搬到曼哈顿中城,即今天时代广场东面的麦迪逊大道那一带。这个校园一直用到了19世纪末,又不够用了,便搬到了上城。所以哥大现在的校址是在1900年的时候启用的。哥大在曼哈顿二百五十多年的发展中,从一开始其校务基金就有很大一部分是曼哈顿的房地产,哥大是曼哈顿最大的房产主之一。比如说,洛克菲勒中心到20世纪90年代一直是哥大的房产,这11英亩是曼哈顿的黄金地段,属于哥大,这是多大的一笔产业啊!虽然哥大是私立学校,但一开始对要钱这件事情没有兴趣,因为它有房地产,就像我刚才说的那个富家子弟,祖上传下来一大笔房地产,靠吃房租就够了。直到1960年,哥大1.42亿美元的校务基金在美国私立大学中排名第四,一直是非常富有的。公子哥儿不缺钱,对钱的概念就不是很清楚了。所以哥大有这么个"君子不言利"的传统。我说君子不言利指的就是哥大从来不愿意向校友去要钱,从来不募款。1953年科克校长上任伊始,校董会主席就告诫他:"不要在筹款上花任何时间,要集中精力搞好教学。"而且当时哥大有个不成文的规定,任何超过100万美元的捐款都不要。今天听起来不可思议:有这么傻的人吗?在20世纪50年代的时候哥大要开设一个有关艺术的学科项目,当时有个校友说他要给这个项目买单,但是这个项目超过了100万美元。学校对他说:你这个钱我们不能要,因为超过了100万这个上限。

哥大"君子不言利"的认识误区在哪里?我总结了一下,有两个误区。

第一个误区是将校务基金押在房地产上,而不是积极地发展校友关系、向广大校友募捐。房地产是需要维修的。抽水马桶坏了、水管子爆了,这些事需要房地产主用钱去维修,而这些费用要从收到的租金里面支出,这是再简单不过的道理了。

此外,在20世纪60年代末,哥大发生了一件震动全美的事情。1968年中国在搞"文化大革命",西方也在搞"文化大革命",大家听到比较多的是法国的"文化大革命",其实美国的"文化大革命"也搞得很厉害。当时学生非常左倾,经常上街示威游行,而哥大是美国左倾势力的重镇。1968年哥大发生学生骚乱,起因是一件很简单的事情。哥大当时准备在校园旁边,即哥大的校园与曼哈顿黑人区哈莱姆接壤的地方建一个体育馆。住在附近的居民提出了意见,说在那里建体育馆会给他们的生活带来很多不方便。当时哥大的学生一听就火了,说我们是哥大,居然去侵占、抢夺黑人兄弟的土地,侵犯他们的利益,这个校领导罪该万死,于是他们就开始造反了。学生占领了学校行政大楼,而且把哥伦比亚学院的院长关在楼里,要学校答应他们的诸多要求才放院长。最后,校方只得要求纽约市动用警察驱散学生。骚乱平息以后带来了很多法律上的纠纷。所以哥大到60年代末的时候债台高筑,因为法律纠纷打官司花了很多钱,同时哥大当时的房地产生意做得一塌糊涂,洛克菲勒中心非但不挣钱而且亏钱。这两件事情加在一块,让哥大债台高筑。

此时的哥大领导已经意识到,再不开始通过向校友募捐来筹集资金,哥大的校务基金将难以为继。但哥大在募捐时犯了一个战略性的错误,即把眼睛盯在几个非常富有、非常有名的校友身上。本来向有钱人要钱是天经地义的事情,但是在向有钱人要钱的时候,哥大却忽略了虽然默默无闻但对母校无限忠诚的广大校友。这些被忽视了的校友的感觉也许就像我出了火车站没有小孩向我要钱的那种感觉一样。其实,学校不主动亲近校友、不向校友要钱,时间久了校友对母校必然若即若离,他们对母校有再多的感情,亦无法表达。相比之下,哈佛、耶鲁、普林斯顿这些学校多少年来始终坚持发展、培养校友关系,他们向校友要钱亦成为一件很习惯的事情。普林斯顿的校友会觉得给母校捐钱是一件最荣耀的事情,他们有这么一个传统。但是哥大不但没有这个传统,而且因为哥大校方的眼睛只盯在有钱的校友身上,无形中伤害了其他校友的感情。经费的削减导致学校在校友关系方面投入不足,投入不足导致学校的捐款运作不顺利、校友会机制不健全。由于校友会机制不健全,又打击了校友对母校的信心,结果造成了人心涣散,反过来又对今后的募捐产生了非常有害的影响。

第二个误区是重研究生、轻本科生。哥大领导多少年来一直认为,有世界一流的教授和学科,就能做到名牌不倒。在20世纪有一段时间居然有人提出要把哥大建设成纯研究生的大学,不要本科生。提出这个建议可不是开玩笑,学校居然还为此讨论了很长时间。本科生一天到晚闹事,讨厌死了。研究生多好,教授们光指导一些研究生,也不用上本科生的课,科研又能出成果,皆大欢喜。这个逻辑的错误,我们下面再谈。

在本科教育方面,哥大多年来一直对本科生宿舍的建设兴趣不大。因为哥大处在曼哈顿,社会生活非常丰富,学生只要坐上地铁,20分钟就到了时代广场,看百老汇、听歌剧、上酒吧……曼哈顿可以说是应有尽有。但是他们忘了一点,曼哈顿生活是丰富,可需要钱哪。如果去看百老汇,现在看一场百老汇演出大概前后要花费一百多美元吧,一般学生是消费不起的。但学校认为,学生宿舍关系不大,只要曼哈顿生活丰富就行了。而且校方对校园里的餐饮和社交设施始终没有给予足够的重视。学校认为学生的主要任务是学习,学生上完课以后,爱干什么就去干什么,学校不必提供这些设施。于是哥大就成了一所名副其实的走读大学。走读大学的后果是本科生在大学上了四年以后,对学校没有感情。有一个词,我是在研究美国大学时学会的,到现在还没有找到非常恰当的中文译法,叫"the sense of community"。我一直不知道community这个词怎么翻译比较好,我认为"社区"不是一个很恰当的中文译法。

有人译作"共同体"。Community 这个概念指的是,大学里的教授(甚至包括教授的家属、孩子)、学生、职员(即行政管理人员),是一个大家庭的成员。一所学校会花很大力气营造一种"sense of community",就是让每个人都觉得自己是这个学校的一部分。从哥大当时的校园氛围来说,这方面显然非常糟糕,学生对学校没有认同感。在学校时没有认同感也就罢了,因为反正哥大有大师,学生在一个专业毕业以后,哥大这块牌子也够响的了,到外面随便找个工作还是挺容易的。问题是,时间久了以后,毕业生回想起大学生活,觉得哥大没给过他什么东西。他认为是自己在那里努力学习才有他的今天,因此学生不认同学校。

更严重的一个问题是,没有 community 的大学忽视了大学生活的心理学基础。美国的大学有两种,一种是像常春藤那样的传统大学,招收高中毕业年龄的学生,另一种大学招收那些在社会上工作过、生活过的非传统年龄的学生。哥大属于前者,学生进大学时都是十七八岁,毕业的时候是二十一二岁。有一个电视剧的名字叫《激情燃烧的岁月》。大学这四年是人一生当中激情燃烧的岁月,这四年可以说影响人的一生。如果大学在学生这四年激情燃烧的岁月里,只是教他们专业知识,而不好好花功夫帮助他们在情感上、思想上健康成长,那学生毕业了以后,到了 30 岁、40 岁、50 岁以后,功成名就了,他们回想大学四年,会想到什么呢?一片空白。在这种一片空白的情况下,他能把钱掏给你吗?这是不可能的事情。所以轻视本科教育的后果是,校友和母校之间的关系若即若离。从学校今后的发展来说,经济后果严重:没有校友会为母校解囊。以哥大为例,至 20 世纪 90 年代初,哥大在 8 所常春藤大学中,录取率最高,达到 1/4,而录取了以后只有 40% 的学生会接受哥大的录取,这在常春藤大学中是最差的。而且历届学生回馈母校的比例,哥大在常春藤大学中也是倒数第一。哈佛一般是在 40% 左右,普林斯顿达到百分之六十几,哥大很多年来一直在 18% 左右徘徊。录取率过高、捐赠参与率过低,这样的结果使得哥大在各种各样的排名中一直丢分。

一直到了 20 世纪 90 年代中期,哥大才如梦初醒,意识到对本科生不重视其实是哥大发展史上最大的失策。为什么呢？一个很简单的道理就是我们上面说的心理学基础。我不是说研究生不重要，但是研究生和本科生有什么区别呢？第一，上研究生的时候，学生已经过了"激情燃烧的岁月"。这当然不是绝对的，我不是说过了二十一二岁以后就不燃烧了，但这个燃烧的力度就不太一样了。而且人过了22岁，特别是大学毕业以后，心思就比较多了，要考虑找男女朋友、结婚、成家、经济问题、今后的工作、照顾父母亲……研究生的心思是比较分散的。再者，研究生和本科生最大的一个区别是研究生读书的目的非常明确。研究生进入专业时知道今后要干什么，但是本科生不清楚。美国大学和中国大学不大一样，中国学生在中学就分文理科，但是美国大学，如哥大，头两年都不分专业，都要上核心课程，到三年级才分专业。所以大学是大学生的探索时期，是人生观形成的时期。一个大学如果没有一群忠诚的本科生，只剩下研究生，那它就剩下了一个非常实用的群体。美国有这么一个传统，因为每一个研究生都是从本科生升上来的，如果他上的本科学校对他很好，他一辈子就记得本科学校。研究生不会太关心校园生活，而是更多地关心自己的学业。多少年以后功成名就了，他们首先想到的还是上本科的那所学校。对于大学来说，打个不恰当的比方，本科生就像是亲生儿子，研究生就像是从人家家里领来的养子。并不是说领来的没有感情，但是对学生来说，本科生院好像是亲妈，研究生院好像是后妈，就这么简单。对于一所大学来说，抓住了本科生阶段就抓住了学生的那颗心。所以，我总结了一下：美国大学其实最成功、历年辉煌不减的一个真正秘密就是——倾其所能去设计完美的本科教育经验。在这个精心设计的经验中，学校不仅要让学生在学业上有所得，而且要让学生在社会、感情生活上满载而归。这样的学生在他们今后的人生道路上不论境遇如何，都会对母校无限忠诚。而大学在尽到自己的努力之后，便可以相信，当其毕业生到了一定年龄、感情成熟、钱包也鼓起来的时候，母校就到了收获的季节了。也许有人会不喜欢我的说法，似乎我把本科生教育看作以钱为本，但内中的道理是值得大学管理人员深思的。

因此,哥大在20世纪90年代中期开始转变了思路。新上任的校长提出的一个口号便是"本科教育是哥大教育的核心"。本科生院的院长上任伊始便做了一个中长期的战略规划,提出,把大学的筹资战略、学生的就学经验与情感体验以及未来校友的忠诚这几件事情放到一起去做。至于筹资战略的重点,他对学生说:"我只要你们参与,而不要你们比较谁给的钱多。"他对校友也这么说。他到处旅行,到全国、全世界旅行去见校友,希望校友关心母校,并参与母校的建设。他一再强调,参与,不一定要给钱,只要校友们每年能抽出一点时间参加一个回校活动,平时有空回到母校来给本科生作个报告,等等,他就非常感激了。他始终对校友强调一个词:参与。

哥大的另一个重要策略是把回馈母校当作一种文化来培养,将回馈母校的教育从新生入学的第一天就开始做起。"捐款"或者"回馈"的概念不是天生的,而是教出来的。但是很多人,包括哥大的领导,有很多年都没有意识到这一点。为什么普林斯顿的校友那么热衷于给母校捐款?为什么哈佛的校务基金那么雄厚?那是多少年来学校教育出来的!哥大新的本科发展战略是:将学生与学校"亲密接触"的14年时间作一个通盘规划,就是把本科4年学习,毕业后10年工作,这14年作为一个框架。每年的录取通知书都是4月份发出,一录取完毕,学校的招生办、校友会、本科生院、学生事务办公室等各个部门就一起对录取的学生发起攻势,邀请学生到哥大来了解本科生的学习和生活情况,希望被录取的学生能来报到,这样就提高了接受率。对于即将入学的学生,学校在夏天派出教授、招生办、校友会的人员在各地举办招待会,招待新生,与他们进行感情上的联络,欢迎他们成为哥大大家庭中的新成员。校友会在夏天的招待会上给每一位新生送一份礼物,即荷马史诗的第一部《伊利亚特》,因为每一位哥大本科生必修的核心课程中的第一部作品就是《伊利亚特》。新生还没踏进校门,就觉得学校挺温暖的,觉得从现在开始就成为哥大的一员了!进到学校以后学生的就学经验在四个社交圈子里形成:与教授和同学的交往形成学术经验,与室友交往形成宿舍经验,参加学生社团形成组织领导经验,与职场中的校友交往得到职业方面的经验和指导。

宿舍生活在学生就学经验中非常重要。以前哥大的学生很多都是走读的,到现在哥大本科生住宿率已经达到98%。这当然和曼哈顿的房地产价格太高、学生在校外租不起住房有关,更重要的是哥大希望学生住在学校里,从宿舍到社团形成校园生活的社区,培养他们对于学校的归属感。哥大有几百个学生社团,这些社团自己组织各种各样的活动。同时,哥大从学生刚进入学校开始,就通过学生职业指导办公室对他们未来事业和职业的发展进行指导,并帮助他们寻找实习的机会和暑期的工作。许多这样的工作机会是通过哥大在各个行业中的校友介绍的,使得学生还在学校的时候就能看到师兄师姐们在各行各业中干得多么出色,为他们将来的发展提供榜样。学生毕业后的头十年,学校通过校友会组织各种活动,为毕业生引见更多职业圈子里的人,帮助他们了解职业发展、继续深造、建立家庭、建立社会网络等方面的情况。这头十年学校并不指望学生给母校捐钱,因为他们刚开始工作,如果念研究生的话还得推后几年,生活才刚刚起步。学校知道毕业生这时还不会有很多钱用来回馈母校。但这是一种感情上的投入,而且一切工作都是通过校友会来进行,所以这样的感情联络又是学生的一种自我教育运动。学校通过校友会和学生事务办公室一起组织活动,帮助学生和以前的校友建立联系。

哥大每年还组织毕业50年的校友与应届学生联欢,比如说,"58到08",老爷爷和孙辈的学生在一块儿吃饭、聊天。另外,老校友也常把在校生请到家里,和他们交往谈心。在联合国工作的校友会把哥大的在校生请到联合国办公室,带他们参观,了解联合国的工作情况。诸如此类的社交活动真正地把所谓"哥伦比亚大家庭"这么一个观念灌输给了学生,而且让他们切实体会到大家庭的温暖。

最后,我简单总结一下。我的故事讲到这里,是否有一些什么微言大义呢?大学的可持续发展,或者说大学能够历经百年而辉煌依旧的秘密究竟在什么地方呢?我觉得有以下几点:

一是筹资。美国的私立大学时刻在考虑钱的问题,有一种经济压力。从这个角度说,中国近年来随着经济发展,钱越来越多,大学对钱的方面的问题可能操心越来越少。但另一方面,未雨绸缪是我们中国人的传统,我们现在考虑大学未来发展时要想想,随着大学教育普及率越来越高,政府是否还能永远像今天这样满足大学对日益增长的教育经费的需求。退而言之,即便政府继续提供教育经费,这对大学的未来发展究竟是好事还是坏事?有钱并不一定都是好事。俗话说"屁股决定脑袋",就是说人坐在什么地方他的脑袋就想什么事。谁给你钱你就要为谁办事,政府给了你钱你当然就要跟着政府的指挥棒转。这样大学要发展出自己的风格很难,其独立思考的能力也会降低。我举一个很有意思的例子。弗吉尼亚大学是美国最好的公立大学之一,与伯克利加州大学齐名。弗吉尼亚大学很多年来一直对州政府说:求求你们别给我钱了,你们不给我钱我就能成为私立大学了。因为这个学校有足够的底气,相信如果政府不给他钱,自己成为私立大学后,还能生存下去而且会比现在发展得更好。不拿政府钱的好处是什么?今后可以不再归政府管了,就能发展出自己的风格。但是很不幸的是,弗吉尼亚大学闹到现在州政府还是没答应,要给钱的时候还照给,所以到现在它也没有实现成为私立大学的梦想。可以想见,有时候给钱并不是一件好事,政府老给钱,学校的竞争力就会下降,也不会去想通过提高本科教育的质量来实现长远的可持续发展。

二是校友工作。目前国内大学忙着争当一流,以为只要教授把科研搞好就万事大吉了。他们不大考虑大学的可持续发展问题,更不会花很多精力去做校友的工作。近年来,我听说国内校友回校风很盛行。毕业20年、30年的校友回校,这样的事情我听得挺多。我离得太远从没参加过我母校的校友回校活动,但是听说校友回校时大多是大家在一起吃一顿、喝一顿,却很少听说过校友回校时给母校捐赠什么的,很少听说这样的事。校友回校了就是找老同学,找回自己当年的感觉,甚至见见当年暗恋的那个女同学或者男同学。这是校友回校的目的,和母校没有多大关系。人的感情是非常微妙的,如果我们在研究大学的可持续发展问题时不把校友这个因素考虑进去,那将是一个非常重大的失策。我不敢说校友是大学可持续发展中最重要的一个因素,但是至少应该是一个非常重要的因素吧。

我们应当把眼光放远一点,从现在开始,把"学生就是大学"不仅仅作为一个口号,而是作为一件重要的事情来认真对待。我们不要把所有的事情都推到校长身上、推到领导身上去。每所学院、每位教授、每位行政部门的主管都应该参与到学校长远发展的规划中去,将大学的可持续发展作为日常工作的重要任务。

案例 H　美国高等教育院校认证的现况与启示[①]

(一) 美国高等教育认证的理念、基本框架与实施过程

在了解美国高等教育认证的基本框架之前,我们首先必须谈谈美国人关于认证的一些基本理念。美国的高校认证体系与中国和世界其他国家之间存在一个很大的区别。中国及多数国家的高校认证是自上而下的,其目的是政府对高校的控制与质量监督,教育部门要求高校满足其制定的标准和要求。美国的情况却恰恰相反:认证活动是自下而上的,大学希望通过认证来减少政府的干预。换句话说,在美国,认证是大学的一个自律行为(self-policing),即高校对自身的行为进行监督。这是一个理念上的重要区别。美国大学的认证之所以形成这样的传统,有其历史的原因。在美国,联邦政府基本不管教育,教育是州政府的事情。而州政府实际上也并不过多干预高校,只是每年给公立高校拨付经费。因此,美国大学发展历来有一个特点,即大学在学术上和管理上的独立和自治。公立大学有些不同,他们要从纳税人那里拿钱,拿谁的钱就要听谁管,全世界都一样,从这一点上说,政府和大学的联系相对紧密一些。但从原则上来说,政府仍然不过多干涉大学的活动。但是,近年来

[①] 本文为北京师范大学教育管理学院苏红博士和章建石博士在哥伦比亚大学教育学院学习期间对作者进行的访谈。原载:大学研究与评价,2009-3(53):46—52.

情况有些变化,美国刚卸任的教育部部长斯佩林斯几年前任命了一个委员会(Spellings' Commission),专门调查研究高等教育的质量问题以及老百姓对大学学费上涨、质量下降的抱怨。该委员会在其最后的研究报告中指出,美国大学问题的症结在于缺少问责机制。虽然问责机制早已建立,但是很多大学并没有认真执行。因此,政府必须对学校进行干预。但政府并无法对高校直接进行管理,只能通过认证机构对大学实行监控。如果高校不能够向认证机构展示其工作的成效,并对纳税人有所交代的话,则认证机构有权取消高校的学位授予资格。这样,政府通过认证机构间接地对高校施加压力。但是,相关的研究报告出台以后,在美国高等教育界引起很大的争议。因为高校已经习惯了自己管自己,不喜欢政府指手画脚。但是,高校又不能和政府作对,因为政府是代表老百姓的,和政府作对就等于是和老百姓作对。所以,大学也非常小心,一方面同意改进自己的工作,另一方面,也呼吁政府不要过度干预大学,不要轻易打破政府和大学之间相互尊重、相互影响的平衡关系。

只有了解了这个大背景,才能够理解美国高等教育质量认证的发展状况。由此来看,近年来虽然国内同行们花了很多时间研究美国、欧洲高等教育质量评估与保障的做法,但有些介绍仅仅抓了皮毛,没有抓住问题的实质。了解国外的做法是一回事,究竟在国内怎么做则是另外一回事。从目前的情况来看,美国的很多做法在中国是没法实行的。但是,从改进的目的出发,美国的很多经验还是可以借鉴的。

美国现有六大院校认证机构,它们的主要工作是每十年到大学去作一次认证,每五年有一个中期认证。中期认证比较简单,主要是把上一次认证提出来的问题检查一遍,看看在哪些方面取得了进展,哪些还需要进一步改善,类似于人们每年进行的常规体检,看看身体有没有大毛病,没有就等待下一次体检。除院校认证外,美国还有很多专业认证机构,可以说,美国的专业认证机构多如牛毛。不同的行业有不同的认证机构,比如护士专业的认证机构、工程专业的认证机构等。这些专业认证机构是专业内部的同行评估,对院校的影响不是特别大。影响比较大的主要是十年一次的院校认证。

在不同地区,院校认证的标准不太一样,认证的内容也有所差别,但总的来说大同小异。一般是从高校的使命开始,重新检视高校的使命陈述(mission statement)、发展方向(goals)和目标(objectives)等,然后根据这些内容对高校的组织结构、管理机制进行检查,对高校的财务管理、学生管理和学生学习成果等方面的内容进行评估。其中,需要强调的一点是,认证机构会在18个月以前通知被认证的高校,让他们启动认证过程。也就是说,高校在专家认证小组来校检查前18个月开始评估的准备工作,在此期间要提交一份自评报告。高校在准备做自评报告时,一般需要把高校的教师、学生、行政人员都发动起来,一起回顾、检查高校的工作,确定自评报告的内容。一般认证机构会通过协商让高校根据自己的情况确定报告的重点。自评报告可以有两种,一种是综合性质的,按照标准逐条评估;另一种是聚焦性质的,有所侧重。高校可以选择综合性的自评报告,对高校进行全面检视和评价。但是,认证机构一般会给高校机会,让其回顾其十年来的发展历程,找出现阶段特别值得重视、需要改进的地方。假如高校对未来十年有新的想法或者目标,也可以把自评报告的重点放在这方面,突出高校的特色和重点,其他方面简要说明即可。比如哥伦比亚大学在准备上次的自评报告时,学校各方经过研究认为,哥伦比亚大学一贯以研究生教育著称,但是这么多年成效究竟如何?未来如何发展?这些问题非常重要。哥伦比亚大学最后就把研究生教育作为自评报告的重点。在准备自评报告时虽然也对照认证标准把学校工作从头到尾逐一进行了梳理,但是,把重点放在了研究生教育自评上面,在其他方面收集的资料就比较简单。

美国的地区认证机构是为高校服务的,实行会员制,高校每年向认证机构交纳数万美元的会费,寻求专业服务。这就要求认证机构要真正地为高校提供服务。而在中国,教育部主导评估,重在监管。因此,中美两国评估背后的理念是不一样的。相应地,高校对认证意义的理解也不会相同。美国认证机构需要思考的是,经过十年的发展后,被认证高校还有什么需要改进的地方,能否通过认证来帮助高校实现他们自己提出的目标。对于高校来说,认证是一个机遇。比如说,校长可能一直想改革研究生教育,但是来自教授的阻力很大,而校长自己势单力薄,一直没有改成。然而,在认证机构的帮助下,校长会把认证作为实现自身理念的契机,借由外部专家的建议推行教育改革。本校教授在长期的工作中会形成一种惰性,通过外部专家的评估,学校找出了问题,校长可以借机说服教授接受改革建议。这并非校长利用认证来与教授作对,而是有些政策平时推行不下去,可以利用认证这个机会推行。总之,美国高校评估工作的重点,是要不断为高校提供服务,促进高校的发展。

(二)认证的专家团队的组成、队员的选拔与培训

在认证专家的组成方面,中美有很多相同的地方,例如都有自己的专家库,都会对专家进行相应的培训。不同之处在于,美国是纯粹的同行评价,这和中国教育部指定组成专家团队有很大的区别。美国的认证机构会根据认证标准的内容,安排专家,一般专家团由9～10人组成,包括评估专家、高校财务专家、图书馆长、学生事务专家、教务方面的专家,以及在自评报告中涉及的其他方面的专家。其中一人为领队,负责总体事务,其他的人分别主要负责认证标准中的某几条内容,但对他人负责的条目也会给出自己的建议和意见。

美国实行同行评估,也设有认证专家库。以前,专家由高校校长推荐,现在有些地区认证机构则通过网上公开报名自荐。对于专家,并没有太强调专业化,事实上认证机构更倾向于非专业化的认证。比如,很多专家成员都是学科方面的专家,虽然精通自己的学科领域,但是对高等教育的基本原理和高等教育评估本身并不太了解。美国有教授自己管理自己的传统,认证也体现了这个传统。专家不一定要懂得高等教育管理的理念,但是他们所在高校的类型要和被评估院校相匹配,例如评价公立大学的专家本身也要来自公立大学,评价常春藤高校的专家不能来自普通高校。这样评估专家才能够更好地了解被评估的高校。专家团队的组建要考虑认证的标准。比如,专家团队的领队一般是大学校长,他要和被评估高校的校长进行对话,需要掌握全面情况。评价标准的第二条涉及高校的规划、资源的分配,因此,专家库中就收集了一大批管行政、财务的副校长,管预算的主任等,他们必须是多年从事高校财务管理工作的专家,熟悉财务报表等,这样在了解高校的财务状况时,他们才能发现财务管理中存在的问题。另外,团队中还会配备一个评估方面的专家,这位专家不一定是评估方面的专业人士,但是一定要在自己所在的高校里担任评估工作,其任务是重点检查高校有没有建立一个对学生学习成果进行经常性评估的机制。如果高校没有机制也可以通过,但是,高校一定要说明下一步怎么做,有具体的改进措施。另外,在高校确定了自评重点之后,一定要找到一个与这个重点相匹配的专家。比如说一所学校确定了研究生教育作为认证的重点之后,认证团队中就要有负责研究生教育的专家。总之,高校类型与评估队员的工作和知识范围要相匹配。此外,每个团队都要有一些资深的教授,他们的专业不一定和所评估的高校有任何关系,但是能够体现教授治校的原则。有些书生型的教授虽然对评估工作并不了解,但是他们从教授的角度来审视高校的工作,能够提出许多有价值的建议。

无论是校长推荐的,还是通过其他方式被选上的认证专家,都必须接受认证机构组织的集中培训。培训一般花 1~2 天,把认证的程序和标准过一遍。只有经过培训的专家才会被分到具体的认证团队中去。培训的内容主要是把认证过的高校材料作为案例拿出来学习,了解认证的程序和标准,评估时应该做哪些事情,应该了解哪些方面的信息等。对于多次参与认证、经验丰富的专家,地区认证机构也会每隔若干年进行回炉式的培训,尤其是当认证标准有了新的变化的时候,就更加需要更新专家的知识。

另外,需要强调的是,美国的认证机构都会采取相关措施来有效防止团队成员与被认证高校在利益方面的冲突。教育腐败现象到处存在,因为人性都是趋利避害的。美国的认证制度承认人是有偏见的,并通过条例的形式设立了很多障碍,以防止不公现象的产生,尽可能地减少教育腐败出现的可能性。比如在组建专家团队时,地区认证机构会让专家填写相关表格,确保其与被评估高校没有利益冲突。比如说你在最近若干年中间有没有申请过该校的岗位,有无家人或朋友在该校工作,并要保证在一年以内不接受该校的工作聘任,也不接受被评估高校的任何报酬,等等。评估团队专家的工作是非常辛苦的,整整三天夜以继日地工作,过去没有电脑时甚至要熬通宵。一般周日晚上到校;周一进行调查访谈;周二一边考虑报告怎么写,一边继续调查访谈,到周二晚上各自完成自己负责的分报告并于周三一早交给领队;周三上午由领队向校长口头汇报初步的结果,下午全体专家向全校师生公开通报评估成果,所有感兴趣的师生都可以自愿参加。认证专家是不拿高校任何报酬的。做如此辛苦的工作为什么却不拿报酬?这还是因为美国高校的自律理念。参加评估被视为对高等教育行业的一种奉献,在参与评估的这三天不能参与自己高校的工作,相当于专家所在的高校也贡献出了一个人的时间。这可以视为一种公民行为,奉献不是为了获取回报。高等教育之所以能够不受政府的管制,而且能够维持下去,就是靠每一所大学的每一个人参加这种行业服务。在这一理念的指导下,专家不拿任何报酬是理所当然的。当然,被评估的院校要负责食宿和交通,但是绝对不会直接或变相付给专家任何报酬或者给予任何荣誉。被评价的高校只能向专家赠送杯子、雨伞等带有高校标记的小纪念品,不可以给钱。甚至评估专家免费给认证高校作学术报告也是不被允许的,因为作报告本身就是高校给予作报告者的一种荣誉。

(三)美国高校认证的特点

美国高等教育的认证标准和中国以及欧洲最大的区别在于美国把高校保持自身的特色作为一件最重要的事情来做,而其他国家则较多地以自上而下的统一尺度来规范高校。另外,美国在对高校进行认证的过程中,评估员不允许到课堂听课,因为听课带有很大的随意性,比如碰到的教师有的很优秀,有的很怯场,有的班级学生比较活跃,有的班级学生比较老实。对学生学习成果的评估不可能通过有限的几节课下结论,这样对高校不公平。美国在评估和认证中强调学生的学习成果,但不是通过评估团队在有限时间里到课堂上收集一些原始印象数据的方式，因为任何研究都不可能在这么短的时间内得出有信、效度的结论。最好的方式就是看高校有什么样的机制在起作用，而不是看个别的成果，这也是对高校办学特色的尊重。最后，认证时不能用一流高校的标准来衡量三流高校。事实上，对不同学校的认证并没有一个固定的标准。比如，认证的第一条要求就是让高校重新审视自己的使命和目标。这一条非常重要，因为它给高校一个重新审视自己的机会，无论高校的目的是培养修汽车的技师，还是未来的社会领袖，都没有关系。但接下来，高校必须清楚如何培养出技师或社会领袖。这是根据高校自己设定的目标来检查其是否取得了令人信服的成效，这样对不同类型的高校就会比较公平。而中国和欧洲一些国家的高等教育评估用同一把尺子衡量所有的高校，那么导致的结果必然是名校更好。而实际上，由于名校具有较多的资源，其投入与产出的效益比未必是最高的，成效也不一定是最好的。因此，应该用不同的评估标准来衡量不同类型的高校。如此，政府就可以从高校的实际情况出发，鼓励高校办出特色。美国高等教育认证指标中最重要的就是高校的使命和特色。美国大学是真正的百花齐放，高校的类型和质量差异很大，可以说最好的大学和最差的大学都在美国。

（四）高校参与院校认证的动力以及认证结果对高校的影响

认证的动力源于最大限度地保持高校的独立性，包括学术和管理等方面的独立性。认证的结果对高校的影响不一，对有的高校办学有影响，对有的高校没有太大影响，关键看高校领导对认证的重视程度。如果高校只是抱着一种应付的态度，其损失可能就是一个利用认证过程来自我改进的机会。由于认证专家都来自同样类型和水平的大学，专家的意见一般对高校办学都是有实际意义的，高校也会采纳。但是，一些特别好的高校可能不会太重视专家的意见。原则上任何高校都可以拒绝参加认证，但是没有高校会这么做。如果一所高校不参加认证，那么，该校发出的文凭就相当于一张废纸。比如有些所谓的"野鸡大学"，虽然它们也得到州政府的批准，但是，这只相当于获得了做生意的营业执照，没有经过认证，它们的毕业生很难得到社会的认可。不接受认证的高校只有两种情况。一是高校培养出来的学生确实很独特，有自己的特色，除了自己之外，没有任何其他机构能够培养出这种社会紧缺人才。另一种，就是能够说服用人单位接收自己的毕业生，虽然没有经过认证，但雇用自己的学生有很多好处。但是，这两种情况都很少存在。所以，虽然原则上高校可以不参加认证，不交会费，但是，不管是哈佛还是其他任何名校，都不敢不参加。美国的文凭是一种自下而上的认可，只有经过认证，才能得到同行业的认可。

（五）认证过程中学生和教师的参与

师生在认证过程中能够发挥什么样的作用完全取决于高校。有的高校真的是"发动群众"，把教师和学生都动员起来，参与到自评报告的撰写工作中去。也有的高校，校长只是找几个人写个报告就应付过去了。不可否认，有的高校确实做得很好，不需要外部力量对它进行过多的干预，特别是很多一流的大学，有着悠久的历史和优良的传统，学生的质量是不用担心的，这些高校参与认证也只是对高教事业尽一种义务。更多的高校则希望通过认证提高教学质量或提升知名度。他们确实想改进，也需要得到同行专家的认可，因此评估报告中任何好的评语都可以成为高校的宣传点。

认证机构将评估的结果分成不同的等级，包括：完全通过；通过，但需要改进；虽然可以通过，但是需要做很多工作；不能通过。各个认证机构的等级不太一样。如果一所高校的问题比较大，但还没有大到不能通过认证，那么一般认证机构会给高校一段时间进行改进，比如六个月，然后由高校提交补充报告，告诉认证团队上次评估中检查出的问题是如何解决的。接着，认证机构再找专家去检查。但是，近几年也有一些高校因为财政等原因没有通过认证，被迫关门、并入其他高校，或者被营利性教育集团收购。

按照认证机构的要求，自评报告的撰写必须有高校师生的参与。但一般来说，报告基本上是由教授和行政管理人员组成的委员会完成的。学校会通过座谈、采访、开会等形式了解师生的想法、建议和意见。而且,认证团队在认证的过程中也会要求与教授、学生见面,对报告中的结论加以求证。这样的会议高校领导会回避,以便让师生畅所欲言。需要注意的是,专家团队一般不会听取个别人的小报告,因为会有个别教职员工因为个人恩怨等原因私下提意见,这种小报告的内容认证团队是绝对不会写入认证报告中去的。专家一般只听取集体座谈中公开提出的意见,而且事后会找相关的负责人就这些问题进行沟通,听取他们的意见。负责人如果不同意,也可以说出自己的意见。所有意见都会有一个核实的过程。任何在报告中提出的意见都会经过确认,因为报告中出现的任何意见和问题都有可能成为高校不能通过的理由。专家们在撰写认证报告的过程中,遣词造句非常谨慎。认证小组会尊重高校的情况,一般不会轻易下结论,但是只要发现问题就会毫不客气地提出来,因为这是认证小组的工作。认证中没有通过的高校比例是非常低的,因为认证的整个过程旨在帮助高校发展。要达到这个目的并不容易。专家通过短短三天时间对高校进行考察后,得出来的结论不一定都对。认证只是给高校提供一个改进的机会。从这个角度说,认证的确不是和高校过不去,因为大家都抱着同行之间相互帮助的态度去参加认证。基于这个出发点,专家提意见时就不必顾忌自己提的意见是否太尖锐,对方也能够理解你的意图。中国高校评估过度追求颂扬,只能说明高校太把评估当回事了。就因为太当回事了,所以才会导致花钱送礼、戴高帽子等现象。如果整个认证运作的目的是为了改进的话,那么高校就会真诚地希望评估方能够多提意见。对于认证团队的意见校长有权决定是否采纳。认证团队专家的意见不能凌驾于校长对高校的管理权力之上。

(六)美国的高校一般如何开展内部教学质量保障工作

美国高校内部质量保障机制一般由两个部分组成。一个是传统的院校研究办公室。院校研究办公室的主要功能原来不是质量保障,而是作为信息中心,收集和分析院校层面的数据和信息,为校长和教务长决策提供依据。院校研究办公室的另外一个功能是向州和联邦政府汇报各种统计数据。特别是公立高校,每一年州议会进行预算时,高等教育占有很大份额。高校向州议会要钱时,要向议会解释为什么要增加预算。本来这是一个纯粹关乎预算的事情,但是,近年来越来越多的州政府要求高校说明要钱的理由,并展示高校的教学、科研成果,这样质量保证就逐渐成为院校研究的一部分内容。尽管如此,院校研究办公室只能提供院校层面的关于高校情况的信息,无法进行学生学习成果方面的评估。在这种情况下,近年来,随着高校对评估越来越重视,很多学校都开始设立专门的评估部门,负责协调学校与各个学院系科之间的评估工作。因此,评估办公室渐渐成为独立的、校一级的机构,这是美国高校质量保障机制的另一个部分。

在很多情况下,评估是院校研究的一部分,但事实上两者是有区别的。因为,对教学质量的评估应该是教授们自发的行动,而不是自上而下的学校行为。比如说,化学系培养硕士研究生,但不同大学培养出来的化学专业的硕士应该是不一样的。那么,化学系要培养什么样的人才、开设什么样的课程等都有一系列的要求。如果让院校研究办公室来做评估,他们只能收集招生人数、毕业生人数等方面的描述性数据,没法深入下去对教学质量进行评估。因此,具体教学质量就需要教授自己来评价,根据教学大纲制定的培养目标来检查日常教学活动是否符合要求,学生的学习成效如何,他们在毕业时动手实验的能力如何,等等。这一切必须由教授自行组织评估活动。评估办公室负责人的主要工作就是协调、帮助不同院系组织教学质量的自我评估,撰写评估报告等。这样,教学质量保障就成了教授自发的、不断的自我评估和检讨的过程。有时候,教授们还会请校外的同行帮助他们完成评估工作。当然,有些比较小的高校,院校研究办公室就同时承担了教学质量评估的工作。但是,大一些的学校,尤其是公立大学,在政府的压力下,近年来基本上都成立了评估部,主要负责协调有关评估的事务。在美国大学,教学评估主要靠教授,但学生评教也很重要。学生评教结果的使用在各个高校不一样。有的学校用这个结果来考核教师,有的学校甚至将其和教师的升迁、薪水联系在一起。关于这一点争议很大,教育界有很多关于这方面的研究。有很多人认为学生的评价往往很不公平，因为学生只能凭借教师在课堂上留给他们的印象来进行评价，局限性太大。至于教师内在的教学理念、教师在课堂上要达到的教学目标、教师使用的教学方法等，学生知道得很有限。因此，实际上很多学生评价往往基于片面的主观感受，例如觉得这个教师人还不错，等等。所以，很多高校只是把学生的评价结果交给教师自己看，并由他们决定是否以及如何改进教学工作。学生评教一般由教务部门负责，很多都是在网上填写，一般评教活动都是在考试之前完成，以免教师对学生考试结果的评价反过来影响后者对教师的评价。

（七）高校自评报告的组织和撰写

自评报告的撰写一般是由教务长出面，组成一个委员会来进行。首先，教务长要分析认证标准的内容，然后从各个院系邀请教授和相关的行政人员组成自评委员会，并由院校研究办公室主任或评估部主任负责协调和辅助工作。接着，委员会开会讨论如何分工，如何收集数据，怎么写报告，等等。一般是根据认证标准分成几个分委员会，每个分委员会负责其中的1~2个标准。在分组之后，各个分委员会把所需的数据和信息告诉院校研究办公室或评估部，由他们负责收集。比如，关于学生学习成果这一条需要收集哪些数据，在讨论之后，收集数据的工作就落在院校研究办公室主任或评估部主任的肩上。如果有现成的相关数据就直接拿出来，如果没有，就要通过学生问卷调查等方式进行收集。自评小组根据院校研究办公室提供的数据完成评估报告的相关部分。在评估信息的收集中，定性和定量的数据都有。这些数据可以来自高校的数据库，也可以是院校研究办公室平时收集的各种数据及分析。在定量数据不能说明某些具体问题的时候，评估小组还会收集定性的数据。一般而言，院校研究办公室或评估部设在教务长下面，由教务长领导。美国大学的教务长相当于中国大学分管教学的第一副校长。也有的高校由校长或负责其他方面工作的行政管理者分管。

（八）美国院校认证的优缺点及对中国本科教学评估工作的启示

每一个国家的教育管理体制的形成都是一个历史的过程。我们可以借鉴别人的方式，但是具体举措要结合本国的国情。中国高等教育评估体系的建设还刚刚起步，要花很多时间去进一步完善，并根据各个大学的具体情况随时改进。同时我们需要清醒地认识到，任何事物的存在都有其自身的道理。美国院校认证有一个与中国国情很不相同的地方，即美国高校以自律作为认证目的的理念。这一点在中国恐怕还做不到。就目前的情况来看，教育行政部门暂时不可能把高校的管理和质量监控权完全放到高校。因此，我们只能在现有的条件下对认证体制进行改良，同时可以学习美国的一些具体措施。另外，关于校长自主权和专家治校，国内已经讨论很多年。其实，校长自主权是一把双刃剑。好的校长可以利用这个权力把高校办得更好，但是，糟糕的校长也可以利用这个权力把高校搞得一塌糊涂。凡事都有两面，不能在新的理念和制度尚且缺席的情况下一味地要求给校长权力。并不是权力下放得更多，高校就能办得更好。关于认证问题也是如此。

关于美国高校认证的不足之处，首先，是没有一个统一的标准。美国高校拥有很大的独立自主权，但他们为此付出的代价也是巨大的。美国的高校鱼龙混杂，各种情况都有，高校爱说什么就说什么，爱做什么就做什么，从而导致了很多问题。第二，院校认证的评估报告老百姓看不懂，认证通过的高校好在什么地方，不好在什么地方，老百姓也没法知道。这就是社会上各种高校排名蜂拥而出的原因，因为排名将复杂的高校质量问题简单化了。第三，院校认证和专业认证并存，重复劳动很多，劳民伤财。每一所认证高校都得投入很多人力、物力、财力。另外，评估小组虽然只在高校待三天，但这短短三天时间也会把整个高校折腾得够呛。

美国高校认证体制的优点很多，其中包括：第一，认证的目的在于鼓励高校发展自己的特色。院校认证促使高校每隔十年就要重新审视自己的使命，假如十年前制定的目标跟不上当前社会及高等教育发展的形势，高校就可以根据现实的需要进行调整。第二,认证体制允许高校在写自评报告时选择重点。这样,高校就可以将认证作为改革的契机和动力。选择认证重点之后,高校就不再将评估资源平均分配,而是根据高校现状从战略的高度重新考量高校的发展,并决定今后工作的方向。这样的认证为高校提供了一个激励机制,使得高校不再把认证仅仅作为一种必须要走的程序而应付了事。美国高校把认证作为促进高校发展的手段,通过认证来减少政府干预。认证成为同行之间互相监督的途径,而不是上级对下级的管制手段。

中国需要借鉴其他国家的高等教育认证经验,但更需要根据自己的国情和历史来发展和完善质量保障体制。像美国以自律为目的的体制在中国一时可能实施不了。就目前的情况来看,可以从建立相关的准则着手,强调评估工作的专业性,提高程序化和制度化的水平,并坚持客观、中立、公开、公平的价值导向。在很多时候,程序比结果更重要。比如说,制定标准很容易,但是要真正地执行标准就不是很容易。因此建立一套切实可行的程序有时比制定标准更重要,也更困难。建立一套认证程序需要多年经验的积累,更是一种教育理念的具体体现。

第六章 没有结论的结语
——高等教育研究的困境与对策

　　本书探讨的主题是以大学管理为目的的高教研究方法论,但作者自始至终是拿美国的高教研究说事。除了因为作者本人学术视野的局限性以外,美国大学在过去半个多世纪以来引领世界高等教育之潮流应当是更主要的原因。高等教育研究作为一个学科在欧洲同样发展迅速、成果丰硕。即使在中国,从潘懋元教授于20世纪50年代倡议建立高等教育学新学科算起,高等教育研究也经历了一个从无到有,到发展壮大的历程。但是,世界上没有哪个国家的学者像美国的高教学者那样将自己的研究绑到大学发展的战车上,与之共荣共损。连美国学界里都找不到另外一个领域的学者,能够像高教学者那样对他们所研究的事业具有如此的献身精神。很多一流的高教学者完全地走出了学术的象牙之塔,自觉地将他们的研究服务于日常的大学管理。特别是在院校研究这样的领域,由于数据和信息的敏感性,很多一流的研究竟然不能在学术杂志上发表,研究者亦无法跻身于人人羡慕的终身教职行列。美国高等教育事业之所以有今天的辉煌,高教研究者功不可没。

　　然而,令人难以释怀的是,当美国大学经过半个多世纪的发展终于功成名就之后,站到颁奖台上接受大众欢呼的却往往是那些受惠于高教研究的大学校长们。他们背后的无名英雄们不仅没有得到起码的认可,相反却在其领域内外备受责难。这种现象并不能简单地归之于管理者们的忘恩负义,研究者们也必须承担相当一部分责任。在本章中我将努力地对美国高教研究做一个很不到位的评估,希望以此引发更多的讨论。可以毫不夸张地说,作为高教研究领域的先行者,美国学者们的成败得失很大程度上决定了这个行业未来的命运。所以,拿美国说事,对中国高教研究未来发展的意义应当是不言而喻的。

第一节 问题的根源

艾思拉·康奈尔(Ezra Cornell)在以他的名字命名的这所大学建立之初曾骄傲地宣称:在康奈尔大学"任何人在这里都能找到他所想学的任何东西"。明尼苏达大学的首任校长亦曾表示,他对一切事情,从柏拉图到霍乱,都有兴趣。[①] 话虽如此,但有很长一段时间,关于美国大学的笑谈却是:大学教授什么都研究,就是不研究大学本身。这种情况一直到 20 世纪五六十年代才开始有所改观,而在今天旧话重提,早无幽默可言,因为高等教育研究发展至今已经成为一个比较成熟的学科领域。高教研究学者四十多年来筚路蓝缕,在对大学教育的日常管理和实践进行梳理与探讨的同时,还在为这一新兴的学科寻求哲学和方法论的基础。

作为一个学科领域,高教研究的发展道路并不平坦。不仅来自管理和决策部门及其他学科领域的抱怨之声不绝于耳,连高教研究学者自己在面对学界和社会的批评时都常常显得底气不足。南加州大学的凯扎(Adrianna Kezar)教授在一个全国性的问卷调查报告中指出,现有的高教研究文献在其"所能有和应有的重要性以及实用性方面还相距甚远"[②]。事实上,"百分之九十八的高教研究的

---

① 程星(2015).细读美国大学.北京:商务印书馆.
② Kezar, A. (2000). Understanding the research-to-practice gap: A national study of researchers' and practitioners' perspectives. *Moving Beyond the Gap between Research and Practice in Higher Education*. New Direction for Higher Education no. 110. San Francisco: Jossey-Bass. p. 10.

文章和书籍只对作者本人有用"①。著名学者乔治·凯勒(George Keller)甚至声称:"大学校长们在工作中既不参照,亦不运用高教研究的文献……如果高教研究有朝一日从地球上消失,没有人会为此感到任何遗憾。"②对于高教研究者来说,四十多年来在理论和实践上的紧张探索似乎并没有为他们在传统的学术殿堂里争得一席之地,相反,关于高教研究低效益、低水平的评价却几乎成了学界的共识。

质疑高教研究的价值及其存在的必要,一个不可绕过的问题便是:早知今日,何必当初?但充满嘲讽意味的是,高教研究之兴起及其后的发展,恰恰是那些对之批判最为激烈的传统学科的学者们一手促成的。

最初的美国大学基本脱胎于英国的牛津和剑桥模式,即本科学生以小型住宿学院为组织单位,在每个住宿学院内由住校教师指导学生的学习和生活。英式的住宿学院设有餐厅、图书馆、自修室和教室,而且学生课外的各种体育、社会和文化活动亦以住宿学院为单位来展开。按照这种住宿学院的管理模式,大学教授除了担负教学工作以外,还要兼顾学习指导、宿舍管理、心理咨询、院校研究等所有在今天被列为高校行政管理的工作。尽管英式的住宿学院制度从来就没有在美国大学里真正地实现,但美国的本科教育在早期基本传承牛津和剑桥模式。假如美国教授们后来仍然愿意在教学和科研之余继续承担住宿学院所要求的学生管理工作的话,那么高校行政管理根本不会向职业化的方向发展,高等教育研究亦没有可能另立门户,成为一门应用学科。

然而,随着德国研究型大学模式的引进和普及,美国大学以本科为中心的住宿学院传统逐渐被边缘化,代之而起的是以学术研究为中心的研究型大学模式,教授的科研水准成为衡量大学学术

---

① Kezar & Eckel (2000). Editor's Notes. *Moving Beyond the Gap between Research and Practice in Higher Education*. New Direction for Higher Education no. 110. San Francisco, CA: Jossey-Bass. p. 1.
② Keller, G. (1985). Trees without fruit: The problem with research about higher education. *Change*, 17(1), p. 7.

声望的标尺。同时,随着高等教育大众化的日益发展,课堂人数日益增加,越来越多的课程由研究生助教来承担,教授与学生之间的接触和交流则与日俱减。在这种情况下,由教授继续负责日常行政事务,既不现实也无可能。因此,高等教育行政管理的职业化势在必行,对于这一新的职业进行研究并提供指导的需求也随之产生。特别是现代大学已成为如前加大校长克拉克·克尔所说的"复杂型大学"(multiversity)①,其内部和外部的多重功能之复杂,必然导致在行政管理上日渐细致的专业分工。换言之,行之有效的高校管理与决策已经很难像过去那样仰赖于个别领袖人物的雄才大略,而是更加需要建立在专业化的知识和深入细致的研究基础之上。

美国高等教育研究的早期发展大致经历了两个阶段。

第一阶段:20世纪50至60年代。第二次世界大战以后美国国会为退伍军人提供免费大学教育的提案(G. I. Bill)得以实施,大学随之迎来一个扩张的时期。从大学数量到入学学生人数的急剧增长,给大学的管理带来无数新的问题和挑战,高等教育研究应运而生。密歇根大学著名高教学者彼德生(Marvin Peterson)教授指出,最初的高教研究学者有的"来自其他学科,只是偶尔涉足高教研究,有的则将他们的研究从原来的领域完全转移到高教研究领域"②。同时,许多来自传统学科的优秀的学者在担任了学校重要的行政领导职务之后,也成为高教研究领域中活跃的力量。

早期的高教研究学者为了应对高校管理中出现的一些问题而进行研究,但他们也不时地重操旧业,回到自己的本行继续其研究工作。虽然用心不一,但其研究对于高教管理的影响丝毫不减。用彼德生的话说,"显然在这个时期高教学者是他们校长的座上客……高校的管理者们对高教研究极为重视,因为后者能够帮助他们了解学生并管理好他们成长中的校园"③。这时的高教研究根本

---

① Clark Kerr's Godkin Lectures at Harvard University in 1963.
② Peterson, M. (1986). Critical choices: From adolescence to maturity in higher education research. *The Review of Higher Education*, 10, p. 144.
③ Peterson, M. (2000). The tyranny of success: The research-practice tension. In A. Kezar & P. Echel eds. *Moving Beyond the Gap between Research and Practice in Higher Education*. New Direction for Higher Education no. 110, p. 25.

不存在任何理论与实践脱节的问题。

早期的高教研究学者广阔的学术背景对这个学科日后的发展具有深远影响。由于早期学者对现实问题极为关注,加上其自身的学术背景各异,他们几乎没有对高教研究在理论上和方法上作任何考究,而是将他们原来学科领域的理论和方法直接借来对高教的政策和其他教育现象进行研究。比如说,他们将心理学的各种理论模式用来研究学生发展问题,将社会学的理论用来研究高校管理的组织结构问题,用人类学的方法来研究教授的教学经验和学生的学习经验。有趣的是,当其他学科的研究者们为了在研究上有所突破而费尽心机地进行跨学科的研究和实验时,高教研究几乎从诞生的那天起就是一门跨学科的学科。

第二阶段:从20世纪70年代至90年代。这是高教研究作为一个学科领域迅速发展的时期。早期高教研究学者卓有成效的工作为大学高教研究学位点的建立奠定了基础。新增的学位点急需补充新的教授和研究人员,而刚从现有的高教研究专业毕业的博士则是满足这种需求的主要来源。一个由高教专业毕业生培养下一代高教专业教学和研究人员的过程由此开始,彼德生教授称之为"克隆过程"。[1]

随着大学的高教专业有越来越多的本专业毕业生担任教授,新一代的学者们不再有自己的非高教研究的"本行",当然也无法像他们的老师那样不时地"借用"一些"他山之石"来攻高教研究之玉。同时,高教研究的传统及学科的性质决定了其研究课题无法回避高教管理和决策中的实际问题。假如新一代的学者们能像他们的老师那样专攻实际问题,他们会少了许多烦恼。但高校的学术升迁制度又决定了他们生存下去的唯一出路是远离应用研究。不管喜欢与否,他们必须为自己开拓一块狭窄的、充满行业术语的、属于他们自己的专业领地。

---

[1] Peterson, M. (2000). The tyranny of success: The research-practice tension. In A. Kezar & P. Echel eds. *Moving Beyond the Gap between Research and Practice in Higher Education*. New Direction for Higher Education no. 110, p. 25.

在这里,通过"克隆过程"培养高教人才的结果变得扑朔迷离。一方面,今天的高教研究学者继承了前辈的许多"优良基因",包括跨学科的研究传统和对于现实的高校管理和政策问题的关注。他们不仅善于发现和应对高教管理过程中出现的各种现象,而且总能在整个社会科学研究领域的研究工具箱里找到合适的研究方法且运用自如。另一方面,前辈们的一些"不良基因"亦对今天的高教研究学者产生了负面影响。比如说,前辈学者对于理论建设毫无兴趣,因为他们总是将其他学科的理论和方法拿来为己所用,而且从不想到归还。久而久之,这种态度在高教领域形成传统。德国卡塞尔大学特齐勒(Ulrich Teichler)教授认为,今天的高教研究作为一门学科不仅在理论和方法上毫无建树,而且整个学科领域亦显得凌乱且琐碎。[①]

到了20世纪90年代,高教研究作为一门学科已经发展成熟,但这种学科专业化发展的代价是学者在高教管理行业中日渐孤立。[②] 他们不仅在诸多传统学科的合唱队伍中显得沉默低调,而且居然逐渐地在高教管理者的行业协会中由积极参与者变成局外人。换言之,大学的高教研究者们似乎不再愿意和他们所研究、所服务的那个行业保持联系,至少不再像他们的前辈那样与管理和决策者患难与共。

以上对于高教研究作为一个学科发展的简略回顾至少可以说明三个问题:① 大学的多元化和管理的职业化呼唤高教研究的有力支持;② 高教管理对当代大学所具有的重要性使得为其服务的高教研究再也无法由"业余爱好者"来承担;③ 高教研究作为一个学科发展至今,既没有得到管理者、决策者的应有的重视,也没有赢得其他领域同行的尊敬。

---

① Teichler, U. (2000). The relationship between higher education research and higher education policy and practice: The researchers' perspective. In U. Teichler & J. Sadlak eds. *Higher Education Research: Its Relationship to Policy and Practice*. Oxford, England: Pergamon. p. 4.

② Peterson, M. (2000). The tyranny of success: The research-practice tension. In A. Kezar & P. Echel eds. *Moving Beyond the Gap between Research and Practice in Higher Education*. New Direction for Higher Education no. 110, p. 25.

第六章 没有结论的结语——高等教育研究的困境与对策

对于高教研究中所存在的问题,学科内外很多人都下过诊断书。既然高教管理是高教研究产生并得以发展的一个重要原因,人们的第一反应往往就是敦促研究者将管理中的实际问题作为头等大事来抓。"高等教育的管理者们也总是希望研究与实际问题紧密相连"[1],但在往这个方向努力时高教研究界似乎总觉得有点力不从心,也因此受到外界很多的批评。这些批评中尤以著名学者乔治·凯勒的说法最为尖刻。他将高教研究比做一棵"不结果的树"。[2] 凯勒一言既出,研究脱离实际便成为学界对高教研究中所存在问题的最后诊断。

的确,连许多高教研究学者自己也认为,要使他们的研究"有用",唯一途径是紧盯高教管理动态与现状。比如说,著名高教研究学者特伦兹尼(Patrick T. Terenzini)就认为,高教研究根本就不算一个学科,而是一个"职业领域"(professional area of study),其研究应当关注高教管理的实践,而无须操心什么有关这种实践的理论。[3] 无可否认,这种以实用为目的的研究有的的确对美国高教管理及其政策变化产生过重大影响。问题是,绝大多数高教研究学者并没有机会参与如此高层次的决策研究。相反,大多数研究者的课题只是高教管理过程中的日常现象和具体问题。而且,追逐千变万化的政策问题以及层出不穷的管理问题本身就非大多数学者之力所能逮,更不用说及时推出具有可行性的研究成果和管理方案。著名学者伯恩鲍姆教授曾就此发问:"学者们连未来政策的走向都无法预测,谈何进行与政策相关的研究?"[4]

与此对立的另一派人主张,高教学者在其研究与实践之间必须保持一定的距离,因为对于像高教研究这样的新兴学科来说,积累

---

[1] Teichler and Sadlak (2000). *Higher Education Research: Its Relationship to Policy and Practice*. Oxford, England: Pergamon. p. xi.

[2] Keller G. (1985). Trees without fruit: The problem with research about higher education. *Change*, 17(1).

[3] Lederman (2008). Making Higher Ed Research Matter. *Inside Higher Education*. 见 http://www.insidehighered.com/news/2008/11/07/ashe.

[4] Birnbaum, R. (2000). Policy scholars are from Venus; policy makers are from Mars. *The Review of Higher Education*, 23(2), p. 121.

知识比干预现实更为重要。伯恩鲍姆认为,"学者的任务是对证据进行掂量,对细枝末节感同身受,对同一件事从正反两方面进行考虑,并将自己得出的结论视为暂时的和有条件的……[他们]致力于创造的是在未来具有永恒性的知识"①。这样的知识虽然不一定对日常管理和决策具有立竿见影的效果,但这种知识积累的过程对于高教研究这一年轻的学科意义重大,直接关系到高教学者能否在学术圈内取得同行们的认可。

平心而论,高教研究与实践之间的相关性对于高教学者来说是福也是祸。一方面,正是这种与实践紧密相关的特性促成了高教研究在短短的 40 年时间内从一堆以应用为目的的、散乱随机的研究课题发展成一门比较完全的、具有一定综合性的学科;另一方面,高教学者又几乎成为他们自己辉煌业绩的牺牲品。他们在研究中越是尽力满足管理者和决策者的需求,越是试图通过研究解决管理中的实际问题,他们自己在学术圈子里就越是得不到同行们应有的尊重。他们的研究由于过于贴近现实而被认为缺乏理论和方法论的基础。

因此,美国高教研究的现状是,从宏观角度、理论高度对高等教育基本问题的研究不能说完全没有,但实在少得可怜。高教研究的理论根基因此变得支离破碎。同时,在美国大学的学术文化中求生的年轻的高教研究者们为了取得学术地位,或者只是为了取得终身教职,唯一的出路便是成为某一个狭窄领域里的专家。② 他们个个忙着耕种属于自己的那块小小的自留地,而将高教研究这个大学科的发展暂时地撂在一边了。

---

① Birnbaum, R. (2000). Policy scholars are from Venus; policy makers are from Mars. *The Review of Higher Education*, 23(2), p. 125.

② Colbeck (2000). Reshaping the forces that perpetrate the research-practice gap: Focus on new faculty. In A. Kezar & P. Echel eds. *Moving Beyond the Gap between Research and Practice in Higher Education*. New Direction for Higher Education no. 110. San Francisco, CA: Jossey-Bass, p. 35.

第二节　从方法危机到信任危机

由于第一代高教学者大多是他们行业中的权威人士,因此他们在研究高教问题时常常"借用"本专业的研究方法论,而且用起来得心应手。因而,没有人会从方法论的角度挑战他们的研究成果。但是,这种方法论上的"免检"对新一代高教研究学者们就不再适用了,因为他们的"出身"就是高教研究。与欧洲的同行相比,美国的高教研究者们的研究兴趣往往跟着研究资金提供者的指挥棒转。① 比如说,大学教授听命于研究基金会,院校研究人员(institutional researcher)听命于学校领导,政策研究机构的研究人员听命于政府官员。这种非中心化的、跟着问题走的研究方式使得高教研究人员长期以来无法静下心来构造属于自己领域的研究方法论框架。结果是,研究人员在面对不同课题时往往采取边走边学的策略。由于研究的问题对于研究者们来说至关重要,因而研究的设计就完全根据研究问题来定。② 这就是为什么在高教研究领域各种研究方法纷乱杂陈,以至在其他学科同仁的眼中,高教研究根本就没有什么方法论基础,其研究成果亦因此受到质疑。

但高校的管理者和决策者们却不怎么担心高教研究方法论上的弱点,因为他们工作中虽然会用到高教研究的成果,但他们无法也不应当总是对高教研究中的学术性问题以及数据进行理性的分析,然后再决定是否以此为据来作出决策。高教研究只是他们管理和决策所用的诸多信息的来源之一。与此相反,高教研究学者在学术圈内却不能掉以轻心。他们必须像他们那些社会科学领域的同

---

① Maassen (2000). Higher education research: The hourglass structure and its implications. In U. Teichler & J. Sadlak eds. *Higher Education Research: Its Relationship to Policy and Practice*. Oxford, England: Pergamon p. 63.

② Shavelson & Towne (2003). On scientific research in education: Questions, not methods, should drive the enterprise. Remarks given at a workshop of the National Research Council Committee on Research in Education.

行一样,将高教研究建立在"科学"的研究方法论基础之上。所以,他们偏爱定量分析的研究方法,因为后者其实是对自然科学研究方法的一种模仿。由美国联邦政府支持的"美国国家研究理事会"(National Research Council,NRC)在 2002 年组织了一个"教育研究的科学原则委员会",专门对教育研究的方法论问题进行调查。这个委员会将调查结果写成一份报告《教育科学研究》(*Scientific Research in Education*)。[①] 报告明确表示,联邦政府要求教育研究具有科学的可信度,而且他们将研究的"科学性"狭义地界定为"实验研究"。[②]

一般说来,在高教研究中采用"实验研究"的目的是为了确定因果关系,以求其结论具有普遍性,并可以在其他相似的场合中加以推广和应用。实验研究的前提条件是研究者能够以完全随机的方式将实验对象分配到实验组和控制组,以减少其他变量对于实验效果的干预。比如说,在教育研究领域,管理者需要知道一个新的教育项目是否能对学生的学习产生预计的效果。这就需要研究者对新项目的参与者和不参与者进行比较,而为了减少参与者本身所具有的各种条件对项目效果的影响,研究者需要保证每一个可能参与项目的学生都和其他任何人一样具有同等的机会被选择进入实验组。唯有通过这样严格的随机分配过程,研究者才能有充分的把握将两组之间的区别归之于项目本身的效果。毋庸置疑,这种运用"科学实验"的方法所得到的研究结果,能够给决策者以此为据作出决定时带来其他方法所难以达到的自信。

遗憾的是,在高教研究中,随机分配是研究者最难取得的一个实验条件。试想,假如一所高校试图按照一个新的理念建立一个集学习与生活于一体的学生宿舍,并将为此投入一大笔钱,那么校长理所当然想知道这样的宿舍对于学生的成长有多少积极的影响。因此,新的项目与学生成长之间的因果关系必须由教育研究者通

[①] Shavelson & Towne (2002). *Scientific Research in Education*. National Research Council Committee on Scientific Principles for Education Research. Washington, D. C.: National Academy Press.

[②] Kezai & Talburt (2004). Introduction: Questions of research and methodology. *The Journal of Higher Education*, 75(1), p. 2.

过科学评估方法的运用来加以证实。但是,研究人员也好,管理人员也好,谁能对学生是否进入这个新的项目进行随机分配呢?大家都缴纳同样的学费,凭什么张三能够进入而李四不能呢?没有随机分配,评估者就无法将实验宿舍的所有积极成果完全归之于其背后的理念所产生的效果,因为参与者很可能在参与之前已经是一个"有准备的头脑"了。

因此,高教研究者所面临的最常见的一个困境是:对于"实验研究"以及其他所谓的"科学方法",教授们几乎个个精于此道,却因为现实条件的限制很少有机会能够严格按照随机性的原则来收集研究数据;院校研究和政策研究人员虽然拥有大量真实的学生和学校等各方面的数据,却几乎没有时间或兴趣运用这些数据从理论的高度进行研究,因为他们的工作是满足管理和决策层在解决某些具体问题时对信息的需求。再说,大多数工作数据也不是根据随机性的原则来收集的。

值得注意的是,美国国家研究理事会及其"教育研究的科学原则委员会"是由美国联邦政府资助的,因而他们对于教育研究中实验方法的偏好多少反映了联邦政府对教育研究现状的看法。虽然高教研究作为教育研究中的一个分领域并没有受到特别的质疑,但高教研究毕竟是教育研究中最年轻的一个分支,其方法论的基础也最薄弱,因而也最需要检视自身。那么,为什么联邦政府会对教育研究方法这么一个看似琐碎的问题发表看法呢?明眼人不难看出,美国国家研究理事会的报告给整个教育研究界,包括高教研究者们,发出了预警信号:政府和大学的管理决策层对教育研究现状的不满与日俱增,并开始对此失去信心和耐心。虽然政府及其代言人"教育研究的科学原则委员会"无法亦不愿明确界定究竟什么是"科学"的教育研究,但他们显然觉得现有的教育研究既不严谨更不科学。教育研究方法论专家林肯(Y. S. Lincoln)教授一针见血地指出,"美国国家研究理事会及其委员会的目的是[通过方法论]来对科学的和不科学的[教育研究]进行甄别"①。不难想象,一旦高教研究由于方法论上的问题而被定性为"不科学",研究者的命运将会如何。

按理说,教育研究与实际的管理决策之间存在着天然的纽带,教育研究者根本就没有必要在其研究的"科学性"和"实用性"之间做出选择。对于任何试图运用研究成果来辅助决策的人来说,两者缺一不可。然而,高等教育研究在理论和方法上的缺失却直接导致了研究者眼下所面临的信任危机,因为一种不受信任的研究是不会得到政府和其他组织资助的。事实上,出于对现有高教研究的不信任,政府和高校的管理决策者们有时索性不理睬高教研究学者们。这些决策者们手中有的是资金,完全可以按照自己的意志建立研究机构来研究自己所面临的问题。这就是为什么几年来联邦和州政府的政策研究所和高校的院校研究办公室如雨后春笋般地涌现出来。同时,政府和高校决策者们还将高教政策方面的研究项目承包给独立的、声望卓著的研究机构,如兰德公司。

在高教研究界,院校研究人员是最为活跃的人员。他们担负着为所属院校领导进行战略规划、政策分析和管理评估等方面的研究辅助工作。尽管大多数院校研究人员拥有高教研究的博士和硕士学位,但是他们其实很少有机会将他们在大学里所学到的理论运用到实际工作中去,更不要说创造新的理论以对高教研究这一学科领域有所贡献了,因为他们的工作完全是为了满足管理层的实际需要。表面看来院校研究人员所做的这些应用研究似乎正好弥补了大学里高等教育研究人员的非功利性研究之不足,但这种分工本身却加深了理论和实践之间原已存在的鸿沟,而且这种分工对于高教研究学科领域的发展没有任何裨益。当研究学者和管理人员运用不同的标准来衡量高教研究的意义和重要性时,真正受到伤害的是这个领域的完整性、可靠性及其可信赖程度。

---

① Lincoln, Y. S. (2004). Scientific Research in Education/Evidence Matters: Randomized Trials in Education Research. *Academe*, Nov/Dec.

第三节　高教研究呼唤理论建设

如前所述,对于高教研究的批评大多集中在实证研究和实际应用之间存在的鸿沟,但真正困扰高教研究人员的却是诸多方法论的问题,而后者才是影响高教研究质量并引发信任危机的原因所在。高教研究中存在的质量问题使得管理和决策者们将这个领域四十多年的研究成果弃若敝屣,宁可另起炉灶,拉起他们自己的研究队伍来应对迫在眉睫的问题。

在对高教研究现状所作的一项全国性的调查中,凯扎教授发现,对于高教研究中所存在的问题,许多高校管理人员竟然异口同声地认为是由于高教研究领域中"缺少名著"所致。[①] 然而有趣的是,这些日理万机的管理人员对于研究文献的态度并不如我们所预料的那样功利,相反,他们"所感兴趣的是对现象背后的假设进行检视的哲学性著作。对于他们来说,只有能够促成高校深刻变革的著作方能成为名著"[②]。这条重要的"顾客反馈信息"对于高教研究者来说当如醍醐灌顶:一味关注现实并不能使高教研究在管理者眼中变得更加有用,更不能使研究者在学术界变得更加可敬。既然如此,让人不解的是:为什么多年来高教研究专业的教授和其他研究人员所做的实证研究也没有赢得高教管理界的青睐呢?

在此我们首先应当了解,一个"好"的理论起码应当具有两个功能:它不仅能够解释已经发生的现象,还必须能够预测将要发生的现象。两者缺一不可。约翰·冯·诺伊曼(John von Neumann)在研究博弈论的时候常常用热力学来作例子。他发现,仅仅准确地测量热力并不能产生关于热的理论,物理学家先要有一个理论,然后

[①] Kezar, A.(2000). Understanding the research-to-practice gap: A national study of researchers' and practitioners' perspectives. *Moving Beyond the Gap between Research and Practice in Higher Education*. New Direction for Higher Education no. 110. San Francisco, CA: Jossey-Bass. p.10.

[②] 同上, p.11.

才知道怎样根据这个理论去准确地测量热力。同样，经济学家是在诺伊曼、纳什（John Forbes Nash Jr.）等理论家们开发出博弈论的理论之后，方才能够利用这个工具来测量经济学中的许多变量。当大学管理人员呼唤"对现象背后的假设进行检视的哲学性著作"时，他们显然对许多仅仅满足于解释现状的所谓理论研究颇有微词。他们希望了解的是，这些现象背后是否还有涌动的暗流，当同样的条件再次出现时是否会引发同样的现象。作为一个工具，好的理论必须能够帮助管理者对大学里的各种现象作出解释，但管理者们更需要以理论作为工具对大学的未来发展作出预测和规划，防患于未然。

事实上，在高教研究界，研究人员和管理人员"所见略同"，他们对于严谨而又有用的理论的缺失早就感同身受。凯扎教授的研究表明，绝大多数的高教研究人员亦将那些致力于概念和理论建设的研究视为名著，同时，对于发表在本领域顶尖杂志，包括《高等教育评论》（The Review of Higher Education）、《高等教育研究》（Research in Higher Education）等杂志上的那些汲汲于堆砌数据而缺少理论深度的文章，他们表示不值一读。[1] 在做研究项目时，几乎所有的高教研究者，包括大学教授、专业政策研究人员以及院校研究人员，都费尽心机地在现有文献中搜寻理论基础和概念框架，以此来帮助立论、检验假设或指导研究活动。然而，不尽如人意的是，尽管美国高教研究领域中实证研究独领风骚，而且研究者所运用的统计方法也越来越成熟复杂，但似乎很少有人愿意或者能够在此基础上往前多走一步，在运用现有数据对繁复的教育现象进行实证分析之后，将研究结论提升到理论的高度。结果是，高教领域统计数据堆积如山，实证研究如汗牛充栋，而理论建设却千呼万唤不出来（或出不来）。已有的那么几个理论被拖来拉去，用以解释（很多其实是误导）高等教育领域所出现的各种问题。

---

[1] Kezar, A. (2000). Understanding the research-to-practice gap: A national study of researchers' and practitioners' perspectives. *Moving Beyond the Gap between Research and Practice in Higher Education*. New Direction for Higher Education no. 110. San Francisco, CA: Jossey-Bass. p.10.

比如说，丁托教授的理论原来只是为解释大学生的辍学问题而开发的。丁托认为，大学生在校期间在学业和社会交往两方面与学校大环境的融合程度决定他们是否能够顺利完成学业（或最终辍学）。① 这一理论模式的建立经过无数实证研究反复测试得到证实，而且在实践中确能有效预测辍学行为，并帮助学校采取措施预防辍学事件发生。在丁托发表其理论以后的三十多年中，这个原来不错的辍学理论竟然被用来解释很多毫不相干的教育现象，如学习成绩、补习结果、课外活动的参与、心理发展水平等等，而且在研究方法上多以多元回归方程来检验各种自变量对因变量的影响程度。问题是，当一个多元回归方程得出的决定系数 R 平方小于 50% 时，研究者是否应该停下来想一想，为什么那另外 50% 的变量不能在丁托的理论框架下得到解释呢？为什么没有一些新的理论可以用来解释和预测高教领域层出不穷的新现象呢？显然，高教研究在理论建设方面的落后状态不仅有损整个学科的健康发展，而且也给那些应用性的实证研究带来诸多不便。试想，没有理论支撑，什么样的假设值得研究者们为收集数据并进行检验而大动干戈？没有理论支撑，统计模式做得再漂亮、再复杂，除了排列出相关系数，研究者又何以证实因果关系？也许正是因为缺乏理论支撑，高教学者工作虽然很努力，却难以平等地自立于学界同仁之中。

在这一方面，商业管理研究学者远远走在了高教研究学者的前面。商业管理研究学者对于理论建设在学科建设中的重要性极为关注。在他们看来，理论是研究者们对于繁复的商业现象日积月累的理解和探讨的结果，而好的理论一定是知识上严谨、实践上有用，且能经受时间和不断变化的环境的考验。② 哈佛大学商学院的卡莱尔和克里斯丁生（Paul R. Carlile and Clayton M. Christensen）教授认为，理论建设对于学者和实干家有着同样重要的意义：

---

① Tinto, V. (1993). *Leaving College: Rethinking the Causes and Cures of Student Attrition*, 2nd ed. Chicago: University of Chicago Press.

② Carlile, P. R. & Christensen, C. M. (2005). The cycles of theory building in management research. HBS Working Paper Number: 05-057. 见 http://hbswk.hbs.edu/item/5422.html.

假如管理界的学者和实干家对于理论建设的过程能有一个共同的理解和把握,我们研究的效率就能变得更高。这些研究的目的并不只是为了发表,而是既能满足严谨的学术标准,又能帮助管理者在其所面临的境况下采取适当的行动以达到他们所追求的目标。[1]

其实,高教研究学者也早已意识到了这个问题,而且他们中的许多人也和商业管理研究学者一样在从事着艰苦的理论建设工作。但不幸的是,高教研究者似乎更多地受到大学管理中的现实问题的纠缠。他们在研究中的确收集了大量数据并"小心求证",但不知何故他们中很少有人愿意"大胆假设",更少有人往前再跨一步形成理论。这从另一个方面证实了坊间对高教研究中理论与实践之间存在鸿沟的指责其实是一种误诊,而运用定量研究方法特别是随机设计的实验研究就能增加高教研究的"科学性"的说法更是不着边际。高教研究真正需要的是以严谨的态度进行定量和定性的实证研究并以此为基础力求在理论上有所建树,而后者才能揭示纷繁复杂的高教管理问题背后所包藏的意义、性质和挑战。一个理论建立后,仍需不断地经受测试、调整和改进。它必须具备解释和预测的双重功能,从而使这一理论的"使用者们"能够在信息充分的环境中做出有效的决策。从这个意义上看,正如科罗拉多州立大学林汉(Susan A. Lynham)教授所说的:"好的理论一定是在实践中有用的理论。"[2]

好的理论还一定是简洁明了的。丁托的辍学理论之所以受到高教研究界的追捧,原因之一就是它特别简明扼要:一个学生只要在学业和社会交往两方面与学校大环境取得融合,那么他成功完成学业的概率就大大提高;否则他就面临辍学的危险。对于研究者来说,这样的"假设"完全可以用数据来测试或证伪,因而就有可能

---

[1] Carlile, P. R. & Christensen, C. M. (2005). The cycles of theory building in management research. HBS Working Paper Number: 05-057. 见 http://hbswk.hbs.edu/item/5422.html.

[2] Lynham, S. A. (2002). The general method of theory-building research in applied disciplines. *Advances in Developing Human Resources*, 4(3).

第六章 没有结论的结语——高等教育研究的困境与对策

上升为理论。对于管理者来说,这个理论在描述了大学生与学校大环境的关系之后,还为他们采取切实有效的措施来改善学校的各方面工作提供了明确的路线图。而后者才是高教研究呼唤理论建设的原因所在。

像丁托的辍学理论这样优雅的高教理论毕竟太少,因而在大量的高教研究文献中,读者常常被铺天盖地的统计图表所淹没。而大部分管理者既不愿承认自己因为缺乏统计学基础而无法念懂这些研究,又不能撇开实证研究而回到那事必躬亲的工作视察模式。毕竟,在我们今天动辄上万人的大学里,管理者有多少精力也无法靠视察来解决问题、规划未来。

行文至此,我忍不住想说几句题外的话。在国内的报纸上,我们几乎每天都能看到这样的题图报道:某领导莅临某地进行调研,配图经常是该领导站在陪同官员中间指手画脚。从来不知道别人对此的感受如何,反正多年从事大学管理研究,我每每为那些领导同志们感到汗颜。他们手下的人也许认为这样既体现了领导的亲民作风,又反映了领导的决策是建立在调研基础之上,而不是拍脑袋形成的。可是,只要稍微了解一点现代管理的常识,人们就不难发现,尽管偶尔亲临现场是每一个领导必做的功课,但这样的功课做多了不但对提高管理效率和效果毫无裨益,而且还会在深谙信息化时代管理方略的"卑贱者"(还记得毛主席的名言吗?卑贱者最聪明,高贵者最愚蠢。)面前显得愚蠢不堪。试想,假如参观视察式的调研能够得到科学的数据甚至取代实证研究,那么在管理和研究这两种截然不同的工作之间还真没有分工的必要。难怪当今许多领导都戴着"博士"帽,殊不知在很多国家博士只是有志于成为大学教授的人才会耗神费力去争取的一个头衔。而从研究方法论的角度看,"亲临视察"是许多人在研究设计上避之唯恐不及的事,因为这种随意的、轻佻的样本选择方法将给研究结果带来偏差(bias),并使研究者辛苦得来的研究结果变得一钱不值。

因此,今天已经被用滥了的所谓"科学管理",既不完全是科学,也不仅仅是管理,而是在排除了诸多日常管理中的烦琐细节之后对于原则性问题的深刻理解和把握,并努力地将即时的决定和长远的决策建立在借助科学手段取得的信息基础之上。和所有一切行业的管理一样,今天的高教管理需要真知灼见、洞察清明,更需要简明深刻的理论、数据翔实的研究以及建立在这两者之上的高瞻远瞩的规划与决策。

高教研究作为一个学科领域,几乎从诞生的那天起就不断地在理论和实践这两个端点之间寻求一种平衡。假如说高教管理行业的兴起是高教研究学科兴起的原动力,那么最初的高教研究学者的确勤勤恳恳地以研究和解决高校层出不穷的问题为己任,虽然做出这样选择的代价是对本学科理论建设和知识积累的忽略。后来的事实证明,这样的忽略代价高昂。高教学者为高校管理服务的精神和行动不仅没有受到应有的赞赏,高教管理作为一个新兴的学科反而因为过于贴近现实而受到传统学科的排挤和打压。

总的来说,高教研究在学术界所面临的尴尬局面从很大程度上起源于行业内外一种普遍的误解,即理论研究会导致高教研究脱离日常管理的实际。而著名学者乔治·凯勒对高教研究尖刻的批评("不结果的树")更是加深了这种误解。诚然,并非所有的理论都能在实践中找到用武之地,事实上,在许多学科领域,理论建设所涉及的纯粹是在观点、假设和概念层面上的思辨活动,与实践的确没有太多关联。但是,在商业管理研究和高教管理研究这样的应用学科中,理论建设是研究者们经过认真细致的实证分析之后,对于现象从简单描述到建立规范这样一个逐渐积累的认知过程。这种认知必须具备两大基本特征:其一,既然理论的目的是指导实践,理论建设的过程必须与高教管理的实践紧密相连;其二,理论建设是一个过程而非结果,高教理论的成立必须建基于对量的或质的数据进行科学分析和反复检验之上。换言之,理论建设的过程就是研究影响实践的过程,也是研究者为高教学科的建设积累知识的过程。

为了构筑坚实的学术基础,高教学者必须在其日常的研究活动中与管理和决策者通力合作,更加自觉地进行理论建设。从目前高教研究领域的格局看,管理者和决策者们都有自己的政策研究和院校研究人员来为他们提供基本的数据收集和分析服务,因而他们已经不可能回到四十多年前那样,依赖高教研究人员及其研究文献辅助其决策。但是,政策研究和院校研究人员在为辅助管理者进行决策而进行应用研究时却常常面临一个困境,即严谨而有用的理论框架的严重缺失,而这正是大学和其他研究机构的高教学者的用武之地。政策研究和院校研究人员往往拥有大量的数据,而大学和其他研究机构的高教学者则更加熟悉各种研究方法和理论框架,这两支研究团队的联袂将为高教研究学科的发展创造一个双赢的局面。

第四节 大数据思维与研究方法的调整

诸位看官一定注意到了,我在本书的第一章中介绍了当今大学管理研究者必须面对的大数据环境,却在其后的章节中完全失语,再也没有回到这个题目。不只是因为书中案例大多是"前大数据"时代的产物,最重要的是,在大学管理研究行业,乃至整个高等教育研究领域,以大数据为思维框架的研究成果实在是乏善可陈。事实上,以 2008 年为界,之前连大数据这个说法都不存在;此后大学管理研究界的流行语是"数据挖掘";直到 2010 年之后,大数据与学习分析论(big data and learning analytics)才开始进入我们的研究语汇。[①]

但是,正如没有起名字的孩子也是孩子,没有大数据或分析论的说法并不等于没有这样的做法。特别是当我们将之前流行于高教研究界的数据挖掘放到一起进行考察,其实不难看出,大数据及分析论之于管理研究并非太阳底下的新东西。新的是大数据思维,以及与此相应的研究方法的调整和运用。

阿里巴巴集团前副总裁车品觉在《实战大数据》一书中的说法

---

① Daniel, B. K. (2017). Big Data and data science: A critical review of issues for educational research. *British Journal of Educational Technology*. p. 3. 见 https://onlinelibrary.wiley.com/doi/epdf/10.1111/bjet.12595.

简明扼要:"以前,我们是'有问题找数据',而在大数据时代,其最核心的特质则是'用数据找机会'。"[1]权威的 IT 研究与顾问咨询公司高德纳(The Gartner Group)则将数据挖掘定义为:"运用模式识别技术及统计与数学的技巧,通过对数据库里存储的大量数据进行筛选,从中发现有意义的全新关联、模式与趋势这样一个过程。"[2]的确,大数据以其前所未有的体量与品质,在以数据为业的人们面前展现出各种新的可能性。但是,大数据和分析论的出现并不意味着传统的统计研究已经过时,更不像有学者所欢呼的那样,"大数据的出现,高等教育研究逐渐从抽样模式走向全样本模式"[3]。相反,大数据只是为现有的研究工具箱里新添一套工具。这套新工具不但不能取代传统的研究方法论,它的有效使用仍需借助我们所熟悉的统计方法。

案例 C——大学生就学经验的评估——能够帮助我们理解传统的统计方法和当今走红的分析论之间究竟有何区别。如前所述,这个研究的数据来自 G 大学早前搜集的毕业生问卷调查,而且由于校方将此调查设为毕业要求,所以回复率几乎是百分之百(全样本模式:听上去有点熟悉?)。当我接受这项研究任务时,也不像多数研究者那样是"有问题找数据",而是"用数据找机会"。从这个意义上看,案例 C 的出发点与今天时髦的分析论并无二致。唯一的区别是,我的数据不"大",来源比较单一,而且完全是结构性的。从研究方法看,因素分析虽属传统的统计方法,但它通过在杂乱纷呈的诸多变量之中寻求关系模式,对其进行重组,形成新的因素(自变量),以此减少原数据中自变量的数目,提高预测效率。作为一种统计方法,因素分析同样受到数据挖掘者们的青睐。[4]

和案例 C 形成对比的是美国田纳西州奥斯汀皮耶州立大学

---

[1] 车品觉(2016).实战大数据——大数据的关键思考.香港:香港财经移动出版社.
[2] Kumar, T. (n.d.). An Introduction to Data Mining in Institutional Research. 见 https://www.slideshare.net/Tommy96/an-introduction-to-data-mining-in-institutional-research.
[3] 郑宏(2017).大数据时代高教研究的特征与新文化.高教探索,12.
[4] Lee, Z. H., Peterson, R. L., Chien, C. F. & Xing, R. (2005). Factor Analysis in Data Mining. Encyclopedia in Data Warehousing and Mining. *Information Science Reference*. p. 498.

(Austin Peay State University)运用大数据帮助学生选课的案例。[①]学校以 Netflix、Amazon 和 Pandora 等成功网站公司为模本建立了一个名为"学位罗盘"(Degree Compass)的分析系统。这个系统搜集了 10 万个以往学生选课成绩记录,加上学生的学籍数据和档案数据,与目前注册的学生情况加以比对,以此决定学生所选课程对其完成学业的进程会有什么影响、学生在每一门课上取得良好成绩的概率,然后对学生选课及其所选课程的序列提供推荐意见。换言之,"学位罗盘"能够预测学生在一门课上取得良好成绩的概率,并帮助他们选择成功机会较高的课程。根据学校的报告,有了"学位罗盘"后,学生成功通过所选课程的比例大大上升。其后学校又建立了一个新的系统"我的未来"(My Future),与"学位罗盘"中的数据加以连接,以预测分析的方法,帮助学生在选课的基础上进而选择专业和学位项目,增加学生取得学业成功的概率。

　　以上两个案例的共同点在于:用于分析的数据都是全样本模式,没有涉及抽样;两者都是先有数据后有研究;研究的目的都关乎学生学业的成功。区别在于:前者通过因素分析对数据进行整理与简化,找出与就学经验相关的因素进行分析,以此帮助大学调整教学目标,为学生的成长创造更好的就学环境;后者则通过搜集不同来源的数据,对学生选课行为进行数据挖掘,在找出变量间相关关系后形成个性化的推荐系统,以帮助来自不同学术背景的学生找到属于他们自己的独特的成功之路。从统计方法的运用上看,前者运用传统的多元线性回归及多因素方差分析,为大学从整体上制定学生发展规划出谋划策,而后者则在承认个人差异的前提下通过编制演算法寻求相关模式,帮助学生设计个性化的学业进程。从管理研究所能起到的作用来看,案例 C 的研究结果有助于大学的宏观决策,而奥斯汀皮耶州立大学的项目则可用于大学日常的微观管理。

　　总之,以上两例之间的区别,其象征意义远大于实际意义。从

---

　　① Ekowo, M. & Palmer, I. (2016). The Promise and Peril of Predictive Analytics in Higher Education·A Landscape Analysis. *New America Education Policy Paper*. 见 http://higheredindex.newamerica.org/.

数据的来源到研究方法,两者可谓你中有我、我中有你。真正值得我们关注的其实还是思维方式的改变:在这里,"提出假设—搜集数据—验证假设—得出结论"的模式已经被"一切皆用数据来观察,一切都用数据来刻画"的大数据思维所悄然取代,而后者在传统的研究方法论中曾经是不可接受的。也许,高教研究以致整个社会科学研究已经站到了时代变迁的十字路口而不自知?或者,这种现象本身就是大数据时代高教研究对于理论建设的呼唤?对此的解答,虽非一己之力所能逮,却并不妨碍我们得出如下结论:大数据时代,社会科学研究方法论的调整势在必行。

首先,研究方法的调整必须从研究者的数据意识开始。用视而不见来描述我们在"前大数据"时代的数据意识,当不为过。我们以往对于数据的关注只是在确定了一个给定的研究项目之后,而此时我们除了作问卷调查而外并没有太多其他的选项。因此,传统研究中数据来源之单一和体量之小巧,究其原因,除了电脑容量的限制而外,研究者数据意识的缺乏首当其冲。可是在进入大数据时代以后,研究者一旦戴上数据眼镜,周围的世界突然变得五彩斑斓。数据短缺不再是研究能力短缺的借口。比如说,有学者对可为教育研究者役使的数据作一简单罗列,就开出了基础数据、教学数据、科研数据、管理数据、服务数据和舆情数据等一系列清单。[①] 这些林林总总的数据虽非容易到唾手可得,但它们和研究者之间的距离并不太遥远。比如说,基础数据包括学生在申请入学时提交的基本背景数据;教学数据包括学生成绩和其他教学过程中涉及的数据;科研数据包括各类教学与科研项目中所获得的数据;管理数据包括学校管理系统中记录的学籍数据、档案数据等;服务数据包括教学服务系统中记录的数据,如图书档案服务等;舆情数据包括教育新闻数据、社会网络系统中的相关数据等。

在这里,真正挑战研究者学术能力的是他们对于数据或大数据的整合、分析以及为我所用的能力。在"前大数据"时代我们酝酿

---

① 孙洪涛,郑勤华(2017).教育大数据的核心技术、应用现状与发展趋势.远程教育杂志.见 http://www.cssn.cn/jyx/jyx_jyjsx/201704/t20170421_3494998.shtml.

第六章　没有结论的结语——高等教育研究的困境与对策

一个研究项目,除了结构性数据外我们并无太多奢想,而问卷调查和小组访谈便是我们取得结构性数据的主要方法。因此研究项目的顺利实施很大程度上取决于研究者的技术能力,特别是运用统计工具来操纵、分析数据的能力。大数据的处理同样要求研究者具有技术能力,但对他们的想象力提出更高要求。试想,假如研究者在取得问卷数据和学籍数据后,却对相关的图像、文字数据没有处理能力的话,那么一个原本可以通过大数据分析影响管理措施的研究将就此无疾而终。如此的研究完成后,其成果的命运便是被管理者束之高阁。论文也许可以发表,但很难对大学的日常运作产生直接影响。

其次,研究方法的调整还涉及研究者对于研究目的的认识。在本书的第一章里,我们在试图区分一般高等教育研究与大学管理研究时提出大学管理研究的重点在于学校的日常运作,因此管理研究所关注的重点应当是"How",而非"Why"。这个陈述容易引发误解,即大学管理研究不再需要关注"Why"。事实上,任何真正的科学或社会研究都不可能完全忽略对于事物本质及其内在规律的探寻,只是我们在面对具体的研究项目时,研究者必须时时调整自己通过数据看世界的角度。换言之,一般的高等教育研究并不总是带有功利目的,因此研究者的任务就是"解释世界";而大学管理研究的目的是辅助日常管理与决策,其功利目的鲜明,这样研究者就不能仅仅满足于验证假设(hypothesis testing)了,他们需要实现从"解释世界"到"改造世界"这样一个跨越。

而大数据的出现,恰恰是为这个跨越提供了一座桥梁。在大数据的驱动下,研究者可以暂时搁置理论与假设,而是通过挖掘、分析各类数据,量化学习过程,描述学习状态,寻求各种变量间的相关关系,确定干预策略。如此研究,孤立来看,可以改变管理方式;重复进行,也许有朝一日能够从更深的层次上揭示教育规律。这样的"跨越"过程是"在多来源、大体量数据的基础上,通过技术手段进行数据汇集和共享,组织研究者进行群体协作,开展大量能够进行标准化,具有对比意义的研究,[使得研究者]最终更易发现真实的教育规律"①。

更重要的是,唯有实现从"解释世界"到"改造世界"的跨越,才能回应凯勒关于高教研究是"不结果的树"的指控。从前述美国高等教育研究的发展来看,教育研究的实践性质决定了我们的工作必须提供某种实践性的智慧,而这种智慧仅通过宏观的、粗放式的政策研究是无法获取的,更不能对大学的日常管理提供任何帮助。大学管理者日理万机,他们需要政策性的指引,也需要成熟的高教理论帮助他们了解和解释大学及其周边的世界。但他们管理的工具箱里急需添置新的、有效的工具,以便他们有的放矢,实现精准管理。大数据和分析论便是这样一套新的工具。

第五节　探寻大学管理研究之道

网上有一则广为流传的笑话。张三驾着热气球在空中飞行。他意识到自己迷了路,便对地面上的一位路人李四喊道:"对不起,我和朋友约好一小时之前见面的,可现在我连自己在哪儿都不知道了。能帮个忙吗?"李四说:"你乘的热气球离地面大约10米。你在北纬40和41度之间,东经59和60度之间。"张三说:"你一定是位工程师。"李四问:"你是怎么知道的?"答曰:"你告诉我的从技术细节上说都对,但这些信息对我毫无用处。相反,你还耽误了我的行程。"李四说:"那你一定是当老板的。"张三说:"没错。但你是怎么知道的?"答曰:"你既不知道自己在哪里,也不知道要往何处去。你之所以能在今天的位置上纯粹是借了一堆空气的光。你许诺,但从来不知能否兑现,还指望下面的人来为你解围。现在连从我们碰面到现在你的气球原地未动,都成了我的过错。"

这则笑话听上去非常熟悉,不是吗?管理者和研究者的关系在此昭然若揭。才华横溢的研究者能够将技术细节交代得一清二楚,

---

① 孙洪涛,郑勤华(2017).教育大数据的核心技术、应用现状与发展趋势.远程教育杂志,见 http://www.cssn.cn/jyx/jyx_jyjysx/201704/t20170421_3494998.shtml.

第六章　没有结论的结语——高等教育研究的困境与对策

但对管理者毫无用处。管理者高高在上,却不知何去何从,还整天埋怨下面的人没有做好辅助工作。我在本书中所做的一切努力,就是希望在大学管理的领域里打破这样一个怪圈。

一流的大学得益于一流的管理,一流的管理有赖于一流的研究。然而,在管理和研究之间游走多年之后,我却自感对于研究者似乎变得越来越苛责。当一所大学的管理不尽如人意时,我们可以很容易地责怪管理者的决策失误,而很少会就管理问题责怪研究者。这种情况恰恰说明研究者至今未能在大学管理中占据举足轻重的地位,起到他们应起的作用,产生他们应当产生的影响。结果就是,人们还没有开始把他们当回事。高等教育研究学者们在学术的象牙之塔中流连忘返,用学术化的语言来阐述其研究成果,全然忽视了他们的研究最重要的服务对象——大学管理者以及关注高等教育的一般大众。如果大学管理者得不到研究支撑,其决策的唯一方式只能是"拍脑袋";如果一般大众不能理解高等教育的特点与规律,就很容易对高等教育产生不切实际的幻想。因此,要说研究者在大学管理上有被边缘化的危险的话,首先需要检讨的是研究者本身。

那么,我们孜孜以求的所谓大学管理研究之道究竟是什么呢?以辅助大学管理决策为己任的大学管理研究者们究竟该经过什么样的"修炼"方能"得道"呢?在说明什么是"大学管理研究之道"之前,也许我们可以先看看什么不是"大学管理研究之道"。

大学管理研究之道不是事必躬亲。在日常的大学管理中,我们没有必要对所碰到的每一个问题都从头开始加以研究,也不是每一个管理问题都值得我们花大力气去搞个水落石出。许多管理问题其实只是常识问题。要知道,研究者的拿手好戏是将简单的问题复杂化:有时是他们的思维习惯使然,有时只不过是为保住手中饭碗而略施小计。这时管理者最需要的是先例、概览、文献检索、高教述评。高教述评是驾着热气球的大学管理者手中的导航仪。这个导航仪是前人经验的总结,是过去研究者们智慧的结晶。它能够指出热气球运行的大致方向。当然,要达到自己的约会地点,管理者还需要更加具体的信息,而这个导航仪能够帮助他在求助于下属的时候不至于显得过于盲目和无知。

大学管理研究之道不是数字游戏。在今天这个数字化的时代，想不玩数字也难。远的不说，光是每年各种商业杂志为大学所做的五花八门的排名就将数字的游戏玩到了极致。因此，像热气球上的管理者那样对数据嗤之以鼻，其实愚蠢至极。明智的管理者会在全盘接受下属提供的技术细节的同时，不忘记要一份对于数字进行阐释的说明书。对于研究者来说，当他们的老板坐在热气球上迷了路的时候，给老板送上数据原文的同时一定不能忘了附带说明书。这样做不只是为了讨好老板，而且也是为了保住自己的饭碗。要知道，精确的数据显示的是研究者的技术能力，而恰到好处的说明显示的则是研究者的思考能力。在今天的大学管理研究界安身立命，这两种能力不可或缺。

大学管理研究之道不是道听途说。特别是利用质的研究辅助管理和决策的人们更需要高度防范这样一个陷阱。由于数据来源是个别案例、个人观点、情景观察，研究者很容易在方法论上受到极端科学主义者的挑战。对于管理者来说，质的研究的结果无须加以说明，因而比定量研究更好用。但是，好用不一定管用，管用也不一定服众。大学教授是社会上最独立的一个团体，和其他社会团体相比，它不盲从、不唯上、不媚俗、不轻信。作为现代社会稀缺的可以捧铁饭碗的职业，大学教授最有挑战权威的本钱。这样看来，任何背靠研究的大学管理举措，在实行之前都得先在大学教授这个最严厉的批评者那里过堂。研究者必须记住的是，绝大多数大学的管理者本身就是教授。这未必不是一件好事，试图影响管理的研究首先必须在研究方法上经过考究。

大学管理研究之道不是巧言令色，当然也不是在迷途的老板面前放上一堆冰冷的数据。没有合适的表达方式，再优秀的研究也无法为人指点迷津。另一方面，巧言令色者虽然能让热气球里的老板不那么难堪和无奈，甚至能让他在黑暗中看到一丝光明，感到一点温暖，但是真正的管理者最需要的毕竟不是廉价的安慰，而是尽快到达目的地的方法和路线。因此，研究者可以探索表达的方式，但不可以扭曲表达的内容。知之为知之，不知为不知，是知也。

第六章 没有结论的结语——高等教育研究的困境与对策

那么究竟什么是大学管理研究之道呢？

大学管理研究之道是管理者和研究者之间的同舟共济、配合默契。热气球上的管理者和地面上的研究者之间的较量是一场零和游戏。二人为逞一时口舌之快而毫无顾忌地贬低对方，恰恰暴露了自己对于对方工作性质和特点的无知：研究者认为管理者青云直上靠的是溜须拍马，没有一点真本领；而管理者则认为研究者满腹经纶却不识人间烟火，不能给自己提供任何实际的帮助。他们双方都不屑于放下身段去和对方进行沟通，也没有兴趣作任何换位思考，设身处地地为对方排忧解难。事实上，在高等教育大众化的时代，管理者和研究者之间的关系早已成为皮与毛、唇与齿的关系。所谓"皮之不存，毛将焉附"，这在过去也许更多用来指称研究者对于管理者的依附：没有管理者在研究经费上的支持，任何研究都无从说起。但是，随着大学、超大学或所谓的"multiversity"的出现，管理者假如不想继续拍着脑袋进行管理和决策的话，那么他们只能借助研究者的扫描仪（高教述评？）、放大镜（质的研究？）、望远镜（定量研究？）等研究工具来辅助管理和决策。打一个不太恰当的比方，正如制造和使用工具直接导致了人与猿相揖别，能否理解和利用研究进行管理也从很大程度上将原始粗放式的管理与现代科学的管理区别开来。

大学管理研究之道是管理者的高瞻远瞩和研究者的深入浅出。没有前者，研究者只能自设假想敌作沙盘推演，其研究结果很容易沦为数字游戏；而没有后者，即便管理者坐拥整个研究团队，他们也难以影响其决策过程，而缺乏研究支撑的高瞻远瞩至多只是空中楼阁。在高教研究领域里，管理者时时抱怨高教研究脱离大学管理的实际，连研究者自己也作如是说，因此以讹传讹，人们将高教研究的症结简单地归之于理论脱离实际。但是，根据我们前面所引述的研究，至少管理者和研究者在一个问题上看法一致，即高教研究领域缺少具有理论深度的"名著"。假如高教研究连理论本身都缺乏，那么脱离实际从何谈起？事实上，高教研究真正缺少的不是一般意义上的能够直接用于日常管理的理论，而是一些着眼于未来发展、具有前瞻性的新思想和新观点。这种新的思想和观点的产生首先要仰仗大学领导者的远见卓识,然后是研究者在大量数据的基础上所作的科学论证,最后通过有效途径在大学管理中得到传播和运用并形成理论,其效用亦在此过程中得到检验。所以,大学管理研究之道说到底还是管理与研究的最佳组合。

大学管理研究之道还是一个大胆假设、小心求证的过程。借用胡适这个早被过度阐释了的命题来说明我们的观点,其实有点危险。我不知道人们能否从过去的争论引起的遐想中挣脱出来,换一个角度来看看高教研究在方法论上存在的问题。粗略地说,美国的高教研究是小心求证有余而大胆假设不足;中国似乎正相反,大胆假设有余而小心求证不足。这种方法论上的偏执对作为一个学科领域的高教研究的伤害几乎是毁灭性的。它使高教研究不仅在传统的学术殿堂里没有安身立足之地,而且在实践的领域里也被视为一棵"不结果的树"。这样看来,对于大学管理的研究过程其实也是管理者和研究者一起反躬自省的过程。我们需要大胆假设,这种假设来自于我们对大学生才智发展潜能的客观评估,对教学与科研之间的关系、科研项目管理、大学课程设置、通识教育、职场培训等许多问题的重新认识,对大学管理者所面临的各种困难和挑战的深刻理解,对全球化形势下大学发展前景的展望。我们也需要小心求证,这种求证是对从今天走向明天的每一步骤认真细致地所作的准备工作,是对其他学科研究方法论的尊重和借鉴,是在收集和分析大量实证数据后对于各种假设和理论的甄别,是在努力丰富学科知识库存的同时对于大学日常管理和决策的及时回应。

最后,大学管理研究之道是科学,也是艺术。作为一门科学,高教研究和管理经过四十多年的发展逐渐成为一门"系统化的知识"[①]。高教研究者运用逻辑思维与实证方法对大学管理中的各种现象进行搜集、概括、归类、分析、判断,并在理论的层面进行总结。他们的工作成果被管理者用来作为决策的辅助,并在大学管理实践中得到验证。但是,高教研究不同于自然科学研究。化学家在混

---

① Merriam-Webster Online Dictionary 2009.

合两种不同化学元素之前就能肯定地告诉你混合后的试管里将产生什么新的物质;天文学家能够准确地预测下一次日全食将在何时、何地发生,还能顺便告诉你哪里是最佳观测点。相比之下,高教研究学者面临的问题却要复杂得多。他们既不能保证自己的研究成果能够帮助管理者找到最佳的决策方案,也不能预测教授在科研上的作为或学生学习的成效。他们研究大学生发展、大学行政机构运作、教学科研等各种活动以及大学管理中的这些不同方面的相互作用,并试图在描述这些活动的基础上建立理论模式。然而,任何理论模式都是对纷繁的教育现象的一种简约化。这种理论模式不可能顾及每一个细节,正如在一幅北京地图上不可能标出每一条街道、每一栋房屋。但从外界对高教研究的诸多指责来看,人们似乎对高教研究的所谓"科学性"常常颇有微词。他们以自然科学的精确性作为参照,要求高教研究者在他们的"地图"上标出每一栋房屋上的裂缝、每一条街道上的坑洼。事实上,地图能够帮助旅行者到达他所想去的地方,但制作地图的人无法,亦无意提供每一步骤的具体执行方案。否则,这就不再是北京地图,而是北京本身了。

从这个意义上说,大学管理研究之道又是一门艺术。和所有的艺术家一样,大学的管理者和研究者必须具有想象力和创造性,尽管这种创造性似乎可遇而不可求。即便掌握了高教领域里最前沿的理论(北京地图?)或思想,管理者和研究者也并不按图索骥。真正的管理者、研究者必须世事洞明、人情练达,对于不同的思想、观点和理论具有深刻的理解、整合和沟通能力。他们知道自己想要什么(大学的使命、哲学和理念),但他们心中从来就没有一条到达彼岸的直通路线。为了达到目的,他们必须以高度的热情来感染众人,以自己的人格魅力来鼓励大家合作,以强大的理智来容忍错误、含糊和不确定性,甚至要以在学术圈子里讳莫如深的一点冒险精神来实行改革。和艺术家一样,他们的直觉和本能亦常常走到前台甚至影响决策,但那更多的是深藏其中的知识底蕴以一种毫无预警的方式在参与行动。

行文至此,对于大学管理研究之道的考究也到了必须画上句点的时候了。再往前走一步,我们就会踏进一个更为复杂的领域:大学的领导及其领导艺术。关于领导与管理的区别,华伦·班尼斯(Warren Bennis)在《领导论》①一书中作了一些有趣的比较:领导者进行创新,管理者从事管理;领导者是"原版",管理者是"副本";领导者着重发展,管理者着重维持;领导者关注人本身,管理者关注系统和结构;领导者取得信任,管理者依靠控制;领导者看长远,管理者看眼前;领导者挑战现状,管理者接受现状。假如我能加一句的话,那就是:领导者务虚,管理者务实。大学管理研究之道,在达到其理想状态时也许已经接近班尼斯心目中的"领导"。但现代学术界的分工已经达到了极其精细的境界,为了不在无意之中践踏他人的绿地,我只得就此打住了。

---

① Bennis,W.(2003). *On Becoming a Leader*. Perseus Books.

附录一 案例C《大学生就学经验的评估》英文版

Assessing Student Collegiate Experience: where do we begin?

ABSTRACT

The idea of assessing how much students learn, improve, or grow in college, as well as how they stand at graduation, has been gaining momentum over the 'reputational' and 'resources' approaches. This study is to demonstrate how this new approach can work even if an institution has already committed to using an externally developed survey instrument to assess student collegiate experience. It attempts to articulate student collegiate experience using self-reports and to construct the gain scales that can be used as the outcome measures in an institution's assessment efforts.

Introduction

In the US, the growth of the outcomes assessment movement in

---

① 原载 *Assessment & Evaluation in Higher Education*, Vol. 26, No. 6, 2001, pp. 525—538.

higher education has been dramatic in the past decade. In the public sector, colleges and universities have come under increasing pressure from their constituencies to demonstrate their accountability, effectiveness, and efficiency in measurable terms. As a result, many institutions, especially public college/university systems, have adopted some kind of performance indicator systems with simple and quantifiable measures (Borden & Banta, 1994; Cheng & Voorhees, 1996). In the private sector, though many institutions, especially the elite ones, still enjoy the favourable ratings by US News and World Report and other agencies using 'reputational' and 'resources' approaches (Jacobi et al., 1987), the general sense of crisis is deepening. The public, students, and their parents demand to know whether private, elite institutions are delivering what they promised, and whether they are doing so in a cost-effective, high-quality way (Upcraft & Schuh, 1996, p. 8).

These myriad pressures have prompted college administrators to scramble for assessment models that fit their own institutions. In the ideal world of assessment, an institution is supposed to go through a cycle from setting missions, goals, and objectives, to developing instruments to assess the effectiveness of institutional performance as related to the goals, and finally to making improvements using the assessment results (Moxley, 1999). In the real world, unfortunately, few assessment professionals find themselves completing such a perfect cycle due to all kinds of practical constraints. Limited by time, expertise, and the lengthy testing cycle, many institutions of higher education can hardly afford to locally develop valid and reliable instruments that assess exactly what the institutional goals or missions call for. As a result, institutions opt to adopt commercial survey instruments or to join a research consortium and use consortium-developed survey instruments.

These externally developed instruments are generally well tested and have proved to be reliable. In addition, because the users of commercial or consortium surveys receive norm data, externally developed instruments are attractive to the institutions interested in peer comparisons. However, the problem for using externally developed instruments lies in the fact that institutions do not have a chance to ask about their students' collegiate experience unique to their particular environment. As a result, the fundamental question of outcomes assessment is often overlooked, i.e. what is to be assessed in this particular institution? Therefore, the question becomes: to assess students' collegiate experience, where do we begin?

Literature Review

For centuries the quality control of US colleges and universities has always been dominated by the traditional self-regulatory methods. However, in the past two decades, "A new economic motivation is driving states to redefine relationships by pressuring institutions to become more accountable, more efficient, and more productive in the use of publicly generated resources" (Alexander, 2000). Riding with the tide are commercial agencies such as US News and World Report that have made college rankings the most important arbiter of status in higher education.

With the governmental and commercial forces joining in the regulatory processes of higher education, higher education "is being obligated to examine itself or be examined by others" (Barnett, 1992).

While being examined by governments, commercial agencies, or the general public, the biggest challenge colleges and universities have to face is simplification. The list of performance indicators compiled by Bottrill and Borden (1994) from various sources reveals the tendency of people outside higher education to judge colleges and universities with a system of indicators that are quantifiable, easy to capture, and usually having the appearance of objectivity. Student test scores on aptitude, GPA's, retention/ persistence/graduation rates, etc., are among the most popular indicators adopted. While all these indicators do indeed measure certain aspects of an institution's effectiveness, the drawback, however, lies in their inability to provide meaningful information on students' intellectual and personal development as the outcomes of their collegiate experience.

In recent years, a number of attempts have been made to convert students' behaviours, cognitions, and attitudes enhanced through collegiate experiences into outcome indicators [National Center for Education Statistics (NCES), 1991; National Education Goals Panel, 1992; National Center for Higher Education Management Systems (NCHEMS), 1994]. It is of no surprise that researchers or research groups differ considerably among themselves in their developed categories or taxonomies of outcome measures. Common to most of these attempts is that the assessment of student behaviours, cognitions, and attitudes relies heavily on subjective measures using student self-perceived intellectual, social, and personal gains. "For some outcomes, student reports may be the only source of useful data" (Kur et al., 1997). The College Student Experience Questionnaire (CSEQ) (Pace, 1979) and the College Student Survey (Higher Education Research Institute, 1989) are among the most widely used survey instruments that include items of student self-reported gains in college. The results of research using student self-reports of growth are in general consistent with research using other measures of collegiate achievement (Anaya, 1999; Pace, 1985; Pike, 1995).

Making these less tangible kinds of indicators useful in student outcomes assessment are numerous theoretical probes into categorising student personal and intellectual developments. In their 1987

ASHE-ERIC Higher Education Report Jacobi et al. (1987) proposed an alternative conception of 'talent development' to counter the popular definitions of excellence using the reputational and resource approaches. Jacobi et al. (1987) believe that "a high quality institution is one that maximises the intellectual and personal development of its students" (p. iv).

This report was among a considerable number of studies carried out to explore different taxonomies of the outcomes of college. Other influential studies include: Astin, 1973; Brown and DeCoster, 1982; Chickering and Gamson, 1987; Ewell, 1984, 1985a, 1985b, 1988; Hanson, 1982; Kuh et al., 1997; Kuh et al., 2000; Lenning et al., 1977; Paker and Schmidt, 1982; Pascarella and Terenzini, 1991. The importance of the research in this area, according to Jacobi et al. (1987), is to provide a useful "menu from which researchers and practitioners may select the items of greatest importance to measure and track" (p. 19).

Of the frequently cited typologies, Astin's (1974, 1977) provides a three-dimensional taxonomic system: by type of outcomes: cognitive vs. affective; by type of data: psychological vs. behavioural; and by time: short term vs. long term. To a large extent Astin's taxonomy is more of a framework for outcomes than actual outcome categories, as they are the case in Lenning (1977, 1980) and Bowen (1980). Lenning's taxonomic system emphasises human characteristics outcomes, including such items as personality development, morale, social activities, etc., while Bowen (1980) provides a more detailed list of outcomes of practical competence. In addition, Bowen tries to make connections between his typology and the goals many institutions hold for their students. Mentkowski and Doherty's (1983) typology goes one step further in that direction. Theirs was developed by faculty and administrators at Alverno College to implement an outcome-centred liberal arts programme. The outcome categories include communications, analysis, problem solving, valuing, social interaction, taking responsibility for the environment, involvement in contemporary world, and aesthetic response. To a large extent, the Mentkowski and Doherty approach to outcomes assessment is particularly relevant to this study: not only the typology covers both affective and cognitive outcomes, with both behavioural and psychological data (in Astin's classification), it is also highly congruent with the institutional goals.

Purpose of the Study

With these outcome taxonomies as the theoretical framework for assessing student collegiate experience, this research project was designed as a case study to examine the feasibility of forming an assessment model by using an externally developed survey. The institution studied is a private, urban, and highly selective research university in the US. The mission of its undergraduate colleges was stated as providing their students with the kind of education that is characterised with three key components: intellectual mobility, social mobility and career mobility. Therefore, the ultimate student outcomes sought by the institution are to promote student learning in terms of intellectual and academic capacity, social, organisational, and leadership abilities, and various practical skills applicable to their careers in the future.

The institution belongs to a consortium of highly selective institutions and, as a part of this commitment, participates in its annual graduating senior survey. The survey instrument was designed by the consortium to assess different aspects of their students' experience in college, and the questions range from graduates' future plans, evaluation of undergraduate experience, financing of undergraduate education, college activities, and demographic background.

There were three reasons why the author of this study chose to begin assessing students' collegiate experience with this survey. First, there are 24 questions in the survey that ask about students' self-perceived intellectual, social, and practical gains, which seem to match the three components of the institutional mission. Second, although worded differently, the 24 self-perceived gains items bear many similarities to, with some even directly adopted from, the outcome taxonomies by Lenning (1977, 1980), Bowen (1980), and Mentkowski and Doherty's (1983). Third, since the institution studied has participated in this survey for many years, using the survey data gave the researcher the opportunity to test his assessment model with the same data of multiple years.

The purpose of this study, therefore, is twofold: (1) to analyse an array of questions on student self-perceived gains in college in the graduating senior survey, aiming at developing several comprehensive Student Self-Perceived Gain Scales (SSPGs) to support the institution's assessment of student collegiate experience; and (2) to test the utility of the developed SSPGs and their association with various characteristics of the student body in this particular institutional environment.

Methods

The data used in this study are from a senior survey of graduating classes of 1997, 1998, and 1999 at a private, urban, and highly selective research university. Because the institution requires that the graduating seniors complete the survey before picking up their graduation tickets, the response rates were close to 100%. The total number of cases included in the 1997, 1998, and 1999 files were 1057, 1104, and 1103 respectively. The respondents were graduates of two undergraduate colleges: the college of arts and sciences

(A&S) and the college of engineering (ENGR).

An exploratory factor analysis of the 24 items concerning student self-perceived gains was conducted using the 1997 survey data. Principal component analysis with varimax rotation was utilised for interpretability. Since the purpose of the analysis was not data reduction but creation of meaningful scale variables using all the available data, no item was eliminated because of low factor loading. Based on the results of the factor analysis, composite scales were constructed and the same items were grouped for all three years' data respectively. Existing taxonomies were used as the frame of reference to discern the most meaningful scales in describing students' self-perceived gains in college (SSPGs). Reliability analyses were then conducted for all the scale variables to determine the appropriateness of items used to for grouping. Correlation and alpha indexes of both scales and individual items were examined and compared across three years to check the consistency and stability of the developed scales.

After the SSPGs are constructed, two sets of independent variables were extracted from the survey data to test the utility of SSPGs. The first set of variables includes student demographic characteristics: sex, ethnicity, citizenship, family income, and parents' highest educational level. The second set has to do with three important aspects of student college experience: GPA, the major field of their degree, and the overall satisfaction level of their undergraduate experience. The variables used for analyses with coding are displayed in Table 1.

The tests of utility of developed SSPGs followed a two-step process. First, with each SSPG considered separately, multiple regression procedures were performed to discern the associations between independent variables and each SSPG. Second, with all the SSPGs considered simultaneously, multivariate analysis of variance

(MANOVA) procedures were conducted to examine the differences of the two colleges (A&S and ENGR) and three levels of satisfaction as independent variables on the five SSPG scales. The rationale behind these tests were twofold: (1) an SSPG is a good measure of student gains if it displays some level of consistency in the way it interacts with independent variables across different years' data; and (2) the SSPGs are good measures of student gains if it has disparate impact on students who were affiliated with different colleges and reported different levels of satisfaction with their college experience. It should be noted that these procedures were used for multiple purposes, not simply statistical inference. As a matter of fact, since the entire populations of the three classes were used for the analyses, statistical inferences are barely necessary. The inferential results would make sense when the data were supposed to constitute a random sample. In research practice, nonetheless, tests of significance were often used to analyse non-random data, with the results pointing to the presence of a relatively considerable effect. The inferential results included in this study should only be interpreted in such a manner (Chen, 1998; Chen & Cheng, 1999).

Results

Table 2 shows the rotated factor structure of the five-factor solution. A content analysis yielded the following grouping of the scale variables: (1) Intellectual capacity; (2) Human characteristics [using Lenning's (1977, 1980) term]; (3) Social and leadership competence; (4) Academic ability; and (5) Foreign language skills. Note that the only items with factor loading lower that 0.5 are 'Function independently, without supervision' in factor 1 and 'Understand myself: abilities, interests, limitations, personality' in factor 2. These two items were nonetheless retained for their meaningful contribution to the respective scales.

Table 3 shows that the application of factor analysis results using the 1997 data to the data of following years yielded stable and consistent scale variables. Not only the reliability indexes are consistent over the years, the item correlation for each item is also relatively stable.

Table 4 is a summary of the results of multiple regression analyses conducted to examine the associations of independent variables with each of the five self-perceived gain scales. Apparently, the level of satisfaction with undergraduate education is the factor most closely associated with students' self-perceived gains in college. Student major also seems to play an important role in their self-perceptions. While natural science and engineering majors perceived having higher gains in academic ability than humanities and social science majors, engineering majors were less confident about their gains in human characteristics and foreign language skills than their counterparts in other majors. In general, the graduating seniors' self-perceived gains have less association with their demographic and socio-economic background than with college-related variables.

The MANOVA procedures for students' college affiliation and satisfaction on the five SSPGs for all three years (Table 5) were statistically significant by the Wilks' Lambda criteria ($F=7.76$, $df = 5/10$, $p< 0.01$ for 1997; $F=9.01$, $df = 5/10$, $p< 0.01$ for 1998; $F= 12.04$, $df = 5/10$, $p< 0.01$ for 1999). Inspection of the univariate F-ratios reveals statistically significant differences among the three satisfaction levels on four of the five SSPGs, with the only exception on foreign language skills for the 1997 and 1999 models. Graduates of the two colleges also show statistically different self-perceptions on four of the five SSPGs, with the exception on intellectual capacity. However, none of the college/satisfaction interactions is statistically significant. This can be explained by the means displayed in Table 6: despite the differences in level of satisfaction, students from both colleges show the same pattern of self-perceptions on all the five SSPGs: the higher the satisfaction level, the better they felt about their gains in the five areas. One noteworthy pattern emerges from examination of both the regression and the MANOVA results for all three years' data: the perceptions of students from these three cohorts were very consistent. For instance, females consistently showed higher self-perceived gains in human characteristics than their male counterparts (betas are 0.06, 0.09, and 0.09 for 1997, 1998, and 1999 in Table 4); humanities students tended to report higher gains in foreign language skills than those from other majors (betas are 0.07, 0.10, and 0.15 for 1997, 1998, and 1999 in Table 4); and no statistical significance existed between A&S and ENGR students in their self-perceived gains in intellectual capacity.

Summary

The analyses of the 24 questions regarding student self-perceived gains from an externally-developed senior survey yielded five outcome scales: (1) Intellectual capacity; (2) Human characteristics; (3) Social and leadership competence; (4) Academic ability; and (5) Foreign language skills. Analyses show that the level of student satisfaction with undergraduate education is closely associated with their self-perceived gains in college. Student major also seems to play an important role in their self-perceptions. In general, graduating seniors' self-perceived gains are less associated with their demographic and socio-economic background than with college-related variables. Given the consistency of SSPGs over a three-year period and their disparate impact on students with different characteristics, it can comfortably be concluded that the students' perceptions of their collegiate experience in this particular institution are well represented in the five SSPGs derived from self-reports.

The analyses of these 24 self-perception items also revealed the disadvantages of using this externally developed survey instrument in forming the assessment model of student collegiate experience in this institution. The relatively low reliability indexes for the items concerning academic ability over the years are a clear indication of the instrument's inadequate coverage in this area. However, the area with weak self-reporting data may be a good place to supplement with other types of data in order to form a complete assessment model. For instance, we may consider conducting in-depth, qualitative studies on students' academic achievements, or we can collect or extract such 'hard' data as final GPAs, GRE scores, acceptance of graduate schools, etc. to check or validate students' self-reports. In addition, in order for this survey to be useful in the institutional assessment of student outcomes, other methods also need to be considered to collect additional data that are more focused on the institutional goal of promoting students' career mobility.

Nonetheless, the SSPGs derived from this consortium-developed survey seem to be a good starting point for the assessment of student collegiate experience. They provide meaningful measures of student outcomes in the areas called for by the institutional mission, and they pinpoint the areas that need more in-depth studies, either qualitative or quantitative.

Discussion

In the past decade the idea of assessing "how much students learn or improve or grow in school or in college, as well as how they stand at graduation" (Belcher, 1987) has been gaining momentum over the traditional 'reputational' and 'resources' approaches. This study is a demonstration of how this new approach can work even if an institution has already committed to using an externally developed survey to assess student collegiate experience. The five student self-perceived gain scales (SSPGs) derived from the graduating senior survey have not only presented the student version of the outcome measures of their collegiate experience, but also are comprehensive and meaningful to an institution that has a long tradition of emphasising the breadth of learning through general education and community services. The usefulness of this study is that any institution can follow the methodology demonstrated in this study and derive its own outcome measures of student collegiate experience using whatever student self-reports they have chosen.

However, being able to form outcome measures does not necessarily mean that an institution has found the answer to the critical questions of what is excellence in higher education and how it can be attained and assessed. The lesson learned in this study is that the process of searching for outcome measures itself is an institutional 'soul-searching' process, in which the college community has to revisit and/or redefine its institutional mission and goals constantly. The fact that so many taxonomies can be used for assessing college outcomes clearly shows that there can be as many ways of defining excellence in higher education. The ultimate goal of student assessment, however, should be to use the results of the assessment to readjust the existing mission and goals, and thus to provide a better institutional environment for student learning and growth.

REFERENCES

Alexander, F. K. (2000). The changing face of accountability: Monitoring and assessing institutional performance in higher education. *The Journal of Higher Education*, 71(4): 411—431.

Anaya, G. (1999). College impact on student learning: Comparing the use of self-reported gains, standardized test scores, and college grades. *Research in Higher Education*, 40(5): 499—526.

Astin, A. W. (1973). Measurement and determinants of the outputs of higher education. In L. Solmon & P. Taubman eds. *Does College Matter? Some Evidence on the Impacts of Higher Education*. New York: Academic Press.

Astin, A. W. (1974). Measuring the outcomes of higher education. In H. R. Bowen ed. *Evaluating Institutions for Accountability* (New Direction for Institutional Research, no. 1). San Francisco: Jossey-Bass.

Astin, A. W. (1977). *Four Critical Years: Effects of College on Beliefs, Attitudes, and Knowledge*. San Francisco: Jossey-Bass.

Barnett, R. (1992). *Improving Higher Education: Total Quality Care*. London: The Society for Research into Higher Education and The Open University.

Belcher, M. J. (1987). Value-added assessment: College education and student growth. In D. Bray, & M. J. Belcher eds. *Issues in Student Assessment* (New Direction for Community Colleges, no. 59). San Francisco: Jossey-Bass.

Borden, V. M. & Banta, T. W. (1994). *Using Performance Indicators to Guide Strategic Decision Making* (New Direction for Institutional Research, no. 82). San Francisco: Jossey-Bass.

Bottrill, K. V. & Boden, V. M. (1994). Appendix: Example from the literature. In Boden, V. M. & Banta, T. W. eds. *Using Performance Indicators to Guide Strategic Decision Making* (New Direction for Institutional Research, no. 82). San Francisco: Jossey-Bass.

Bowen, H. R. (1980). *Investment in Learning*. San Francisco: Jossey-Bass.

Brown, R. & DeCoster, D. (1982). *Mentoring-Transcript Systems for Promoting Student Growth*. San Francisco: Jossey-Bass.

Chen, S. (1998). *Mastering Research: A Guide to the Methods of Social and Behavioral Sciences*. Chicago: Nelson-Hall.

Chen, S. & Cheng, D. X. (1999). Remedial Education and Grading: A Case Study Approach to Two Critical Issues in American Higher Education. A research report submitted to the Research Foundation of the City University of New York (PSC-CUNY Research Grant No. 669282).

Cheng, X., & Voorhees, R. (1996). Challenges in implementing core indicators of effectiveness for Colorado's community colleges. *Resources in Education*, July. JC 960 169. Los Angeles, CA: ERIC Clearinghouse for Community Colleges.

Chickering, A. W. & Gamson, Z. F. (1987). Seven principles for good practice in undergraduate education. *AAHE Bulletin*, 39(7): 3—7.

Ewell, P. (1984). *The Self-Regarding Institution: Information for Excellence*. Boulder, CO: National Center for Higher Education Management Systems.

Ewell, P. Ed. (1985a). *Assessing Education Outcomes* (New Direction for Institutional Research, no. 47). San Francisco: Jossey-Bass.

Ewell, P. (1985b). The value-added debate … continued. *American Association for Higher Education Bulletin*, 38: 12—13.

Hanson, G. Ed. (1982). *Measuring Student Development* (New Direction for Institutional Research, no. 20). San Francisco: Jossey-Bass.

Higher Education Research Institute (1989). *Follow-Up Survey*. Los Angeles: University of California.

Jacobi, M., Astin, A. W. & Ayala, F., Jr. (1987). *College Student Outcomes Assessment: A Talent Development Perspective*. ASHE-ERIC Higher Education Report No. 7. Washington, DC: Association for the Study of Higher Education.

Kuh, G. D., Pace, C. R. & Vesper, N. (1997). The development of process indicators to estimate student gains associated with good practices in undergraduate education. *Research in Higher Education*, 38(4): 435—454.

Kuh, G. D., Hu, S. & Vesper, N. (2000). "They shall be known by what they do": An activities-based typology of college students. *Journal of College Student Development*, 41(2): 228—244.

Lenning, O. T., Lee, Y., Micek, S., & Service, A. (1977). *A Structure for the Outcomes of Postsecondary Education*. Boulder, CO: National Center for Higher Education Management Systems.

Lenning, O. T. (1980). Needs as a basis for academic program planning. In R. Heydinger Ed. *Academic Planning for the 1980s* (New Direction for Institutional Research, no. 28). San Francisco: Jossey-Bass.

Mentkowski, M. & Doherty, A. (1983). *Careering after college: Establishing the validity of abilities learning in college for later careering and professional performance*. Final report to NIE. ED 252 144.

Moxley, L. S. (1999). Student affairs research and evaluation: An inside view. In Malaney, G. D. ed. *Student Affairs Research, Evaluation, and Assessment: Structures and Practice in an Era of Change* (New Direction for Student Services, no. 85). San Francisco: Jossey-Bass.

National Center for Education Statistics (1991). *Education Counts: An Indicator System to Monitor the Nation's Educational Health*. Washington, DC: U. S. Government Printing Office.

National Center for Higher Education Management Systems (1994). *A Preliminary Study of the Feasibility and Utility for National Policy of Instructional "Good Practice" Indicators in Undergraduate Education*. Boulder, CO: National Center for Higher Education Management Systems.

National Education Goals Panel (1992). *The National Education Goals Report: Building a Nation of Learners*. Washington, DC: U. S. Government Printing Office.

Pace, C. R. (1979). *Measuring the Outcomes of College*. San Francisco: Jossey-Bass.

Pace, C. R. (1985). *The Credibility of Student Self-Reports*. Los Angeles: University of California, The Center for the Study of Evaluation, Graduate School of Education.

Paker, C. & Schmidt, J. (1982). Effects of college experience. In H. Mitzel ed. *Encyclopedia of Educational Research* (5th ed.). New York: Free Press.

Pascarella, E. T. & Terenzini, P. T. (1991). *How College Affects Students: Findings and Insights from Twenty Years of Research*. San Francisco: Jossey-Bass.

Pike, G. R. (1995). The relationships between self reports of college experiences and achievement test scores. *Research in Higher Education*, 36: 1—22.

Upcraft, M. L. & Schuh, J. H. (1996). *Assessment in Student Affairs: A Guide for Practitioners*. San Francisco: Jossey-Bass.

TABLE 1. Variable definitions and coding schemes

Gains Items	
Student self-perceived gain items	*Please indicate the extent to which each capacity was enhanced by your undergraduate experiences* 1 = not at all; 2 = a little; 3 = moderately; 4 = greatly
Demographic Variables	
Sex	1 = male; 2 = female
Ethnicity	1 = Asian; 2 = Black; 3 = Hispanic; 4 = White; 5 = other; 6 = multiracial
Citizenship	1 = US citizen; 2 = US permanent resident; 3 = foreign
Family Income	*For the 1997 Survey*: under $20,000 = 1; $20,000–39,999 = 2; $40,000–59,000 = 3; $60,000–79,999 = 4; $80,000–99,999 = 5; $100,000–119,999 = 6; $120–139,999 = 7; $40,000 or over = 8 *For the 1998/99 Survey*: under $25,000 = 1; $25,000–49,999 = 2; $50,000–74,000 = 3; $75,000–99,999 = 4; $100,000–124,999 = 5; $125,000–149,999 = 6; $150–174,999 = 7; $175,000–199,999 = 8; $200,000 or over = 9
Parents' highest education level	1 = High School Diploma or less; 2 = post-secondary school other than college; 3 = some College or Associate Degree; 4 = Bachelor's Degree; 5 = Master's Degree; 6 = Doctoral Degree
College Experience Variables	
Overall GPA	*Mid-point for each grade range assigned and used for regression analysis*: C or below = 2.24; B-/C+ = 2.62; B = 3.12; B+ = 3.50; A- = 3.87; A = 4.00
Major	1 = Humanities; 2 = Natural science; 3 = Social Science; 4 = Engineering; 5 = Other; 6 = Double Major
Satisfaction	*Overall, how satisfied have you been with your undergraduate education?* For regression: 1 = very dissatisfied; 2 = generally dissatisfied; 3 = ambivalent; 4 = generally satisfied; 5 = very satisfied For MANOVA: 1 = dissatisfied; 2 = ambivalent; 3 = satisfied

TABLE 2. Factor analysis results of student self-perceived gains

Items*	Factors				
	1	2	3	4	5
Acquire new skills and knowledge on my own	0.73				
Think analytically and logically	0.69				
Formulate creative/original ideas and solutions	0.68				
Communicate well orally	0.60				
Write effectively	0.60				
Synthesise/integrate ideas and information	0.53				
Plan and execute complex projects	0.50				
Function independently, without supervision	0.36				
Identify moral and ethical issues		0.70			
Place current problems in historical/cultural/philosophical perspective		0.70			
Appreciate art, literature, music, drama		0.70			
Develop awareness of social problems		0.69			
Acquire broad knowledge in the arts and sciences		0.69			
Understand myself: abilities, interests, limitations, personality		0.47			
Function effectively as a member of a team			0.76		
Lead/supervise tasks and people			0.73		
Relate well to people of different races, nations, religions			0.64		
Develop self-esteem, self-confidence			0.57		
Establish a course of action to accomplish goals			0.51		
Evaluate and choose between alternative courses of action			0.50		
Use quantitative tools				0.69	
Understand role of science/technology in society				0.65	
Gain in-depth knowledge of a field				0.50	
Read or speak foreign language					0.96

Note: * Student responses to these questions are measured on a 4-point scale: 1 = not at all; 2 = a little; 3 = moderately and 4 = greatly.

TABLE 3. Reliability of the outcome scales

Items*	1997 Alpha	1997 Item/total correlation	1997 Alpha if item deleted	1998 Alpha	1998 Item/total correlation	1998 Alpha if item deleted	1999 Alpha	1999 Item/total correlation	1999 Alpha if item deleted
Scale 1: Intellectual Capacity	0.85			0.87			0.86		
Write effectively		0.51	0.85		0.56	0.87		0.47	0.85
Communicate well orally		0.54	0.85		0.63	0.86		0.56	0.84
Acquire new skills and knowledge on my own		0.63	0.83		0.65	0.86		0.63	0.84
Think analytically and logically		0.68	0.83		0.70	0.85		0.66	0.83
Formulate creative/original ideas and solutions		0.68	0.83		0.71	0.85		0.68	0.83
Synthesize/integrate ideas and information		0.68	0.83		0.66	0.86		0.67	0.83
Plan and execute complex projects		0.58	0.84		0.59	0.86		0.61	0.84
Function independently, without supervision		0.53	0.85		0.56	0.87		0.53	0.85
Scale 2: Human Characteristics	0.83			0.86			0.85		
Place current problems in historical/cultural/philosophical perspective		0.61	0.80		0.66	0.84		0.62	0.83
Appreciate art, literature, music, drama		0.59	0.81		0.65	0.84		0.64	0.82
Develop awareness of social problems		0.65	0.80		0.70	0.83		0.67	0.82
Identify moral and ethical issues		0.69	0.79		0.69	0.83		0.68	0.82
Acquire broad knowledge in the arts and sciences		0.60	0.81		0.66	0.84		0.68	0.82
Understand myself: abilities, interests, limitations, personality		0.49	0.83		0.56	0.86		0.52	0.85
Scale 3: Social and Leadership Competence	0.85			0.86			0.85		
Lead/supervise tasks and people		0.64	0.82		0.66	0.83		0.63	0.82
Relate well to people of different races, nations, religions		0.54	0.84		0.60	0.85		0.57	0.83
Function effectively as a member of a team		0.69	0.81		0.70	0.83		0.67	0.81
Develop self-esteem, self-confidence		0.62	0.83		0.60	0.84		0.62	0.82
Establish a course of action to accomplish goals		0.68	0.82		0.70	0.83		0.69	0.81
Evaluate and choose between alternative courses of action		0.63	0.83		0.64	0.84		0.61	0.83
Scale 4: Academic Ability	0.61			0.62			0.63		
Use quantitative tools		0.44	0.48		0.43	0.53		0.50	0.45
Understand role of science/technology in society		0.54	0.32		0.52	0.39		0.50	0.45
Gain in-depth knowledge of a field		0.30	0.66		0.36	0.62		0.34	0.67
Scale 5: Foreign language Skills									
Read or speak foreign language									

Note: * Student responses to these questions are measured on a 4-point scale: 1 = not at all; 2 = a little; 3 = moderately; and 4 = greatly.

TABLE 4. Regression beta weights for the five scales with student characteristics

	Intellectual capacity			Human characteristics			Social & leadership competence			Academic ability			Foreign language skills		
	1997	1998	1999	1997	1998	1999	1997	1998	1999	1997	1998	1999	1997	1998	1999
Sex															
Female		0.07	0.06	0.06	0.09	0.09		0.07		−0.1				0.09	
(Male)															
Ethnicity															
Asian			−0.07	0.07			0.07								
Black		0.09													
Hispanic	0.07	0.07		0.09			0.11						0.07	−0.11	−0.1
White													−0.06		
(Other)															
Citizenship															
US permanent resident													0.1		
Foreign															
(US citizen)															
Family Income			*0.07*			*0.07*						−0.07		−0.08	
Parent Highest Education			−0.06	0.12	0.07	−0.07							0.11		
Overall GPA	0.11				0.11										
Major															
Humanities							−0.06			−0.13	−0.18	−0.16	0.07	0.1	0.15
Natural Science				0.06		0.06	0.1			0.16	0.06	0.15			
Soc Science									−0.13	−0.09		0.06	0.1		
Engineering				−0.17	−0.12	−0.14			0.06	0.3	0.15	0.21	−0.23	−0.16	−0.14
Double Major	0.7		−0.07				0.11	0.13	0.16	0.16			−0.08		
(Other)															
Satisfaction							0.31	0.33	0.41	0.21	0.24	0.29	0.09	0.2	0.13
R^2	0.35	0.39	0.42	0.3	0.34	0.35	0.12	0.12	0.18	0.19	0.15	0.2		0.1	0.12
	0.15	0.18	0.22	0.17	0.19	0.2									

Note: All the beta weights listed in the table are significant at the 0.05 level ($p < 0.05$).

TABLE 5. Results of MANOVA comparisons for student satisfaction and their college affiliation on the SSPG's

	Intellectual capacity	Human characteristics	Social and leadership competence	Academic ability	Foreign language skills
Model: 1997					
Overall[1]	*24.41**	*28.03**	*19.44**	*24.53**	*12.84**
College	0.03	37.69*	10.55*	58.87*	47.85*
Satisfaction	31.75*	24.08*	29.71*	13.73*	2.52
College × satisfaction	1.24	0.01	0.60	0.88	0.77
Model: 1998					
Overall[2]	*27.44**	*28.83**	*17.30**	*16.55**	*10.38**
College	0.21	8.82*	4.04	11.39*	9.24*
Satisfaction	43.01*	23.56*	23.34*	14.65*	6.94*
College × satisfaction	2.01	2.66	0.69	1.32	0.32
Model: 1999					
Overall[3]	*38.25**	*35.43**	*34.52**	*27.10**	*15.30**
College	0.18	18.88*	13.64*	34.29*	15.25*
Satisfaction	49.25*	39.52*	44.11*	24.78*	3.88
College × satisfaction	1.25	0.07	0.90	0.29	1.53

Note: * $p < 0.01$.
[1] Significant by the Wilks' Lambda criteria ($F = 7.76$, df = 5/10, $p < 0.01$).
[2] Significant by the Wilks' Lambda criteria ($F = 9.01$, df = 5/10, $p < 0.01$).
[3] Significant by the Wilks' Lambda criteria ($F = 12.04$, df = 5/10, $p < 0.01$).

TABLE 6. Mean comparisons by student satisfaction and college affiliation on the SSPG's

	Intellectual capacity			Human characteristics			Social & leadership competence			Academic ability			Foreign language skills		
	ENGR	A&S	All	ENGR	A&S	All	ENGR	A&S	All	ENGR	A&S	All	ENGR	A&S	All
The 1997 Model															
Satisfied	3.23	3.29	3.28	2.82	3.20	3.14	3.18	2.92	2.96	3.40	2.78	2.87	2.02	2.60	2.51
Ambivalent	2.87	2.92	2.91	2.50	2.89	2.79	2.63	2.52	2.55	3.00	2.57	2.68	1.80	2.51	2.33
Not satisfied	2.93	2.79	2.81	2.37	2.76	2.68	2.75	2.45	2.51	3.03	2.46	2.58	1.62	2.50	2.32
The 1998 Model															
Satisfied	3.27	3.31	3.30	2.77	3.23	3.16	3.17	2.94	2.98	3.31	2.88	2.94	2.04	2.59	2.51
Ambivalent	2.60	2.83	2.80	2.31	2.78	2.72	2.61	2.50	2.51	2.74	2.53	2.56	1.89	2.29	2.24
Not satisfied	2.88	2.71	2.74	2.50	2.56	2.55	2.77	2.37	2.45	3.08	2.46	2.59	1.48	2.17	2.03
The 1999 Model															
Satisfied	3.21	3.27	3.26	2.82	3.17	3.12	3.14	2.91	2.94	3.34	2.82	2.90	1.87	2.56	2.46
Ambivalent	2.82	2.83	2.83	2.46	2.75	2.69	2.55	2.35	2.39	2.94	2.55	2.63	1.86	2.12	2.07
Not satisfied	2.70	2.54	2.58	2.15	2.49	2.41	2.59	2.14	2.24	2.76	2.25	2.36	1.67	2.13	2.03

附录二　大学筹资,重在参与
——哥伦比亚大学筹资案例分析

(一)"君子不言利"的传统

二百五十多年的校史在给哥伦比亚大学带来令人目眩的辉煌的同时,也给今天的管理者们留下诸多传统的包袱。历史不及哥大悠久的学校常常会对这样一笔遗产艳羡不已,似乎连传统带来的包袱都比没有传统要好。只有身在其中之人才能体会,传统一旦形成,后人除了学会适应,竟没有多少其他的选择。

我们生活在一个市场经济主导一切的时代。今天的美国大学能够称雄世界,其厚实的经济实力是一个谁也无法否认的原因。对于私立大学来说,校务基金(endowment)的多少不仅直接影响到学校的日常运作,而且对学校吸引一流学者的能力,学生的就学经验及其毕业后在学界、职场的竞争力等方面都会产生深刻的影响。因此,假如有人告诉你哥大长期以来对校务基金的增长毫无兴趣,并羞于向校友开口筹款,你一定觉得不可思议。但这种"君子不言利"的古风居然是哥大的一个传统!

身处世界第一大都市,哥伦比亚大学可谓占尽天时、地利、人和。一直到20世纪60年代,哥大1.42亿美元的校务基金在美国的大学中还是名列前茅的:排行第四。就像一个从小养尊处优的少爷,哥大从来没有担心过钱会有不够用的那一天。当时哥大的财产有很大一部分是曼哈顿的房地产,包括今天中城洛克菲勒中心身下的那片 11 英亩的黄金地段。此外,哥大还不断地在学校周围买楼出租,以至于成为曼哈顿最大的房产主之一(McCaughey,2003)。

1929 年,哥大和洛克菲勒家族的房产协议将洛克菲勒中心的租金定在一年 300 万美元。这在当时应当是一笔很大的资金,因为当时哥大一年的运作经费也就是 800 万美元。可是到了 1951 年,当洛克菲勒家族和哥大进行续约谈判时,由于前者自 1929 年以来在洛克菲勒中心房产上一直亏损,哥大同意将租金仍然定在一年 300 万美元,但此后每年增加 15 万美元。这项协议意味着哥大到 1960 年从洛克菲勒中心房产上的收入才达到 400 万美元,而该年哥大的年运作经费已经增长到 2.7 亿美元。更有甚者,这个合同一直签到 1971 年。结果是,哥大虽然拥有世界上最昂贵的房地产,而且房地产收入是构成哥大校务基金中最重要的一个组成部分,但哥大却对此几乎没有任何控制能力!

在此需要一提的是,美国高等教育举世瞩目的成就,特别是私立大学在近一百多年里的异军突起,已经成为无数高等教育学者研究的课题。但在任何其他国家重复美国大学的故事,至今仍然缺乏成功的案例。原因当然很多,据笔者观察,美国大学成功的诸多原因中最不容易重复的是它们的一些独特的传统及这些传统对于学校长期发展的影响,其中包括校友对母校的感恩、回馈以及大学对校友这种忠诚感的精心培育。这种传统从培育到开花结果的周期很长,可以是几十年,也可以是几代人。比如说,在 2008 年金融风暴席卷全球之前,哈佛的校务基金达到 350 亿美元、耶鲁达到 220 亿美元。积累起如此庞大的校务基金很大程度上就是这一传统所结出的丰硕果实。

有意思的是,一直到 20 世纪 60 年代,誉满全球的哥大居然是这项传统的一个反例!从 20 世纪 20 年代开始,向校友募款以及每隔几年发动一次的资本筹集运动(Capital Campaign)已经成为美国大学校务基金积累方法上的常规,但哥大的校董会不仅对此毫无兴趣,而且还极力反对校长将时间花在筹款活动上。1953 年格雷生·科克(Grayson Kirk)校长上任伊始,校董会主席就告诫他:"不要在筹款上花任何时间,要集中精力搞好教学。我们有学费收入,有校务基金的支持,在这两笔收入的范围内做好预算就行了,没有必要搞什么筹款。"(McCaughey,2003,第417页)最让人感到不可思议的是,一位校董提出要为学校一个花费几百万美元的艺术科目买单,竟遭到婉拒,理由是学校有一个不成文的规定,任何单项捐款不得超过100万美元!

在哥大,从校董到学院院长,没有人愿意像其他名校那样用校友的钱包来检验后者对母校的忠诚。尽管从20世纪50年代以来校园里不断出现由校友捐建的教学楼和其他基建项目,但这些捐助资金往往是送上门的,就事论事,而且很少进入校务基金。与此同时,由于哥大的校务基金有很大一部分压在房地产上,可动用的部分便大受限制。更糟糕的是,房产需要定期维修,这笔钱也得从租金收入里开销。结果是,哥大从校务基金里得到的运作资金便大大缩水。假如说普林斯顿、哈佛、耶鲁等名校校友早已习惯于通过捐赠来维系他们与母校的亲密关系,那么哥大的校友与母校之间的关系则始终处于若即若离的状态,而且他们对于母校的感情亦很少通过捐赠的方式来表达。

1966年,科克校长和他的同事们终于决定挣脱"君子不言利"传统的束缚,发起了哥大校史上第一个资本筹集运动,而且他们把筹款目标定为2亿美元也使这场运动成为当时美国大学史上最大的一场资本筹集运动。问题在于,就像任何反传统的举动一样,哥大的资本筹集运动亦给这个多年来一直低调、稳步发展的名校带来了许多不找自来的曝光机会,而后者则为学校内外各种异议团体创造了难得的表达空间。结果是,难以适应新形势的在任院校领导纷纷下台,科克校长和他的教务长亦备受指责。1968年,轰动全国的哥大学生抗议校方政策,占领行政大楼,并扣留哥伦比亚学院院长的事件终于以科克校长的下台而告终。

(二)破旧立新之难

打破旧的传统固然不易,建立新的传统更是举步维艰。当学校与校友的关系终于进入哥大领导的议事日程时,哥大面临的竞争对手是普林斯顿和哈佛这样的老牌学校及其持续了二三百年的校友资助母校的辉煌传统。

大学是人生的一段黄金时代,对于这个时代的记忆是人们心中温馨的一角。从某种程度上说,美国私立大学的成功其实是建立在其对于人性的极为深刻的理解之上的。我在《细读美国大学》一书中曾经作过这样的观察:

> "哈佛、耶鲁富可敌国的神话,很大程度上是由他们成功的校友创造的,而校友回馈母校的两个前提必须同时存在,缺一不可:一是他们必须有钱,二是他们必须愿意捐给母校。一般说来,有钱是因为母校的教育造就了他们学业和事业上的成功,而回馈则是他们就学经历沉淀后化为美好记忆的一种自然的表达方式。由此可以推想,为什么当今美国大学最成功和最不成功的都是私立大学。"(程星,2007,第191页)

从这个角度来看,当代大学筹资战略中一个最大的误区便在于,大学的管理和发展部门常常一味将眼睛盯在几个富有、成功的校友身上,而忽略那些虽然在社会上默默无闻但对母校无限忠诚的绝大多数的校友。而广大校友在回馈母校时涓涓细流汇成江河的力量才是今天美国很多私立大学富可敌国的原因所在。

然而,校友的忠诚不是与生俱来的,它像一株娇贵的植物,需要长期精心地进行培育。即便名校如哥大,一分耕耘、一分收获的道理同样适用。事实上,从20世纪二三十年代开始,哥大在与校友关系方面疏于耕耘,加上校方对于房地产过分依赖,以及1968年学生运动带来的法律纠纷,等等,将哥大拖入一场严重的财务危机。到20世纪60年代末,昔日富可敌国的哥大居然债台高筑,总债务达到1500万美元(McCaughey,2003,第496页)。在接下来的二十多年中,哥大的财政一直处于危机或准危机状态,以致学校对于文理学院的预算经费一减再减。经费的削减导致哥伦比亚学院在学院与校友关系方面投入不足,打击了校友对母校的信心,而人心涣散对筹资活动的力度和效果所产生的负面影响不言自明。

哥大校友与母校关系疏离的另一个原因是他们在校期间就缺乏其他常春藤院校学生所具有的那种校区意识(sense of community)或对于母校的归属感。20世纪初哥大从曼哈顿中城搬迁至上城新校区,校方对于本科学生宿舍的建设一直兴趣不大。他们以为,反正哥大有着世界一流的教授和学科,加上纽约是世界经济与文化的中心,学生的社交环境与课外生活自然不会太差,学校无须在这上面花费太多的精力。由于学生宿舍严重缺乏,大多数本科学生住在校外,每天在上下学的公交车上花掉了许多原本可以用来参与校园生活的宝贵时间。同时,校园里餐饮与社交场所的欠缺使得学生的在校生活除了上课、学习之外竟乏善可陈。与其他常春藤学校相比,特别是与多年来致力于发展住宿学院的耶鲁和普林斯顿相比,哥大只是一所具有一流教授与教学科目的走读大学!

哥大学生在校期间社交生活的缺失直接影响到学校在吸引未来学生时所具有的竞争力。20世纪80年代末、90年代初,哥大的本科申请人数在所有常春藤大学中恭陪末座,录取率几乎达到四分之一,录取生的入学率仅百分之四十左右。哥大历届学生在毕业后与母校的关系若即若离,其回馈母校的比例亦在常春藤大学中排名倒数第一。其间哥大虽然为提高本科申请人数及录取标准做过多方努力,但效果一直不佳。

经过由哥大教授、学生和校友组成的一个调研委员会的反复研究和论证,校方终于开始认识到问题的症结所在。1992年鲁普(George Rupp)校长上任伊始便明确提出要恢复哥大的本科生院——哥伦比亚学院——在学校的中心地位,并将本科生教育作为其工作的重点。这一决策并非对研究生教育产生之前历史的简单回归。正如在1995年就任的哥伦比亚学院奎格利院长后来指出的:"[哥伦比亚]学院对其组织结构和目标需要有一个全面的认识,并将这个认识通过招生过程传达给[志在哥大的]高中学生。这个认识必须建基于精心设计的四年大学本科经验及其校友对[哥伦比亚]学院的一种终身的归属感之上。"(Quigley,2002,第4页)

在这里,哥大的决策层已经开始将大学的筹资战略与学生的就学经验、情感体验和校友忠诚连在一起。特别需要指出的是,美国大学的筹资工作往往在大学和学院两个层次上同时展开,但私立名校似乎更加注重本科生院的校友关系和筹资问题。除了历史和传统的原因而外,这里还有心理学的考量。高等教育的大众化给许多在高中毕业后没有直接进入大学的成人第二次机会,因而大学本科学生的经历日趋复杂,他们对于母校的感情亦呈多元化倾向。在这方面研究生院面临更大的不确定性,因为研究生对母校的感情往往更容易受到年龄、经历、专业、导师以及其他各种因素的影响。但是,私立名校的本科生院基本只招收应届高中毕业生,其传统的大学本科教育经验与学生18到22岁这段人生的"激情燃烧的岁月"恰相吻合。经过精心设计的大学本科经历必然给毕业生留下长久以至终身的美好记忆。假如大学能够在本科教育的设计上下足功夫,那么其毕业生对母校情感上的依恋必然与日俱增。当一个毕业生在年龄、事业等方面都日渐成熟,其钱包也日渐鼓胀时,回馈母校便成为一件自然而然的事了。在《细读美国大学》一书中我曾以哈佛为例谈到本科生和研究生在回馈母校方面的差异。对哈佛2002年校务基金的统计显示,在其高达190亿美元的基金总数中,哈佛学院的院务基金占到80亿美元,医学院占20亿美元,商学院占13亿美元。"按理说,哈佛医学院和商学院毕业的研究生薪金是所有行业和所有新毕业生中最高的,而且美国大小公司的CEO中几乎充满了哈佛的MBA。要说回馈母校,谁还能比他们更有能力?而哈佛学院毕业的本科生还什么都不是,要不上研究院的话连找工作都够呛。但是,哈佛学院的毕业生们不管后来进了什么研究院,毕业后从事什么工作,他们的心和钱包还是更愿意属于哈佛学院。"(程星,2007,第64—65页)

由此可见,大学在制定筹资战略时必须盯住不放的其实不应当是校友的钱包,而应是学生在校时的就学经验和情感体验。盯住几个富有校友的钱包固然能够实现一些短期的目标,但结果难免竭泽而渔。只有从头做起、从根本做起,大学才能在资金筹集方面达到可持续性增长。南宋诗人陆游给他儿子陆遹写的一首诗中留下的传世名言"汝果欲学诗,功夫在诗外",便可理解为这个道理。

(三) 跨越代沟的参与

哥大在理顺了大学筹资战略的理念之后，于 2000 年制定了一份名为"参与计划"的行动纲领。这份计划彻底改变了过去对房地产投资和著名校友大手笔捐赠的过分依赖，开始奉行"众人拾柴火焰高"的原则，从大学新生做起，致力于在在校生和校友之间建立一种可持续发展的联系，在提高在校生大学生活质量的基础上为未来尽可能多的校友加入回馈母校的行列作铺垫。

对于在校生和年轻校友，哥大的发展部门作了这样一个规划。从一名新生收到录取通知书到他毕业后 10 周年的回校活动，总共是一个 14 年的过程。在这个漫长的过程中，要将一名少不更事、天真烂漫的少年变成有愿望亦有能力回馈母校的校友，大学必须抓住一些非常重要的环节。哥大的管理者认为，为大学捐赠的校友不是天生的，而是教育出来、培养起来的。特别在私立大学，通过校友和其他来源的捐赠形成的校务基金是其运作经费的主要来源。"前人种树，后人乘凉"是美国私立大学得以安身立命的基本原则。从这个意义上说，每一名学生之所以能够有今天，都是之前无数校友回馈母校的结果。这个道理不仅刚刚离开中学校园的青年难以理解，甚至对在高等教育界从业多年的"老兵"来说都不那么显而易见。因此，哥大在其新的筹资战略中将发展一种回馈母校的文化作为大学新生和在校生教育计划的一个重要部分。

这种教育活动的目的是在往届校友和在校学生之间建立一种跨越代沟的联系，并由校友担当教育者的重任。在哥大发出录取通知书后，校友会主席就接着向每一位被录取的新生发出一封祝贺信，欢迎他们加入哥伦比亚的大家庭，并祝贺他们从此成为这个由学生、教授、管理人员和校友等所有与哥大有关的人组成的大社区里的一名终身成员。在新生入学前的那个暑假里，校方与校友会联手，在波士顿、亚特兰大、洛杉矶、华盛顿、芝加哥、香港、新加坡和北京等美国和世界各地的大城市组织新生欢迎会，由学校派出教授和行政管理人员与校友一起会见新生。校友会给与会新生的一件礼物是荷马史诗《伊利亚特》——哥大核心课程必读书目中的第一本书。同时,校友通过这些见面会帮助那些尚未踏进校门的新生了解哥大的历史、传统和大学生活的体验,以及他们自己作为校友如何在哥伦比亚的大家庭里发挥作用。

这样身教言传式的代际交流的机会在学生四年的大学生活中还有很多。比如说,在校生有机会应邀与毕业50周年的"祖父"级校友共进午餐,应邀到校友家中参加晚宴和联欢活动,列席旁听校友会理事大会,等等。每年有一个晚上,会有大约50名在校生给散居各地的800名左右的校友打电话,感谢他们为母校所作的贡献。每年春天在毕业典礼前夕,所有应届毕业生都会受到邀请参加一个盛大的"毕业晚宴"。在晚宴上,学生事务处工作人员象征性地将毕业生亲手"交给"校友会主席,后者正式欢迎所有毕业生从此成为哥伦比亚大学校友大家庭中的一员。这一系列的活动也许象征意味大大超过其背后的功利目的,但校友在这些活动中起的作用并不仅仅是说教:他们对母校各项活动的参与本身就是给学弟学妹作出的最好的榜样。他们以自己的行动告诉新毕业生,对母校的回馈可以包括金钱、时间、建议、服务以及其他各种方式。

"参与计划"的另一个重要项目是应届毕业生给母校的毕业礼物。和前述其他活动一样,毕业礼物所具有的象征意义远远超过其金钱价值。但是,这个由应届毕业生代表组成的"毕业礼物委员会"所追求的是参与率,即应届毕业生中参与捐赠的学生比例。从某种意义上说,这项活动是学生在四年大学生涯即将结束时发起的一项自我教育运动,其结果亦可视为毕业生对其大学生活满意程度的一次检验。"参与计划"实施七八年来,哥大应届毕业生在这项活动中的表现可谓不俗:哥伦比亚学院应届毕业生在捐赠毕业礼物这项活动中的参与率由2000年的14%增加到2007年的85%!

对于甫出校门的新校友来说,回馈母校几乎不可能成为当务之急。原因很简单:他们首先必须生存,必须找到一份满意的工作,必须尽快在社会和职场上建立起自己的社交网络,等等。表面看来,这一连串"必须"中的每一个"必须"都与大学筹资的目标相左,但这些挑战背后恰恰是大学筹资的机遇所在。哥大的校友关系工作在这一时期的重点是与职业咨询与服务办公室联手,将帮助毕业生寻求职业发展的机会作为其工作的中心。在这方面,学校可以利用其校友网络,帮助新近毕业的学生与事业有成的老校友建立联系,通过后者的关系将新校友引进他们所熟悉的行业。这项工作的重要性是无论如何强调都不会过分。大学在将回馈母校的理念教给学生之后,还有什么工作比帮助他们提高回馈母校的能力更重要呢?

有时,校友联络的方式似乎比联络的内容更为重要。我们面对的是在电脑时代成长起来的新一代大学生,其中很多人对于那个没有电脑网络的世界基本上毫无记忆。与此相应,校友网络的存在亦早已经从纸质媒介发展到互联网,因而哥大在建立和维系新老校友之间的联系方式上煞费苦心。他们建立了一个"校友电子社区"(e-community),除了帮助新老校友建立社交网络而外,这个社区还包括诸如年级同学通讯录、个人简历、活动通知、网上聊天室等许多功能。通过这个电子社区,校友们可以和所有登录的同学建立起广泛的职业和社会交流网络,相互提供就业和职业发展的机会。校方亦可以通过这个平台向校友及时通报母校发展的重要信息,并为有意回馈母校的校友提供网上捐赠的途径。

(四) 小结

20世纪90年代初鲁普校长提出恢复哥大的本科生院——哥伦比亚学院——在学校的中心地位,在十年内,将学院的规模从3200名学生增加到了4000名。与此同时,哥伦比亚学院校友捐赠母校的参与率由1993年的18%增加到2002年的31%。但是,这一鼓舞人心的增长与其他常春藤大学相比仍然不容乐观。比如说,同时期普林斯顿的校友捐赠参与率是66%,哈佛和耶鲁都是46%。于2000年启动的哥伦比亚学院的"参与计划"雄心勃勃,意在直追其他常春藤名校,可是最终结果要到若干年以后才能见到分晓。随着本科生院规模的扩大,哥大筹资部门面临的任务更加艰巨。试想,学生越多,学校现有资源的分流就越严重,每一个学生从教授、管理人员和后勤部门那里得到的关注就越少。假如"就学经验影响日后捐赠"的参与理论能够成立,那么,大学扩招会对若干年后的校友捐赠产生什么影响呢?21世纪初哥大在校友参与方面刚刚开始出现的良好势头是否能够持续呢?

事实上,由于总的毕业生人数的增长,校友的基数随之增长,因此,即便哥大能够维持上一年的捐赠校友人数,其参与率实际上是在下降的。从这个角度看,为了提高校友回馈母校的参与率,大学筹资部门不仅需要维持现有的捐赠校友人数,而且必须每年以不低于招生增长率的比例发掘新的捐赠校友。这项任务之艰巨在于,即使筹资部门工作再努力,却往往不能完全把握其工作的效果,因为校友捐赠的愿望在更大的程度上取决于其在校时的就学经验和情感体验。从这个意义上说,大学的发展和筹资部门所能做到的其实非常有限:只管收获,不问耕耘。耕耘靠的是与学校所有其他部门的共同努力,并且是很多年的、持续不懈的努力。

引用文献

程星(2007).细读美国大学,北京:商务印书馆.

McCaughey, Robert A. (2003). *Stand, Columbia*. Columbia University Press.

Quigley, Austin E. (2002). Columbia College: A Time of Transition. Unpublished document.

参考书目

Arnott, R., Greenwald, B., Kanbur, R. & Nalebuff, B. eds. (2003). *Economics for an Imperfect World: Essays in Honor of Joseph E. Stiglitz*. Cambridge, MA and London, England: The MIT Press.

Ary, D, Jacobs, L. C., Ashgar, R., and Sorensen, C. (2006). *Introduction to Research in Education* (7th edition). Belmont, CA: Thomson Wadsworth.

Best, J. W. & Kahn, J., V. (1998). *Research in Education* (8th edition). Needham Heights, MA: Allyn and Bacon.

Commission on the Future of Higher Education (2006). A Test of Leadership: Charting the Future of U. S. Higher Education. A Report of the Commission Appointed by Secretary of Education Margaret Spellings. U. S. Department of Education.

Creswell, J. W. (2005). *Educational Research: Planning, Conducting, and Evaluating Quantitative and Qualitative Research* (2nd edition). Upper Saddle River, NJ: Pearson Prentice Hall.

Crowl, T. K. (1996). *Fundamentals of Educational Research* (2nd edition). Madison, WI: Brown & Benchmark.

Denzin, N. K. & Lincoln, Y. (2000). *Handbook of Qualitative Research* (2nd edition). Sage Publications.

Hoyle, R. H., Harris, M. J., & Judd, C. M. (2002). *Research Methods in Social Relations* (7th edition). Wadsworth/Thomson Learning.

Johnson, B. & Christensen, L. (2000). *Educational Research: Quantitative and Qualitative Approaches*. Needham Heights, MA: Allyn and Bacon.

Kezar, A. and Echel, P. (2000). *Moving Beyond the Gap between Research and Practice in Higher Education*. New Direction for Higher Education no. 110.

San Francisco, CA: Jossey-Bass.

Locke, L. F., Silverman, S. J., and Spirduso, W. W. (2004). *Reading and Understanding Research* (2nd edition). Thousand Oaks, CA: Sage.

Marshall, C. and Rossman, G. (1999). *Designing Qualitative Research* (3rd edition). Thousand Oaks, CA: Sage.

Shavelson, Richard J. and Town, Lisa (2002). *Scientific Research in Education*. Washington, D. C. : National Academy Press.

Stern, P. C. & Kalof, L. (1996). *Evaluating Social Science Research* (2nd edition). New York: Oxford University Press.

Teichler, U. and Sadlak, J. eds. (2000). *Higher Education Research: Its Relationship to Policy and Practice*. Oxford, England: Pergamon.

Wiersma, W. and Jurs, S. G. (2005). *Research Methods in Education: An Introduction* (8th edition). Boston, MA: Allyn and Bacon.

Zemsky, R., Wegner, G. R., and Massy, W. F. (2005). *Remaking the American University: Market-Smart and Mission-Centered*. New Brunswick, NJ: Rutgers University Press.

后　　记

　　这本书的写作和"组装"大约花了一个暑假,但书背后的实际工作和思考却花了我将近20年的时间。据说任何成功人士的后面都有高人指点、贵人相助,可我这厢还没成功呢,就已经扰了一大堆高人和贵人。如果在此一一道谢的话,别人会以为我是在凑字数、骗稿费呢。为了避嫌疑,只能将这封"感谢信"尽量缩短,但一些重要人物却不得不提。

　　我这本书的产生顺序应当是先有案例,后有分析,尽管我在行文时装模作样,故作深沉,也许会给人一种从一开始就胸有成竹的假象,其实大不然。20世纪90年代初在美国拿到博士学位仅两个星期后,在毫无心理准备的情况下就稀里糊涂地接受了一个高等教育研究方面的职位。当时年轻贪玩,白天在单位用英文做完"作业"后就再不想碰任何中文的"功课"了,因此中文写作荒废多年。要不是苏州大学的周川教授一再督促我给他主编的杂志写点东西,我大概早就将那点半生不熟的中文还给老师了。没有想到的是,在周川那里发的几篇关于"院校研究"的文章,居然引起国内高教研究同行很大的兴趣,而我也一不小心成为国内最早介绍院校研究的几个人之一。后来在周川的力邀和主持下,我们一起主编了两本关于美国院校研究的书:《院校研究与美国高校管理》(湖南人民出版社2003年版)和《美国院校研究案例》(苏州大学出版社2008年版)。本书中的三个案例——"大学生就学经验的评估""大学生校区意识研究"和"勤工俭学对大学就学经历的影响",都选自这两本书。这些年来,每次回国,都找机会和周川聊聊,有点像古代神话中说的"接地气"。他不仅帮我了解国内高教研究的动向,而且总能给我一些高教研究的思想和方法方面的灵感。所以,这本书得以成形,周川功不可没。

另一个不可不提的人物是华中科技大学的赵炬明教授。近年来炬明在中美高校之间担任"民间大使",为促进中国大学管理与国际接轨费尽了心血。他做的诸多工作之一就是主持两年一次的院校研究国际论坛。我有幸得到他的邀请,并协助他在美国高教同行中物色专家去论坛讲演。这个经历促使我对中美两国高等教育的管理和研究作了一些深层的思考。这些思考构成了本书的主题,而且本书的两个案例——"学生事务研究述评"和"高校评估及其范式的更新",最初就是为这个国际论坛准备的。当然诸位看官在念到我的这些文字时大概已经读了炬明为本书所作的序言,自然会想,嗯,这两个人是在这里投桃报李、相互吹捧吧。其实我写这篇后记时尚未见到他的序言,而他作为本书的第一位读者,却在我的写作过程中提出过许多中肯的批评和建议。光是为了这一点,我也得"这厢有礼"了。

书中关于通识教育的案例原是应教育部基础教育司王定华司长的邀请而写的。王博士在中国驻美使领馆工作多年,回国后继续关注中美教育。他主编的《透视美国教育》(北京大学出版社2008年版)一书记录了20位旅美留美博士的见闻,对美国教育的方方面面进行考察,对美国教育五彩纷呈的特点进行了真切的解读。我虽然多年从事高教研究,却很少对自己供职多年的大学进行研究。要不是被定华对中美教育与众不同的视角和独具一格的稿约所吸引,我大概还不会将研究做到自己家里。

我被学术研究的表达问题困扰已久。订过各种英文和中文的教育研究杂志,但能够坚持读完全篇的不多。我一直将其归咎于自己才疏学浅,无法领会大学问家的高深思想,也常在学术讲座上不懂装懂,吃力地摆出一副陷入沉思的样子,以免被人看出破绽。等到自己开始写学术文章或做学术讲座了,才慢慢体会到其中的艰辛。原来每个领域都有自己的专业术语和习惯的表达方式,而且这些表达往往是排外的。虽然有时学术表达的排外性是圈内人为自我保护而设,但有时也是为在同行中准确快捷地传达思想而不得不生造出一些行话(jargon)。如此看来,学术表达绝不是一个小问题,处理不善会劳民伤财。近年来,随着我《细读美国大学》一书的问世,不少同行和我讨论表达问题,我自己也不断受到邀请,就书中的一些问题在学术圈子内外做一些报告和讲座。这些活动直接促成了我在本书中对这个问题的思考。

"一流大学的可持续发展战略:大题目,小故事"这个案例就是应中山大学黄达人校长之邀在该校所作的一个讲演。黄校长是学数学出身,知识广博,谈吐风趣。也许是因为他对我《细读美国大学》一书的叙事风格比较认同,于是就有了我的讲演。承蒙中大高教所所长屈琼斐全文照录并送上一份记录稿,使我得以从第三者的角度看到自己讲演的真实面目。第一感觉是无地自容:原来我对别人的批评用到自己身上一样合适。但这样的记录稿毕竟给我一个自我评估的机会,使我对学术表达方式的思考有了全新的认识。

和章建石、苏红这一对博士夫妻相识是在他俩到哥伦比亚大学访学期间。在一次闲聊中我们谈到我在美国大学认证机构担任评估员的经历,而他们在国内念博士时也为教育部的全国高校评估项目做过许多工作。所以,当他们提出要对我在美国的经历作一次访谈时,我毫不犹豫地答应了。为了这次访谈,他们查阅了大量资料,征求了国内同行的意见,为我提供了一份非常翔实的访谈提纲。要不是这份提纲,我还不会想到这么多关于评估和认证的问题,也不会对中美两国在评估问题上的差异作那么多的分析。而访谈的形式则为我多年进行研究和实践摸索却从未加以整理的想法提供了一个最佳的表达途径。

最后,这本书得以问世,我最需要感谢的还是我在哥大师范学院讲授教育研究方法论多年结识的那些学生。记得刚开始教书时,我还不太适应美国大学以学生为中心的教学方法,以至于有学生给我提意见,说我讲得太多,给他们留的发言机会太少。起初我挺不以为意的,半开玩笑地辩解说:"你们每人花了3000美元的学费选我这门课,难道是来听自己说话的?"后来教课渐入佳境,我和学生们的互动也变得越来越富有成效。是他们敏锐的思路和一针见血的提问,逼着我离开教科书,对许多研究方法论方面的问题重新进行独立的思考。假如读者能在本书中看到一些这样的思考的话,那多半是我和学生们共同探讨的结果。

本书的出版还得到了北京大学出版社周雁翎主任的鼓励和支持。在此一并表示衷心的感谢!

最后,容我将此书献给妻子晓南、女儿黛曦。

程　星

2010 年 2 月 26 日于纽约家中

好书分享

大学之道丛书

大学之用
教师的道与德
高等教育何以为高
哈佛大学通识教育红皮书
哈佛，谁说了算
营利性大学的崛起
学术部落与学术领地
高等教育的未来
知识社会中的大学
教育的终结
美国高等教育通史
后现代大学来临？
学术资本主义
德国古典大学观及其对中国的影响
美国大学之魂（第二版）
大学理念重审
大学的理念
现代大学及其图新
美国文理学院的兴衰
大学的逻辑（第三版）
废墟中的大学
美国如何培养硕士研究生
美国高等教育史（第二版）
麻省理工学院如何追求卓越
美国高等教育质量认证与评估
高等教育理念
印度理工学院的精英们
21世纪的大学
美国公立大学的未来
美国现代大学的崛起
公司文化中的大学
大学与市场的悖论
高等教育市场化的底线
美国大学时代的学术自由
理性捍卫大学
美国的大学治理
世界一流大学的管理之道（增订本）

21世纪高校教师职业发展读本

如何成为卓越的大学教师（第二版）
如何提高学生学习质量
学术界的生存智慧（第二版）
给研究生导师的建议（第二版）
给大学新教员的建议（第二版）
教授是怎样炼成的

学术规范与研究方法丛书

如何进行跨学科研究
如何查找文献（第二版）
如何撰写与发表社会科学论文：国际刊物指南
如何利用互联网做研究
社会科学研究方法100问
社会科学研究的基本规则（第四版）
参加国际学术会议必须要做的那些事
——给华人作者的特别忠告
如何成为学术论文写作高手
——针对华人作者的18周技能强化训练
给研究生的学术建议（第一版）
生命科学论文写作指南
如何撰写和发表科技论文（第六版）
法律实证研究方法（第二版）
传播学定性研究方法（第二版）
学位论文写作与学术规范
如何写好科研项目申请书
如何为学术刊物撰稿（影印第二版）
如何成为优秀的研究生（影印版）
教育研究方法：实用指南（第六版）
高等教育研究：进展与方法
做好社会研究的10个关键

科学元典丛书

天体运行论 〔波兰〕哥白尼
关于托勒密和哥白尼两大世界体系的对话
　〔意〕伽利略
心血运动论 〔英〕威廉·哈维
薛定谔讲演录 〔奥地利〕薛定谔
自然哲学之数学原理 〔英〕牛顿
牛顿光学 〔英〕牛顿
惠更斯光论（附《惠更斯评传》） 〔荷兰〕惠更斯
怀疑的化学家 〔英〕波义耳
化学哲学新体系 〔英〕道尔顿
控制论 〔美〕维纳
海陆的起源 〔德〕魏格纳
物种起源（增订版） 〔英〕达尔文
热的解析理论 〔法〕傅立叶
化学基础论 〔法〕拉瓦锡
笛卡儿几何 〔法〕笛卡儿
狭义与广义相对论浅说 〔美〕爱因斯坦
人类在自然界的位置（全译本） 〔英〕赫胥黎
基因论 〔美〕摩尔根
进化论与伦理学（全译本）（附《天演论》）
　〔英〕赫胥黎
从存在到演化 〔比利时〕普里戈金
地质学原理 〔英〕莱伊尔
人类的由来及性选择 〔英〕达尔文
希尔伯特几何基础 〔俄〕希尔伯特
人类和动物的表情 〔英〕达尔文
条件反射：动物高级神经活动 〔俄〕巴甫洛夫
电磁通论 〔英〕麦克斯韦
居里夫人文选 〔法〕玛丽·居里
计算机与人脑 〔美〕冯·诺伊曼
人有人的用处：控制论与社会 〔美〕维纳
李比希文选 〔德〕李比希
世界的和谐 〔德〕开普勒
遗传学经典文选 〔奥地利〕孟德尔 等

德布罗意文选 〔法〕德布罗意
行为主义 〔美〕华生
人类与动物心理学讲义 〔德〕冯特
心理学原理 〔美〕詹姆斯
大脑两半球机能讲义 〔俄〕巴甫洛夫
相对论的意义 〔美〕爱因斯坦
关于两门新科学的对谈 〔意大利〕伽利略
玻尔讲演录 〔丹麦〕玻尔
动物和植物在家养下的变异 〔英〕达尔文
攀援植物的运动和习性 〔英〕达尔文
食虫植物 〔英〕达尔文
宇宙发展史概论 〔德〕康德
兰科植物的受精 〔英〕达尔文
星云世界 〔美〕哈勃
费米讲演录 〔美〕费米
宇宙体系 〔英〕牛顿
对称 〔德〕外尔
植物的运动本领 〔英〕达尔文
博弈论与经济行为（60周年纪念版） 〔美〕冯·诺伊曼
生命是什么（附《我的世界观》）〔奥地利〕薛定谔

与大自然捉迷藏
鳞甲有灵
天堂飞鸟
寻芳天堂鸟
休伊森手绘蝶类图谱
布洛赫手绘鱼类图谱
自然界的艺术形态
雷杜德手绘花卉图谱
果色花香：圣伊莱尔手绘花果图志
玛蒂尔达手绘木本植物
手绘喜马拉雅植物

西方心理学名著译丛

记忆 〔德〕艾宾浩斯
格式塔心理学原理 〔美〕考夫卡
实验心理学（上、下册）〔美〕伍德沃斯 等
思维与语言 〔俄〕维果茨基
儿童的人格形成及其培养 〔奥地利〕阿德勒
社会心理学导论 〔英〕麦独孤
系统心理学：绪论 〔美〕铁钦纳
幼儿的感觉与意志 〔德〕蒲莱尔
人类的学习 〔美〕桑代克
基础与应用心理学 〔德〕闵斯特伯格
荣格心理学七讲 〔美〕霍尔 等

跟着名家读经典丛书

先秦文学名作欣赏 吴小如等著
两汉文学名作欣赏 王运熙等著
魏晋南北朝文学名作欣赏 施蛰存等著
隋唐五代文学名作欣赏 叶嘉莹等著
宋元文学名作欣赏 袁行霈等著
明清文学名作欣赏 梁归智等著
中国现当代诗歌名作欣赏 谢冕等著
中国现当代小说名作欣赏 陈思和等著
中国现当代散文戏剧名作欣赏 余光中等著
外国诗歌名作欣赏 飞白等著
外国小说名作欣赏 萧乾等著
外国散文戏剧名作欣赏 方平等著

其他图书

如何成为卓越的大学生 〔美〕贝恩
世界上最美最美的图书馆 〔法〕博塞 等
中国社会科学离科学有多远 乔晓春
国际政治学学科地图 陈岳 等
战略管理学科地图 金占明
文学理论学科地图 王先霈
大学章程（1—5卷） 张国有
道德机器：如何让机器人明辨是非 〔美〕瓦拉赫 等
科学的旅程（珍藏版） 〔美〕斯潘根贝格 等
科学与中国 （套装） 白春礼 等
彩绘唐诗画谱 （明）黄凤池
彩绘宋词画谱 （明）汪氏
如何临摹历代名家山水画 刘松岩
芥子园画谱临摹技法 刘松岩
南画十六家技法详解 刘松岩
明清文人山水画小品临习步骤详解 刘松岩
我读天下无字书 丁学良
教育究竟是什么？〔英〕帕尔默 等
教育，让人成为人 杨自伍
透视澳大利亚教育 耿华
游戏的人——文化的游戏要素研究 〔荷兰〕赫伊津哈
中世纪的衰落 〔荷兰〕赫伊津哈
苏格拉底之道 〔美〕格罗斯
全球化时代的大学通识教育 黄俊杰
美国大学的通识教育 黄坤锦
大学与学术 韩水法
国立西南联合大学校史（修订版） 西南联合大学北京校友会
发展中国家的高等教育 〔美〕查普曼 等

博物文库

无痕山林
大地的窗口
探险途上的情书
风吹草木动
亚马逊河上的非凡之旅
大卫·爱登堡的天堂鸟故事
蘑菇博物馆
贝壳博物馆
甲虫博物馆
蛙类博物馆
兰花博物馆
飞鸟记
奥杜邦手绘鸟类高清大图
日益寂静的大自然
垃圾魔法书
世界上最老最老的生命
村童野径
大自然小侦探